知を深めて力にする

哲学で考える10の言葉

岡本裕一朗

日本実業出版社

まえがき

実世界でも、ネット空間でもいいのですが、だれかと議論しているとき、「あまり噛《か》み合っていない」と感じたことはありませんか？　話していることは分からないわけではないが、どうもしっくりこない――そんな感じです。あるいは、議論がエスカレートして、罵《のの》りあいになっているのに、対立点が見えてこないこともあります。

こうした場合はたいてい、お互いが使っている言葉や概念の意味が、ズレているのです。哲学の視点で考えてみましょう。たとえば、マルクス・ガブリエルは「世界は存在しない」といいますが、ハイデガーは人間を「世界内存在」と呼んでいます。あるいは、エドワード・サピアは「言語が違うと住む世界が違う」といいます。このような哲学者たちの意見を踏まえれば、「世界」はあるのかないのか、答えが出るものなのでしょうか。

むしろ、そもそも「世界」をどう理解したらいいのか、問い直すことになりそうです。この3人の哲学者は、同じ「世界」という言葉を使っていても、まったく違った「世界」を想定しているのではないでしょうか。

この3人のいったいだれが正しいのか？――もしかしたら、このように質問されるかもしれません。ですが、じつをいうといずれの使い方も可能なのです。こんな表現をすると、「だから哲学は嫌なんだ！　白黒はっきりさせないで、曖昧だ」と非難されそうです。しかし、ここには哲学の欠点ではなく、むしろ哲学の学び方のヒントが潜んでいるのです。

▼哲学者の言葉づかいは難しい？

「哲学は難しい」と、しばしばいわれます。実際、研究会などで哲学者の本を課題図書にすると、10ページほどで投げ出してしまうという声をよく聞きます。その難しさの原因をたどってみると、多くは言葉づかいに原因があるようです。つまり、哲学者たちの使う言葉が、慣れていない人には難しいのです。

しかも厄介なことに、言葉の意味や使い方が、一律には決まっていません。時代によって違ったり、あるいは時代が同じでも人によって異なる意味を与えていたりすることもあります。ですので、解説書を読んで、だれかの概念の意味が説明されているからといって、そのまま他の哲学者にも同じように使えるとはかぎらないのです。

哲学にとって、使える道具は言葉だけです。実験してみたり、アンケートを取ってみても、何も解決しないのです。ところが、その言葉がまさに、人によって、時代によって、グループによって、さらには場面に応じて違うとすれば、いったいどうすればいいのでしょうか。

こうした課題にこたえるために、本書を出版することにしました。本書のどこかの章に目を通していただくと、哲学に出てくる同じ言葉や概念でも、人や時代によって意味も使い方も違うのが分かっていただけると思います。ときには、同じ言葉がまったく逆の意味をもつ場合さえあります。ですから、1つの言葉の用法しか知らないと、考えに偏りが生じたり、さまざまな誤解を生み出すことになってしまいます。

本書で取り上げたのはわずか10の言葉ですが、それだけでもこの分量になっています。私としては、それぞれの章で、他に取り上げるべきことも少なくなかったのですが、一応これだけは最低限押さえてほしい事項だけに限定しました。歴史的観点から説明したものもありますし、そこで取り上げる論点の関連から説明したものもあります。ですので、説明の仕方も一律ではありませんが、それぞれの章では全体としてまとまりをつけています。

▼情報化社会だからこそ必要な「言葉」の理解

現代は情報化社会で、ネットで検索すればなんでも調べることができそうです。ところが、本書で取り上げたような、それぞれの言葉の使われ方や意味の違い、その背景などは、一括して検索などできません。逆にいえば、使われ方や意味の違いを確認した後であれば、それぞれの言葉をあらためて検索することができるでしょう。

ＡＩに質問するためには、あらかじめこちらで質問事項を作成しなくてはなりません。その点で、ＡＩが活用できるようになっても、本書で紹介するような見方・考え方の意義がなくなるわけではありません。

それぞれの概念や言葉の意味がどう違うか、これまでどのような議論が展開されてきたのか、問題の対立点はどこにあるのか——こういったことは、もしかしたら回り道のように見えるかもしれません。しかし、哲学にはすぐに分かるような近道はありません。言葉の意味を、それが置かれている文脈に応じて１つずつ確かめていく以外には、理解する方法はないのです。面倒ではありますが、本書を通じて、その面白さを味わっていただければ、私としてはこれ以上の悦びはありません。

▼幅広い視点から哲学者たちの考えを紹介

本書の内容について、あらかじめ簡単にお話ししておくと、取り扱っている課題は古代ギリシアから21世紀の現代まで、幅広く目配りしています。ですので、どこかの時代だけに偏るような説明はしていません。そのため、全体を読んでいただくと、１つの哲学史に近いものになっています。このなかで気になったものがあれば、さらに調べていただくことも可能です。そのために、使用したテキストを明示していますので、ぜひとも典拠とした書物も読んでみてください。

また、それぞれのテーマは独立していますので、どのテーマから読んでいただいても結構です。ただし、1つの章としては全体ではつながっていますので、それぞれの章は通して読んでいただくことをお勧めします。そうすると、読んでいただいたテーマについては、それぞれすっきりと見通しがつくようになるはずです。

では「まえがき」はこの程度にして、それぞれの議論を楽しむようなつもりで、ぜひ本書を読んでください！

２０２５年2月

岡本　裕一朗

Theme 1
正義
-JUSTICE-

Theme 2

技術
-TECHNOLOGY-

Theme 3

権力

-POWER-

Theme 4

暴力

-VIOLENCE-

Theme 5

自由

-FREEDOM-

Theme 6

労働

-LABOR-

Theme 7

疎外

-ALIENATION-

Theme 8

国家

-NATION-

Theme 9

宗教

-RELIGION-

Theme 10

戦争

-WAR-

カバーデザイン／山之口正和＋齋藤友貴（OKIKATA）
本文デザイン・DTP／初見弘一
編集協力／木村企画室（木村隆司）

Theme 1

正義

-JUSTICE-

PHILOSOPHY

INTRO
DUCTION

正義には、いくつもの「正義」がある！

本書はまず「正義（justice）」という社会的なテーマから始めます。というのも、正義というテーマが、他のものに比べとりわけ重要だからです。

たとえば、**イマヌエル・カント**（1724～1804）が『永遠平和のために』で引用した有名な言葉、「正義は行なわれよ、たとえ世界が滅ぶとも（Fiat iustitia, et pereat mundus）」を見てください。これは、神聖ローマ帝国皇帝フェルディナント1世（1503～64）が発したものですが、「世界」よりも「正義」のほうが、優先されているのです。これに賛同するかどうかは別にして、「正義」が重大だというのは分かりますよね。

とはいえ、そのとき「正義」がどう考えられているのかは、必ずしも明らかではありません。「正義」の理解の仕方は、歴史的にも地理的にも、いろいろ違っているからです。「**何**

を正義と考えるか」だけでなく、そもそも「正義とはどういうことか」の捉え方も、一様ではないのです。

皆さんは「正義」と聞いて、まず何を思い浮かべるでしょうか。日本ではおそらく、対になる言葉として「悪」を思い浮かべる人が多いのではないでしょうか。悪を懲《こ》らしめる正義のヒーローが、百戦錬磨の活躍をするというわけです。

ところが、こうしたイメージは、ちょっと注意しなくてはなりません。というのも、**「正義（justice）」の対義語が「悪」ではない**からです。「正義、正しい（just）」に対するのは「不正（義）（unjust）」であり、「悪（bad）」は「善（good）」の対義語なのです。だとすれば、「正義」をどう理解したらいいか、あらためて問い直す必要があるでしょう。

このセクションでは、現代アメリカで華々しく展開された「正義」をめぐる論争を手がかりにして、「正義とはいかなることか」から見ていきます。これを見ると、正義のヒーロー像とは違った「正義」の概念が分かるはずです。

これを確認した後で、近代や古代にまでさかのぼって、「正義」の問題を考えることにします。ただ、「正義」についていえば、ここで取り上げる議論だけでなく、その他にもさまざまなものがあります。それでも、現代において、「正義」がどう論じられているかを確認し、そのルーツを知っておくのは、必須の教養といえます。

TOPIC 1

現代アメリカの正義論をふり返る

日本での「正義」のイメージと対比するために、20世紀後半にアメリカで展開されたリベラリズム論をとり上げることにしましょう。というのも、現在のアメリカ政治において、リベラリズムが出発点になっているからです。

■ロールズの提起したもの

アメリカの政治哲学者、倫理学者の**ジョン・ロールズ**（1921〜2002）は、1971年に『正義論』を発表したのですが、そこで展開されているのは、〝公平性〟、つまりfairnessをめぐる議論です。正義がなされるには、どういう分配が可能なのか、という問いに答えるかたちで、彼独特の〝公平性〟の理論が展開されています。**「公平性としての正義」――これがロールズの構想する「正義」という考え**です。

ロールズの考え方はこうです。他の人の社会的な状態や経済的な状況などが分からないよう「**無知のベール**」をかぶせ、一番恵まれない人が最悪の状態に陥ることを回避しようとする（これを「**マキシミン・ルール**」といいます）と、参加者はどういう選択をするか、というのです。つまりロールズはある種、純粋な思考実験をしているわけです。

少し分かりづらいかもしれませんが、そこでは2つの原理が導かれるとします。

第一の原理（**自由原理**）は、各人が広範で自由な制度に対等にアクセスできることです。第二の原理（**格差原理**）は、社会的・経済的不平等は、次の2つの条件を満たすように構成されなければならないことです。

①そうした不平等が各人の利益になると無理なく予期しうること。
②全員に開かれている地位や職務に付帯すること。

注目すべきは、**ロールズが公平を考えるのに、「不平等」からアプローチしている**ことです。たとえ不平等があっても、各人の利益になると無理なく予期しうることが大事だ、というのです。

たとえば、失業保険や生活保護など、まさかの場合のセーフティネットが張られていれば、心おきなく働き、暮らすことができます。いま栄華を極めている人も、明日には路頭に迷っているかもしれません。そういう人だって最低保障があれば安心でしょう。だれしもが富者になれるわけではありませんが、だれしもが貧者になる可能性は常にあります。

ロールズは**リベラル**な立場で、社会を構成する普遍的な原理を案出しようとしたわけです。その背後には1960年代、70年代の公民権運動があり、それは黒人や女性などの弱者保護を提唱したものでした。ロールズはその運動に理念的な支柱を立てようとしたわけです。

アメリカは1930年代からリベラルの伝統があり、弱者保護が中心的な命題として受け継がれてきました。そのためには、国の関与（大きな政府）が想定されていますが、実際の政治では民主党の政策がそれに則っています。リベラルは経済政策の他、道徳的にはLGBTQの諸権利や妊娠中絶なども認める立場です。

このような、リベラルの側から「正義」に現代的な解を提出したのがロールズといえます。それに賛成するにも、あるいは反対するにも、過去の正義をめぐる議論を知っておくのは、自分の意見を構築するのに欠かせない作業ではないか、という気がします。

「正義」という点で、1つだけ注意しておきます。**ロールズは「正義」を「善」から区別し、「公正（fairness）」と理解しました。**リベラリズムの考えでは、個々人が追求するものが「善」であるのに対して、「正義」はむしろ人々の間の公平性と考えられるのです。

リバタリアンからの批判

こうしたリベラルの「正義」に対して、国家からの介入をいっさい取り払って、より個人重視の、自由な選択を行なおうというのが**リバタリアン**（libertarian）です。これは実際のアメリカ政治では、共和党の経済的な政策（小さな政府）のバックボーンとなっています。では、リベラルの「正義」を批判するリバタリアンは、何を正義と考えるのでしょうか。

ロールズが『正義論』を出版してすぐに、その反論を展開した**ロバート・ノージック**（1938～2002）の議論を見ておきましょう。1974年に刊行した『アナーキー・国家・ユートピア』のなかで、ノージックは個々人の「別個性」と「自己所有」という考えに基づいて、「自由」の考えをリベラル以上に強調しています。

あらためていうまでもありませんが、私たちはみな、それぞれ違った生活を送っていますし、まったく別個の存在です。各人は、自分の身体の所有者ですし、自分の生活や行為に関して、自分で決定することができます。

この何でもない当たり前のことから、ノージックは「**正義の権原**（entitlement、エンタイトルメント）**理論**」を導くのです。「エンタイトルメント」というのは、「資格」とか

「権利」とも訳すことができる言葉です。これをノージックは、所有の正当性を示すために使っています。

たとえば、だれの所有物でもないものを獲得するとき、あるいは他人の所有物を売買などで正当に入手するとき、不正は行なわれていません。言い換えると、他人のものを盗んだり、嘘をついてだまし取ったりしたのではありません。そのような不正が行なわれていない場合には、「権原をもっている」といわれるのです。ノージックの場合、**「権原」があるかどうかが、「正義（正しさ）」の重要な原理となる**のです。つまり、正当な方法によって獲得した自分の所有物については、身体に対する権利と同じように。エンタイトルメント（権原）をもっているのです。

そのため、極端にいえば、餓死しかかった他人がそばにいたとしても、自分の所有物を他人に分け与える義務はないのです。もちろん、慈善行為として分け与えることは否定されませんが、だからといって、他人に分け与えなくても「不正（義）」になるわけではありません。ここから分かるように、リベラルが主張するような所得の再分配は、ノージックにとって認められないのです。

こうしたリバタリアンの考えからすれば、リベラルとは違って国家としては、「最小国家」（小さな政府）をめざすことになります。ノージックによれば、**「最小国家」の役割と**

いうのは、**「暴力・盗み・詐欺からの保護、契約の執行」などに限定**されます。つまり、侵略行為から市民を守り、警察や裁判所によって市民を守ることです。それ以外のことは、市民に対する権利の侵害であり、不当だと見なされます。

通常だと、国家にはその他の役割も属しています。たとえば、公共サービスを提供したり、福祉政策を実施したりすることです。また、国家は道徳や教育・文化などに関して、市民生活にさまざま干渉しています。

ところが、リバタリアンの立場からすれば、国家が個々人の生活に介入して、所得を再分配したり、福祉政策を実施したりするのは、まったくの越権行為なのです。自分が正当な手続きによって稼いだものを、他の人よりも豊かという理由で、税金としていっそう多く徴収するのは、国家による盗みにほかならない、と考えるのです。

リベラルとの違いを理解するため、才能豊かなスーパースターの例を考えてみましょう。その人物は、自分の才能によって莫大な収入（たとえば１００億円）を得ることになったとしましょう。このとき、国家としてどうすることが「正義」になるのでしょうか？

リベラルだと、こうして得られた莫大な収入に対して税率を高くして課税し、社会的に再分配すべしと主張するでしょう。こうして、極端な場合そのスーパースターは、99億円

図1－1　リベラリズムとリバタリアニズムの正義の違い

リベラリズムの正義	リバタリアニズムの正義
公正（公平性）としての正義 平等性、普遍性 大きな政府	権原（資格）としての正義 不法性の排除、自由 小さな政府

が税金で徴収され、手元には1億円が残ることになります。徴収された税金によって、恵まれない人々が救済されるのです。

これに対して、ノージックは「勤労収入への課税は、強制労働と変わらない」といって、再分配にきっぱりと反対するわけです。「権原理論の観点からするなら、再分配は、実際のところ人びとの権利の侵害をともなうから、実に深刻な問題である」（『アナーキー・国家・ユートピア』）。

■コミュニタリアンは正義をどう考えるのか？

リベラルとリバタリアンの論争は、１９８０年代になると状況が大きく変わってきます。というのも、その両者を一括して批判するような正義論が登場するからです。これが「**コミュニタリアニズム**」で、「**共同体主義**」とも訳されています。簡単にいえば、**リベラルやリバタリアンが独立した「個人」から出発したのに対して、コミュニタリア**

ンはむしろ個人が帰属する「共同体」から出発するのです。

このコミュニタリアンの考えを理解するため、日本でも有名になった**マイケル・サンデル**（1953～）の議論を見ておきましょう。彼は、1982年にロールズ批判の書として、『リベラリズムと正義の限界』を出版したのですが、一般的には『これからの「正義」の話をしよう』のほうがよく知られているでしょう。こちらの原書のタイトルは、そのものズバリ『Justice（正義）』（2009年）となっています。

リベラルやリバタリアンを批判し、みずからの「正義」概念を打ち出すサンデルは、コミュニタリアンと呼ばれていますが、いったいどんな「正義」の考えなのでしょうか。

サンデルがリベラリズムを批判するとき、着目するのはその人間観です。サンデルは、リベラルもリバタリアンも一括りに「リベラリズム」と呼ぶのですが、その理由は共通の人間観に基づくからです。

あらためて確認しておけば、**「リベラリズム」（「リバタリアニズム」も含む）の出発点は、個々人が追求する「多様な善」を尊重すべきだ、という考え**です。このとき重要なのは、具体的な「善」の内容ではなく、選択主体としての個人です。こうした個人は、自分自身の選択によって、自分の人生をみずから設計していく存在と考えられています。

こうした**リベラリズムの人間観に対して、サンデルは「負荷なき自己」という規定を与**

えたのです。つまり、リベラリズムでは、個々人は選択主体としての人間であって、自分に及んでくる外部的な負荷を一切排除している、と見なされるのです。

「負荷」というと、たとえば、その人が育った家庭や地域、さらには社会や時代といった、さまざまな環境が考えられます。サンデルによれば、個人を染め上げるこうした「負荷」を取り去ってしまい、いわば脱色されたような人間が、リベラリズムの根底にあるのです。では、こうしたリベラリズムの人間観に対して、サンデルはどのような人間観をもっているのでしょうか。

サンデルによれば、人間は自分ひとりで存在できるわけではなく、自分以外の他の人たちに多くのことを負っています。こうした具体的な状況を抜きにして、人間を理解することなどできないのです。そこでサンデルは、「負荷なき自己」に対置する形で、「**状況に位置づけられた自己**」という概念を提示します。

こうした人間観に基づくと、どのような「正義」の考えが出てくるのでしょうか。『これからの「正義」の話をしよう』の最終章（「正義と共通善」）において、サンデルはみずからの「正義」概念を「**共通善（common good）**」として示しています。つまり、**サンデルにとって「正義」と見なされているのは、「共通善」**なのです。

こうして図示してみると、およそ「正義」の考えが、3者でまったく違っているのが分

図1－2　リベラリズムの正義と「共通善」としての正義

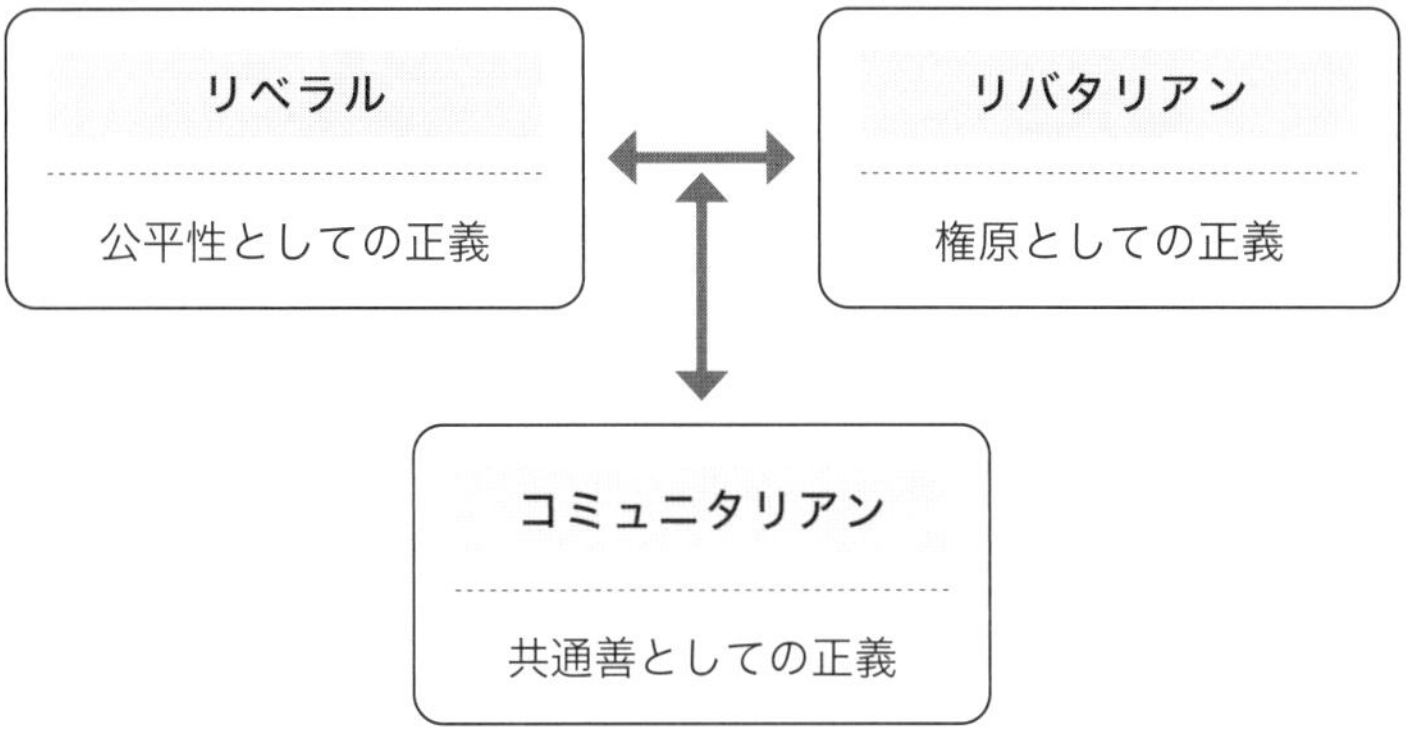

かると思います。しかし、そもそも「共通善」とは、どう理解したらいいのでしょうか。定義的にいいますと、共同体のなかで人々に共有されている「善」が共通善ですが、共同体といっても、たとえば国家や郷土、会社や学校、家族など、さまざまありますので、何が「正義」なのかは自明ではありません。

　サンデルの「共通善」という考えは、基本的にはプラトン（前４２７～前３４７）やアリストテレス（前３８４～前３２２）に由来する、とされています。そのため、「共通善」としての「正義」を理解するには、プラトンやアリストテレスにさかのぼって正義を見ておく必要がありそうです。

TOPIC 2

近代では「正義」はどう考えられてきたのか？

「正義」に関する現代の考え方は、起源をさかのぼると、近代や古代・中世までたどることができます。たとえば、リベラルのロールズはカント主義だと公言していますし、リバタリアンのノージックはジョン・ロック（1632〜1704）の問題を引き継いでいます。それに対して、サンデルが強調した「共通善」は、プラトンやアリストテレス、トマス・アクィナス（1225頃〜1274）に由来しています。そこで、正義についての議論を近代・中世・古代へと広げていきましょう。

■カントの「正義」は道徳主義

最初に、ロールズが依拠したカントについて見ておきましょう。ただ、カントは「正義（Gerechtigkeit）」について、積極的に展開したとはいえません。むしろ、ロールズが正義論のために継承したのは、カントの道徳理論のほうです。カントが道徳的義務と考えたも

図1－3　カントによる正義とは「道徳性」のこと

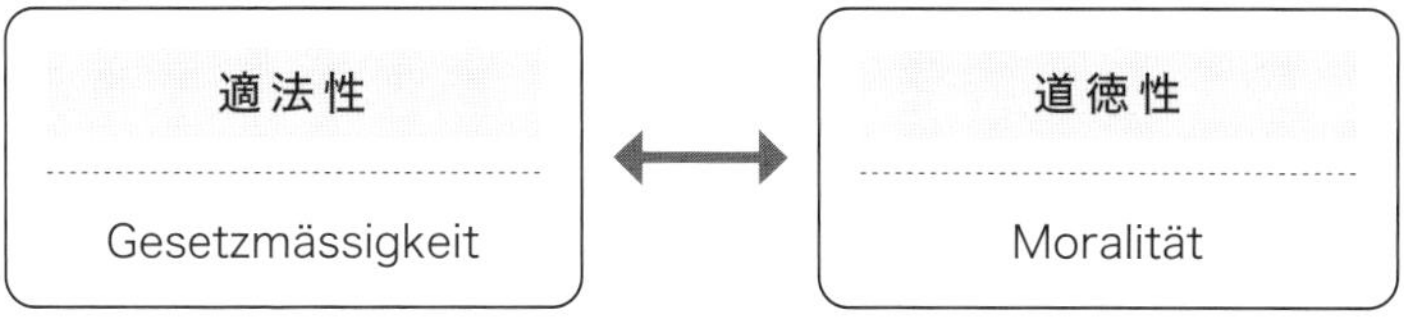

のを、ロールズは「公正としての正義」へとつくり上げたわけです。というのは、**カントの道徳理論の基礎にあるのは、「私」だけでなく、すべての人に当てはまる普遍的な法則といった考え**だからです。この普遍性を、ロールズは引き継いだわけです。

難しいことをいろいろ言うよりも、彼の立場をよく表す挿話から説明したほうが、彼の正義の考え方が分かりやすいと思います。といっても、カントの場合、個人の行為の道徳的な善さを考えるわけです。

たとえば、電車で人に席を譲る場合、法（規制）で決められているから実行する、というのは適法性の行為であり、心からそれを実施するのが道徳性による行為と考えます。この道徳性が、「正義」と見なされるのです。

カントの有名、かつすこぶる評判の悪い挿話は、次のようなものです。友人が殺人者に追われて、わが家にやってきたので、匿《かくま》います。殺人者に「こういう男がいるだろう」と問われて、あなたは何と答えるか、というのです。カントは、ウソをついて友を逃がしても、その後偶然殺人者と出会って殺されるかもしれないのだから　結果がどうであれウソをつくべきではない、といいます。

昔から、カント主義者はこの話題には触れたくないようです。命の危険が迫っている友を見捨てるのか、それは道義に反しないのか――こう批判されそうだからです。しかし、カントはひねくれて、こういう意見を述べているわけではありません。その場かぎりの言説（ウソを含めて）を**仮言命法**（「もし～～ならば、……しなさい」）といい、常にどのような場でも適用できるものを**定言命法**といいますが、仮言命法では社会は成り立たない、とカントは考えます（カント「人間愛から嘘をつく権利という、誤った考えについて」）。

有名な定言命法の定義は次のようなものです。「あなたの意志の格律《かくりつ》が常に同時に普遍的な立法の原理として妥当しうるように行為せよ」。

「**格律（Maxime）**」というのは、カントによると「自分が行為する際の規則」のことです。なので、カントは、自分の行為が「**普遍的な立法の原理**」に則するように行為しなさい、と説いているわけですが、ここでカントが考えているのは、立法レベルの行為ということです。

たとえば、交通信号が赤の場合、「止まれ」でも「進め」でもいい、というわけにはいきません。「止まれ」と決めておかないと大混乱が起きます。また、人殺しはたまにはいい、というのも、社会を混乱に導きます。社会は原則的には、定言命法で成り立っていて、便宜的な言説で間に合わせるわけにはいかないのです。

親が子どもに対して、「たまにウソをついてもいいわよ」とは言いませんよね。現実には、ときにウソも方便なのですが、基本を教えておくことこそが大事なのです。

一応注意しておきますと、カントは「ウソも方便」のような事例を百も承知のうえで、先の挿話を語っているのです。普遍主義者カントの面目躍如《やくじょ》といっていいかもしれません。そもそもカントは、ユークリッド幾何学やニュートン力学をモデルにして哲学を考えているので、普遍性第一主義なのです。

とはいえ、カントの主張は一見したところ非常識的と考えられ、多くの批判を浴びてきました。カント研究者でさえもカントの解決法をあまり擁護しなかったのです。役に立たない哲学の代名詞のように扱われてきた、といっても過言ではありません。

カントを認めるかどうかは別にして、ここでカントが提唱している考えを、便宜的に「**定言命法としての正義**」と呼んでおくことにします。現実の状況がどうであれ、「正義」はいついかなるときも、すべての人に当てはまる普遍的な命令となるものなのです。カントが理想主義者と呼ばれる理由も分かるのではないでしょうか。

■ロックの「正義」と国家

次に、リバタリアンの源流ともいえる**ジョン・ロック**の「正義」の考えを見ておきましょう。ロックといえば、イギリス経験論の創始者とも呼ばれますが、社会理論としても重要な思想家です。近代の常識的な考え――たとえば、自由・平等・所有・人権など――は、ほとんどロックに由来しています。したがって、ロックが「正義」をどう考えたのかは、リバタリアン関連でなくとも、ぜひとも確認しておく必要があります。

ただし、ロックの場合も、カントと同じく「正義（justice）」を主題的に論及している著作はなく、『統治二論（市民政府論）』（1689）で何度か言及する程度にすぎません。しかし、そのなかでロックが「正義」をどう論じているかを見れば、おおよそのイメージがつかめます。少し長いのですが、ロックの考えが端的に示されていますので、引用しておきます。

自然状態にある人間は、これまで述べたとおり自由である。人間はまた、自分の身体と財産を支配する絶対的な主である。どれほど偉大な人物とも対等であり、誰にも従属していない。……確かに、自然状態に置かれているとき、人間はそのような権利をもっているが、しかしその権利を思いどおりにできるかというと、はなはだ不確かであり、

他の人々から権利を侵害される危険が絶えずつきまとっているからである。考えてもみよ、万人がこちらと同じように王である以上、相手は皆こちらと対等であり、しかも大半の人々は、公正と正義（fairness and justice）を厳格に順守しているわけではない。したがって、このような自然状態にある所有権は、ひどく危ういし、心許ない。（『市民政府論』）

ここでロックが、「公正と正義」と語っていることに注意しておきましょう。ロックによると、「自然状態」にある人間は、自分の生命・自由・財産に対する権利をもっています。これを「**自然権**」と呼びますが、自然状態ではこの権利が守られる保証がなく、侵害されるかもしれないのです。

ロックとしては、こうした権利を守るために、「国家（Commonwealth）」（共和国）が必要だと力説するのです。

したがって、人間が国家を結成し、みずからその統治に服する最大の目的は、所有権の保全にある。自然状態では不備が多くてそれができない。（同書）

図1－4　ロックにおける国家の目的

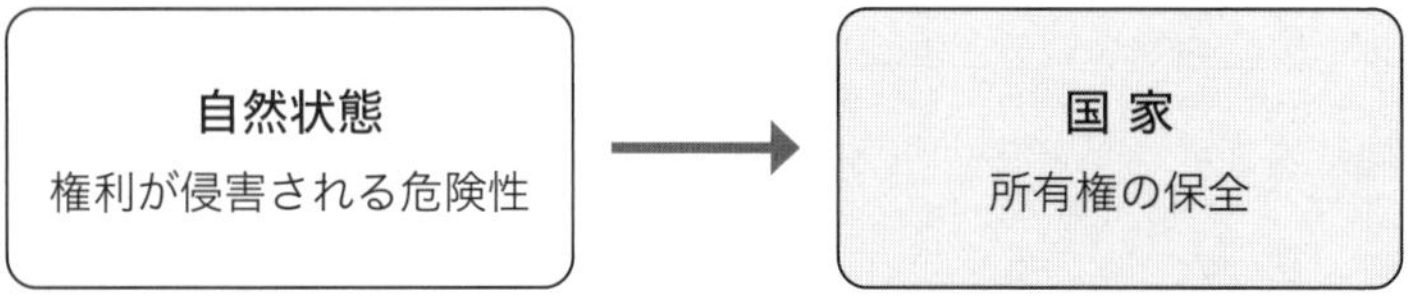

こうして、ロックは「自然状態から国家へ」という社会契約論（むしろ国家契約論）の基本的なコースを示すのですが、ロックの議論のポイントは、**自然状態において人間が生命・自由・財産に対する権利（所有権）をもっている**、と考えることにあります。

そのとき、「公正と正義」というのは、各人がすでにもっている所有権を侵害せずに、その自然状態を維持することを意味しています。「**自分のものは自分のもの、他人のものは他人のもの**」といえましょうか。

ところが、万人が同じように考えるわけではなく、『ドラえもん』に出てくる「ジャイアン」のような人がいて、「俺のものは俺のもの、他人のものも俺のもの」と見なすかもしれません。こうした**「不正（義）」の輩がいるために、国家が形成されなくてはならない**、というのです。

注意しておきたいのは、ロックが「公正と正義」という言葉を使ったとしても、ロールズのいうような「格差原理」を表現するのではなく、「万人がもっている所有権を維持しよう！」と語っていることです。この考えを、まさにノージックのようなリバタリアンが継承したわけです。

ライプニッツの「正義」

現代のリベラリズム論争の源流としてカント、ロックと見てきましたので、ここでは少し違ったものを取り上げておきましょう。時代的には、ロックとカントの中間に位置し、哲学者としてだけでなく、数学者としても著名な**ゴットフリート・ライプニッツ**（１６４６〜１７１６）です。彼の「正義論」は、２人に劣らずユニークなもので、一考に値します。

ライプニッツには、ロックの『人間知性論』を全面的に批判した『人間知性新論』があるのですが、それを考えても、ロックの「正義」概念とは違った方向が予想できます。ライプニッツは、「正義」をどう考えていたのでしょうか。

ただし、ライプニッツの「正義」をテーマにした議論は、あまり知られていませんでした。しかし、もともとライプニッツは法学博士でもありますから、「正義」に関して問題にしなかったわけではありません。ただ、この方面の研究は最近になって出てきたのです。それを参考にして、ライプニッツが晩年（１７１０）に書いた『弁神論』（匿名で出版）

と呼ばれる著作について見ておきます。

タイトルとなったフランス語「**弁神論**（théodicée）」というのは、ライプニッツがつくり出した造語で、「**神の正義**」という意味です。語源としては、ギリシア語のtheos（神）とdikē（正義）に由来しています。これは「**神は正義を行なう**」という発想なのですが、それには一般的な前提が潜んでいます。簡単にいうと、「神が存在するのに、どうしてこの世の中には、たくさんの悪があるのか」という問いです。この問いに答えようとするのが、まさに「弁神論」の課題になります。

ライプニッツの弁神論を理解するとき、参考になるのは「**可能世界論**」という考えです。「可能世界」というのは、その世界で成立していることがら同士が、矛盾しないような世界のことです。こうした世界であれば、私たちは無数に考えることができます。こうした無数に考えられる可能世界のなかから、どうしてただ1つの現実の世界が生み出されたのか――こう問うことができます。

それに対して、ライプニッツは「それが最適なものだったから」と答えるわけです。つまり、**ライプニッツには、現実世界というのは、神にとって最適、あるいは最善なものとして存在する、という発想があった**のです。

しかし翻って考え直してみますと、実際の「現実世界」には、殺人もあれば、貧困もありますよね。若くして病気にかかったり、不慮の事故にあったりして、亡くなることもあるのです。その他、挙げていけばキリがないでしょう。これのどこが最善な世界なのか、と言いたくなります。それにもかかわらず、「最善である」というのが、弁神論の基本的な考え方です。

こうしたライプニッツの考えを示すものとして、『弁神論』の言葉を引用しておきます。

その最高の知恵において、最大の善性と結合することによって、神は、正義と公正と徳の諸法を最も遺漏なく遵守するようになる。（弁神論）

ここで分かるように、**ライプニッツによれば、現実世界の「正義と公正と徳」は神によって保証されているのです。**とはいえ、現代においてこれを受け入れる人は、必ずしも多くはなさそうです。

TOPIC 3

「共通善」の起源

現代の「正義」論争の起源として、近代の議論も見てきましたが、もっとそれ以前にさかのぼる必要がありそうです。というのも、カントやロックに依拠するリベラルやリバタリアンに対して、コミュニタリアンが提唱した「共通善」という考えは、近代以前に起源をもつからです。そこで、「共通善」の源流を求めて、古代ギリシアや中世のスコラ哲学を取り上げておきましょう。

■アリストテレスの「共通善」

「共通善common good」という正義の考えは、**プラトン**や**アリストテレス**にさかのぼるといわれています。というのも、ギリシアを代表する2人の哲学者は、正義を「ポリス」という古代の国家共同体に基づいて構想したからです。古代ポリスでは、個々人の独立性よりも、共同体への帰属のほうが強調されたのです。「共通善」というのは、そうしたポリス共同体の人々が、共通に求めるものと考えられています。

ただし、「共通善」という言葉についていえば、プラトンは使っていませんし、アリストテレスにしても、「共通の利益」という言葉で論じるほうが多かったようです。このアリストテレスを継承して、スコラ哲学者の**トマス・アクィナス**が「共通善」という言葉をはっきりと術語として使った――これがおおよその流れです。

そこで、まずはアリストテレスの用法を確認することにしましょう。アリストテレスは「共通善」の問題を『政治学』で論じるのですが、その冒頭で「およそポリス（国家）というものは共同体の一種であり、どんな共同体も何らかの善なるものを目的として編成された」と語っています。共同体といっても、ポリスだけでなく家や村などもありますが、そのなかで**「ポリス」は最高の共同体であり、「最高の善」をめざす**とされています。

では、ポリスがめざす「善」がどうして「共通善」と呼ばれるのでしょうか。そこにかかわるのが「正しさ（正義）」の問題です。アリストテレスは、「正しい」すなわち「正義の」ポリスか、「誤った」つまり「不正（義）の」ポリスかを区別して、次のように述べています。

> およそ公共の利益を重んじる国制は端的な正しさに適った正しい国制であるが、それに

対して、およそ支配者の利益だけを重んじる国制はすべて誤った国制で、正しい国制から逸脱したものである。なぜなら、……国制（ポリス）は自由市民の共同体であるからである。（『政治学』）

ここで分かるように、**アリストテレスにとって、共通の利益（＝共通善）をめざすのが、「正義」というわけです。**しかし、「正しさ（正義）」である「共通の利益」＝「共通善」は、どのようにして達成されるのでしょうか。

この問いに対して、**「正しさとは共同体のためになることを意味する」**とアリストテレスはいうのですが、問題はその先にあります。そもそも、「共同体のためになる」とは、どのようなことなのでしょうか。

それを考えるためには、アリストテレスも述べているように、彼の『政治学』そのものを検討しなくてはなりません。ここではそこまで深入りせずに、**アリストテレスの「正義」はポリスにおける「共通善」であること**を確認しておけば、さしあたっての目的は達せられます。

■トマス・アクィナスの「共通善」

アリストテレスが「共通の利益」として論じたことを、はっきりと「共通善（bonum commune）」という言葉によって主題化したのは、中世キリスト教世界最大のスコラ哲学者**トマス・アクィナス**です。したがって、**「共通善」という概念が一般的にも広く知られるようになったのは、トマス・アクィナスを介してであるといえます。**

しかし、キリスト教の神学者であるトマス・アクィナスは、どうしてアリストテレスの哲学を継承したのでしょうか。そこには、1つの歴史的な事情が働いています。じつをいうと、キリスト教世界には、12世紀までアリストテレスの著作はほとんど知られていなかったのです。論理学関係の『カテゴリー論』と『命題論』が、ラテン語の翻訳で読まれていた程度です。ところが、12世紀半ば頃から、それ以外の著作がアラビア語訳などを経由して少しずつ知られるようになりました。それでも、アリストテレスの著作が流布するようになったのは、13世紀以降とされています。

そのため、**トマス・アクィナスがアリストテレスの哲学を論じたとき、アリストテレスは、いってみれば最先端の哲学者と理解されたの**です。トマス・アクィナスは、それまで知られていなかったアリストテレスの『政治学』を使い、「共通善」の考えを取り出したわけです。

このとき、**個々の人間は「部分」と見なされ、「全体」としての共同体へ秩序づけられ**

るのです。この**全体の善が、まさしく「正義」としての「共通善」**と考えられたのです。

たとえば、『神学大全』では、次のように述べられています。

じっさい、何らかの共同体のもとに含まれる者はすべて、部分が全体に対するように、その共同体へと関連づけられるということは明らかである。さらに、部分とは全体に属するところのものであり、それゆえ、部分のいかなる善も、全体の善へと秩序づけられうる。したがって、このことにそくして、いかなる徳の善も、それが「ある人間を自分自身へと秩序づける」としても、「自らをほかの何らかの個別的な複数のペルソナへと秩序づける」としても、それへと正義が秩序づけるところの「共通善」にまで帰せられうる。そしてこのことにそくして、人間を共通善へと秩序づけることにもとづいて、すべての徳のはたらきは、正義に属することができる。（『神学大全』）

簡単に図示しておくと、図1－5のような関係が描けそうです。中世ヨーロッパのキリスト教世界で研究されたスコラ哲学といえば、難解で複雑な神学のように感じるかもしれませんが、このあたりの記述を見れば、とても分かりやすいのではないでしょうか。

図1－5 トマス・アクィナスにおける「部分の善」と「共通善」

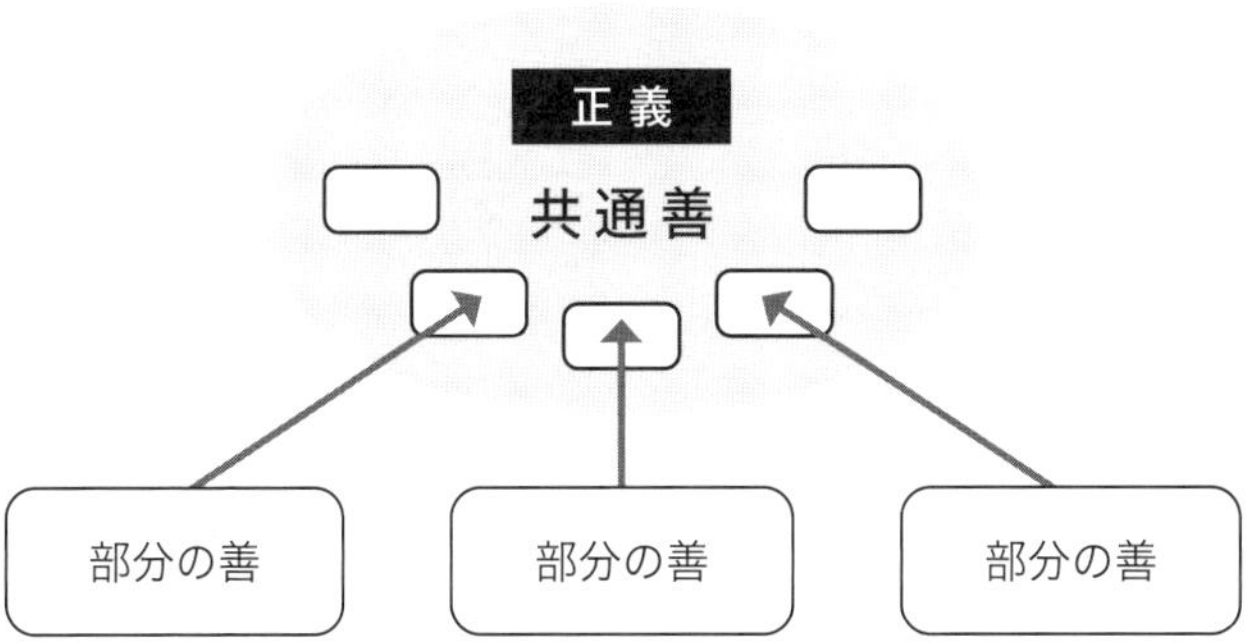

プラトンの「共通善」

古代のアリストテレスから中世のトマス・アクィナスへの新しい方向を見てきましたので、今度はさらに古いほうへさかのぼってみましょう。アリストテレスの師に当たるプラトンです。プラトンについてはしばしば、「哲学史はプラトン哲学の脚注」といわれるほど重要視されていますが、「正義」の考え方も例外ではありません。

実際、「共通善」についても、基本的にはプラトンから始まるともいわれます。ただし、言葉として、プラトンが使ったわけではないようです。それでも、理想国のあり方を探求するのがプラトンの『国家』なのですから、ポリスの「共通善」と無関係とは考えられませんよね。では、プラトンは「正義」をどう考えているのでしょうか。

プラトンが考える「正義」に特徴的なことは、

ポリスと人間の魂を類比的だと見なすことです。

一方のポリスについていえば、基本的に3つのグループに分けて構成を考えています。1つ目は「生産者」、2つ目は「軍人」、3つ目が「守護者」と呼ばれます。ポリスでは、こうした3つのグループ（現代風にいえば階級）が調和することが重要なのです。

他方の「魂」についていえば、1つ目は「欲望」、2つ目が「気概」、3つ目は知的な「理性」とされます。この3つには、それぞれ違った働きがありますが、プラトンの意図はこの3つが、全体として調和して働くことが目標となります。

このように、国家の3部構成と魂の3部構成を明らかにした後、プラトンはソクラテスにこう語らせています。

これで、正しい人間も、正しい国家も、そしてそれらのなかにある〈正義〉とはまさに何であるかということも、われわれは発見しおえたと主張するとしても、思うに、まんざら嘘を言っているともみなされないだろうね。（『国家』）

分かりやすく、図示しておきましょう（図1－6）。

図1－6　ポリスと人間の魂の類比

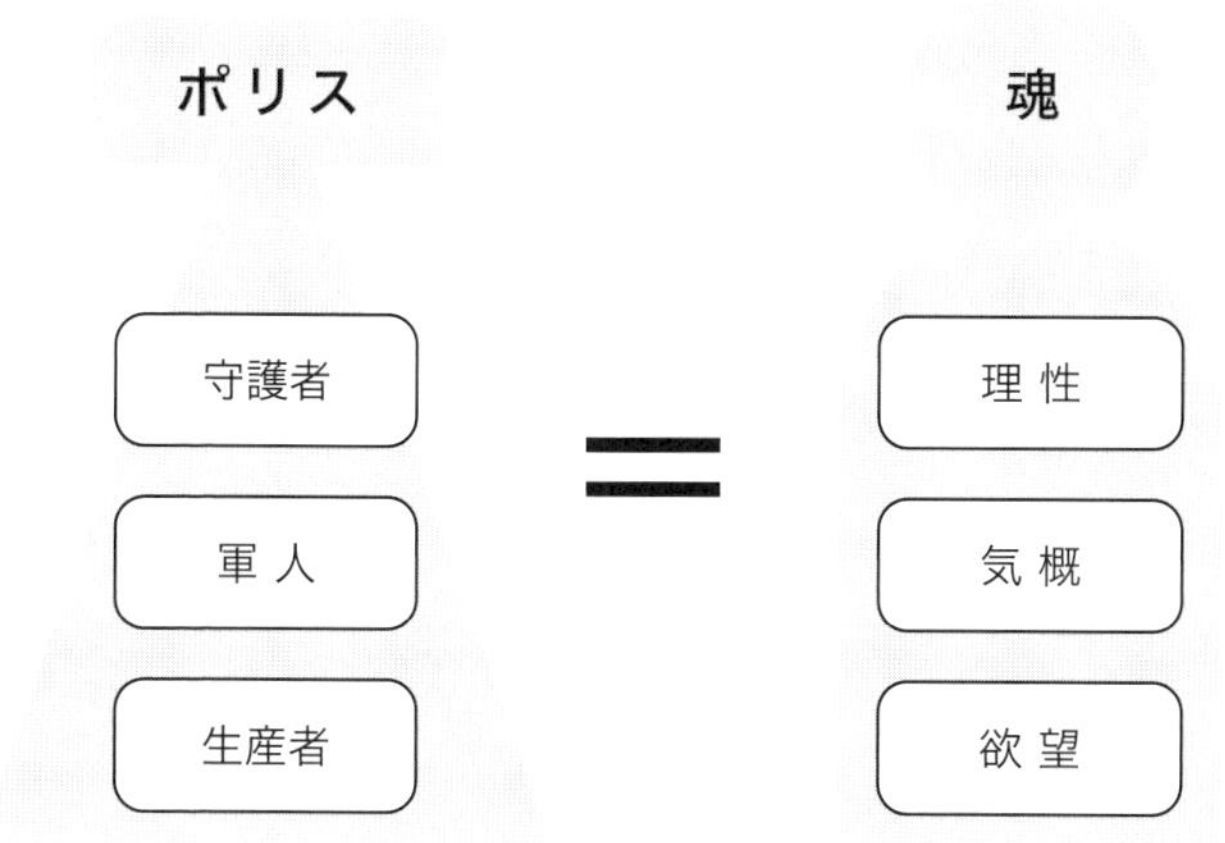

この人間の魂と国家のあり方の対比について、３つほど注意点を書いておきます。

①「ポリス」と「魂」は、それぞれ別々のものですが、両者の構成はパラレルだと考えられること。

②それぞれはヒエラルヒー（階層的に秩序づけられた組織）をつくっていて、上のものが下のものを支配すること。

③それぞれの３つの関係は、調和することがもっとも大切で、全体として１つにまとまるのが理想ということ。

こうした**魂と国家の秩序のうちに、プラトンは「正義」「正しさ」を見た**のです。

PHILOSOPHY

Theme 2

技術

-TECHNOLOGY-

INTRO
DUCTION

哲学者は「技術」を嫌ったのか？

正義の次に、第2のテーマとして「技術」を取り上げることにします。こういうと、もしかしたら驚く人が多いかもしれません。というのも、「技術」といえば、社会にとって「正義」とはレベルが違いすぎる、と見なされているからです。しかし、この見方がむしろ偏見であることを、示していきたいと思います。

あらためていうまでもありませんが、現代が技術革新の時代であることは、だれも否定しないでしょう。20世紀後半から始まった、バイオテクノロジーや情報テクノロジーの進化は、いままでの人間観や社会論を、根本から変えつつあります。ところが、テクノロジーの意義を私たちはどこまで理解しているでしょうか。

たとえば、人間のゲノム編集や人工知能（ＡＩ）に対する態度を見ても分かりますが、一方では極端な技術礼賛論があるかと思えば、他方では技術恐怖（あるいは嫌悪）症の人がいるのです。しかし、このとき見落とされているのは、「技術とは何か」あるいは「技術をどう理解したらいいか」という根本的な視点です。

数年前に亡くなった、フランスの哲学者**ベルナール・スティグレール**（1952～2020）は、ライフワークである『技術と時間』の冒頭で、「**哲学は、その起源において、そして現在まで、思考の対象として技術を抑圧してきた。技術は、非思考なのだ**」と述べています。スティグレールの文章では、哲学者が技術を嫌ってきたのは、いわば常識となっていることがうかがえますね（本当は違うのですが、それは後述します）。実際、技術の発展を「悪」と嘆いたり、その「暴走」に警鐘を鳴らしたりするのが、良心的な哲学者とされてきたのです。

しかし、技術をどんなに敵視しても、おそらく問題が解決することはないでしょう。このセクションでは、「技術」がどのように考えられてきたのか、あらためて問い直すことにします。それを確認すると、「技術」には、さまざまな理解の仕方があることが、分かるはずです。性急に技術批判を行なったり、技術礼賛に陥ったりする前に、「技術」がいままでどう議論されてきたのか、技術革新の時代だからこそ確認しておく必要があります。

TOPIC 1

近代に形成された啓蒙的な技術観

このセクションではまず、近代的な技術観から出発します。というのも、今日の私たちの技術観を支配しているのが、まさにこの技術観だからです。では、それはどんなものなのでしょうか。

三木清、ゾムバルトによって定められた技術の定義

第二次世界大戦終結直後に亡くなった、日本人の哲学者**三木清**（1897〜1945）は、代表作である『構想力の論理』の第3章で「技術」について論じています。三木は、そこで「技術」を次のように定義しています。

技術という語は、最も広い意味に用いられる場合、一定の目的を達するためのすべての手続き、手段のすべての結合、すべての体系を意味している。（『構想力の論理』）

ここで三木の言葉を引用したのは、この説明が「技術」についてのきわめてオーソドックスな提示になっているからです。簡単にいえば、**「技術とは、目的を実現するための手段・道具の体系である」**ということです。こうした技術の定義は、同じ頃、日本で翻訳されたさまざまな技術論にも、見ることができます。たとえば、**ヴェルナー・ゾムバルト**（1863～1941）の『技術論』（訳書1941）でも、同じようにいわれています。

> 広義の技術とは操作のことをいう。われわれの見るところによれば、ある目的を達成するに適当な（もしくは……単に適当と見做される）手段のすべての体系が技術である。
> （『技術論』）

このような技術観のポイントは、「目的」が先にあり、技術は手段としてそれに従属することにあります。技術は、それ自体が「目的」になることはなく、あくまでも「手段」にすぎないわけです。技術の外に、❶あらかじめ目的が設定され、❷それを適切に実現するため技術が選択されるのです。❸こうして生み出された成果は、最初の目的の実現となるのです（54ページ図2－1）。

図2－1　技術は「目的」のための「手段」？

やや煩雑な言い方をしましたが、この技術観は、現在の私たちにとってごく普通の説明のように見えます。しかし、じつをいえば、近代において形成され、とくに啓蒙思想において明確に定式化された考え方なのです。そのため、しばしば**「近代的で啓蒙的な技術観」**と呼ばれています。

そこで、技術観の由来を尋ねるために、近代初期の哲学者**フランシス・ベーコン**（1561〜1626）を見ておきましょう。

■ベーコンの近代精神と技術理解

ベーコンが「技術」をどう考えていたのかを示す前に、当時の技術として有名な3大発明を確認しておきましょう。いまでは、中学の歴史の教科書にも掲載されていますが、その発端となったのは、ベーコンが『ノヴム・オルガヌム』（1620）で語った次の文章です。

―われわれは古代人が知らなかった三つの発明、すなわち印刷術、火薬、そして羅針盤の発明に、他の何にもまして顕著に見られる勢いと影響と成果を心に留めるべきである。この三つは全世界の外観と状況を一変させた。(『ノヴム・オルガヌム』)

現在であれば、3大発明は中国のほうが早かったことが知られているので、この発言はヨーロッパ中心主義的な見方とされそうですが、ヨーロッパにとっては時代を画する技術だったのは間違いありません。いってみれば、ヨーロッパを中世から近代へと転換させた「技術」であり、技術こそが歴史を決定的に変える要因なわけです。こうした指摘の根本には、学問と技術に対するベーコンなりの理解が、控えています。

ベーコンによると、ヨーロッパの諸学問は、過去2000年間、ほとんど進歩せず、同じ状態を続けているのに、技術のほうは進歩・成長が著しいと見なされています。つまり、学問は停滞しているのに、機械技術は発展しているのです。そこで、**ベーコンとしては、技術を開発する精神を、学問にも導入しようと考えている**のです。

では、その精神とはどのようなものでしょうか。それがベーコンの有名な原理「**知は力なり**」というものです。

図2－2　ベーコンの「自然」と「技術」観

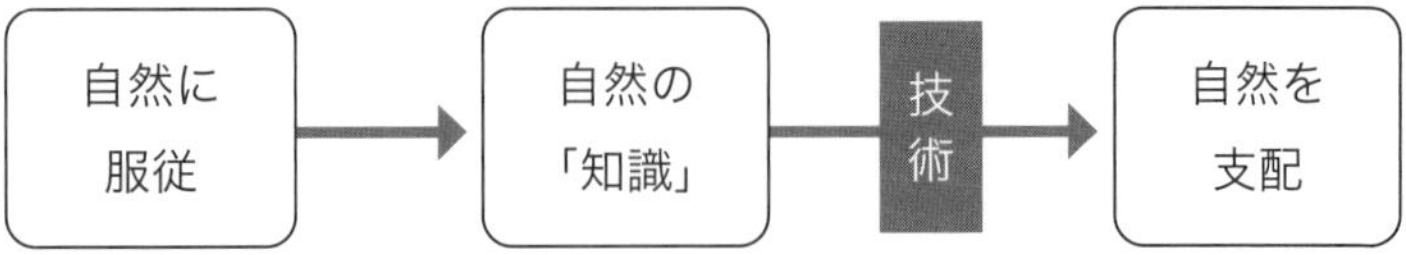

> 人間の知識と力とは合一する。原因が知られていなければ、結果は生ぜられないからである。というのは、自然は服従することによってでなければ、征服されないのであって、自然の考察において原因と結果と認められるものが、作業においては規則の役目をするからである。（『同書』）

ベーコンの基本にあるのは、人間の「知識」によって「自然」を支配するという発想です。ただし、自然を支配するためには、自然に服従して、自然をよく知らなくてはなりません。こうして得られた知識に基づき、人間は自然を支配できるというのです。こうした自然支配の手段となるのが、まさに技術なのです。そのプロセスを図式化すると、図2－2のようになります。

ただ、ベーコンの理解によれば、従来の学問は技術と対立していて、知識としては役に立たなかったのです。そこでベーコンとしては、技術的な観点を導入して、学問にも実験的な方法を導き入れようとと提唱したわけです。

百科全書派による啓蒙主義的技術観の定式化

ベーコンによって表明された「技術」観を、明確な形で定式化したのが、**百科全書派**（encyclopédistes）の仕事でした。ちなみに、「百科全書派」というのは、18世紀のフランスにおいて『百科全書』に執筆・協力した啓蒙思想家のことです。『百科全書』は、**ディドロ**（1713～84）や**ダランベール**（1717～83）などが編集して、20年以上かけて完成したものですが、序文はダランベールが書き、「技術」の項目はディドロが担当しています。この2つを見ると、啓蒙主義的技術観がおよそ理解できます。

まず、序文において、ダランベールは「知識」を思弁的か実際的かで分け、前者を「学問・科学（science）」と呼び、後者を「技術・芸術（art）」と呼んでいます。注目すべきは、技術を示す言葉が「アール（英語アート）」であり、芸術と区別されないことです。そのため、伝統的には、「**技芸**」と訳されてきました。というのも、芸術にしても、技術にしても「制作（ものづくり）」であって、理論的に考察する「思弁」とは区別されるからです。

これについては、古代ギリシアの技術観を取り上げるときに、あらためて説明しますが、百科全書派の考えでは、知識は、技術・芸術と学問・科学の2つに分けられるとしても、目標として共通のものをもち、統一的に定義されています。たとえば、ディドロは、技術と科学を、それぞれ次のように定義しています。

① **技術**：対象が実際に作製される場合、それを作製するにあたって手引きとなる諸法則の、集合や技巧上の手筈は技術と呼ばれる。

② **科学**：対象が単にさまざまな面から熟視されるだけならば、この対象にかかわる観察の結果と技巧上の手筈は科学と呼ばれる。

このような形で知識を、科学と技術の2つの側面から統一的に理解するのは、ベーコンの近代的な技術観を継承しているといえます。実際、ディドロは「技術」の項目で、ベーコンの技術論を引き合いに出しているのですが、次のような「技術」の定義を見ると、その経緯が分かりますね。

一般にすべての技術の目的は、あるいは同一の目標に協働するところの手立てや規則のすべての体系の目的は、自然によって与えられた土台に、ある一定の形式を印刻することである。（『百科全書』「技術」）

TOPIC

2 古代ギリシアから中世までの技術観

それでは、古代では、技術はどう考えられていたのでしょうか。

まず、言葉として確認しておけば、「技術」をギリシア語でいうと「テクネー（technē）」であり、ラテン語では「アルス（ars）」となります。英語の「テクニック（technique）」や「アート（art）」とつながりがあるのが分かりますね。

そのため、「テクネー」や「アルス」も、前節のアールと同様、しばしば「技芸」と訳されてきました。現代でも、「匠《たくみ》の技」というとき、技術と芸術の2つが重ね合わされています。すぐに手に入るような、小賢しい「コツ」のようなものは、「技術（テクネー）」とは見なされなかったのです。

■「テクネー」の重要性を表明したプラトン

プラトンの考えでは、「テクネー」は真の知識とされる「**エピステーメー**」に匹敵するものでした。たとえば、ソクラテスおよびプラトンの最も重要な哲学が、「**問答法（ディアレクティケー・テクネー）**」と呼ばれていることからも分かりますね。このとき「テクネー」は、近代のような「目的に従属する単なる手段」とは捉えられていません。

プラトンの「技術」観は、年代や著作によって多様なのですが、基本にあるのは「テクネー」に対する高い評価なのです。それを確認するために、晩年の作品である『法律』を取り上げておきます。

この作品で、プラトンは「自然（ピュシス）」と「技術（テクネー）」の関係について論じるのですが、このときあらかじめ通説が取り上げられます。それによると、

> 技術は自然がまず仕上げた偉大な仕事を自然から受け取って、これに加工したり整形したりする……。（『法律』）

この考えに反論する形で、プラトンは自分の技術観を積極的に提示します。

> 技術が知性（ヌッス）の働きに基づくものである以上、技術は正しい意味で自然・本性（ピュシス）によって存在するものであり、ないしは自然に優先して存在するものであ

図2－3　「技術」と「自然」の関係は？

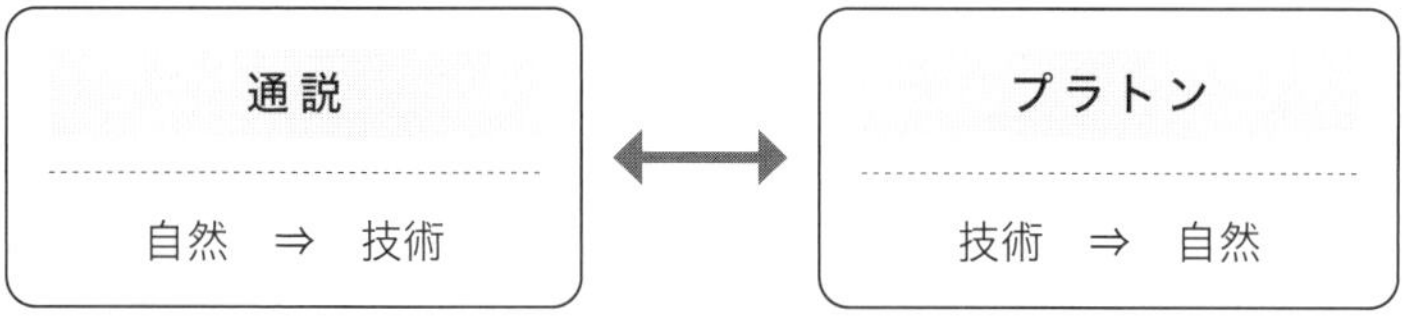

──る。（『同書』）

2つの違いを図示しておきましょう。この考えを具体化するものとして、『ティマイオス』という作品で、宇宙創造物語が語られます。そこでは、宇宙を創造する神（「デミウルゴス」）が、工作者（技術者）と考えられているのです。つまり、技術者であるデミウルゴスが、設計図である「イデア」を手本にし、存在する材料（素材）を使って、秩序ある宇宙を創造するわけです。キリスト教の「神」のように、無からすべてを創造するのではなく、素材に基づき技術によって制作するのです。

お分かりのように、このときも「テクネー」の優先性が語られていますし、**知性の産物である技術は「自然」に先立つ、と考えられている**のです。

プラトンの技術観を転倒させたアリストテレス

アリストテレスは、プラトンの弟子ですが、それとともにプラトンに対する最大の批判者でもあります。その点で、アリストテレスはプラトン哲学を継承するとともに、厳しく批判するのです。

たとえば、プラトン哲学のイデア論を考えてみましょう。プラトンによれば、「イデア」というのは、個々のものから独立した普遍的な本質と見なされています。ところが、アリストテレスは、そうした「イデア」を「**形相（エイドス）**」と言い換え、それが個々のものから独立して存在するわけではない、と力説したのです。**プラトンは生成消滅する現象から離れたところにイデア界を想定したのですが、アリストテレスはむしろ「形相（エイドス）」が現象的な世界に内在すると考えます。**

これと同じ対立が、「技術（テクネー）」の理解においてもくり返されています。簡単にいえば、「自然（ピュシス）」と「技術（テクネー）」の優先順位を、プラトンのそれから逆転させるのです。図示すると、図2－4のようになります。

一見したところ、アリストテレスの考えは、プラトン以前の通説に舞い戻ったように思えますね。どうして、アリストテレスは自然と技術の関係をひっくり返したのでしょうか。

その基本には、アリストテレスの「自然」理解があるのです。『自然学』のなかで、アリストテレスは「自然（ピュシス）」を定義して、「それ自体のうちに、運動（生成）の原

図2－4 プラトンとアリストテレスの技術観の違い

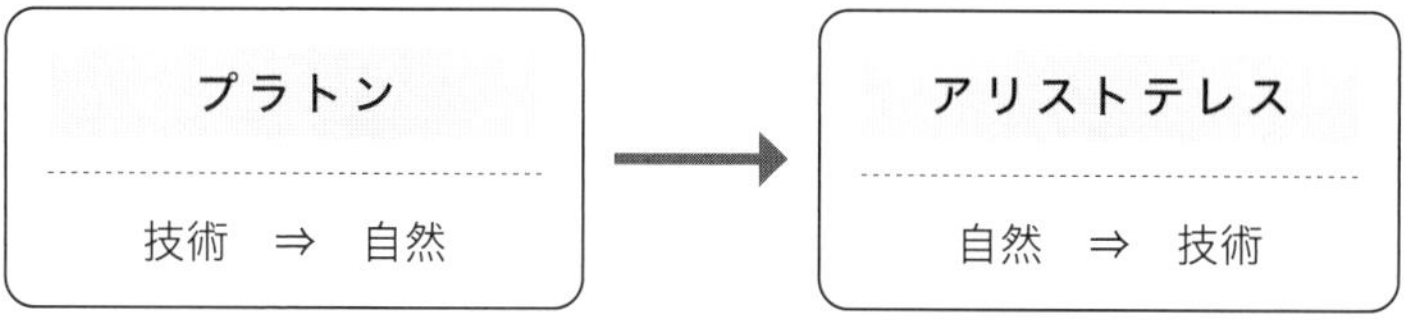

理をもつもの」と述べています。その例として、「人間は人間を生む」が「机は机を生まない」を挙げています。このとき想定されているのは、「自然」と「技術（人工物）」の違いです。

そこで、アリストテレスは、自然と技術との関係を、『自然学』において次のように定式化するのです。

> 一般的にいって、技術（テクネー）とは、一方で自然が完成しえないものを仕上げ、他方で自然をまねるものである。（『自然学』）

こうした「テクネー」理解に基づいて、アリストテレスは学問を3つに大別しています。具体的には、**理論（テオリア）学・実践（プラクシス）学・制作（ポイエーシス）学**です。このなかで、「自然学」は理論学に、「技術」は制作学に属しています。注目しておきたいのは、技術（テクネー）が「制作（ポイエーシス）」という広い観点から捉えられ、「机」の制作や家の建築だけ

図2－5　アリストテレスの学問分類

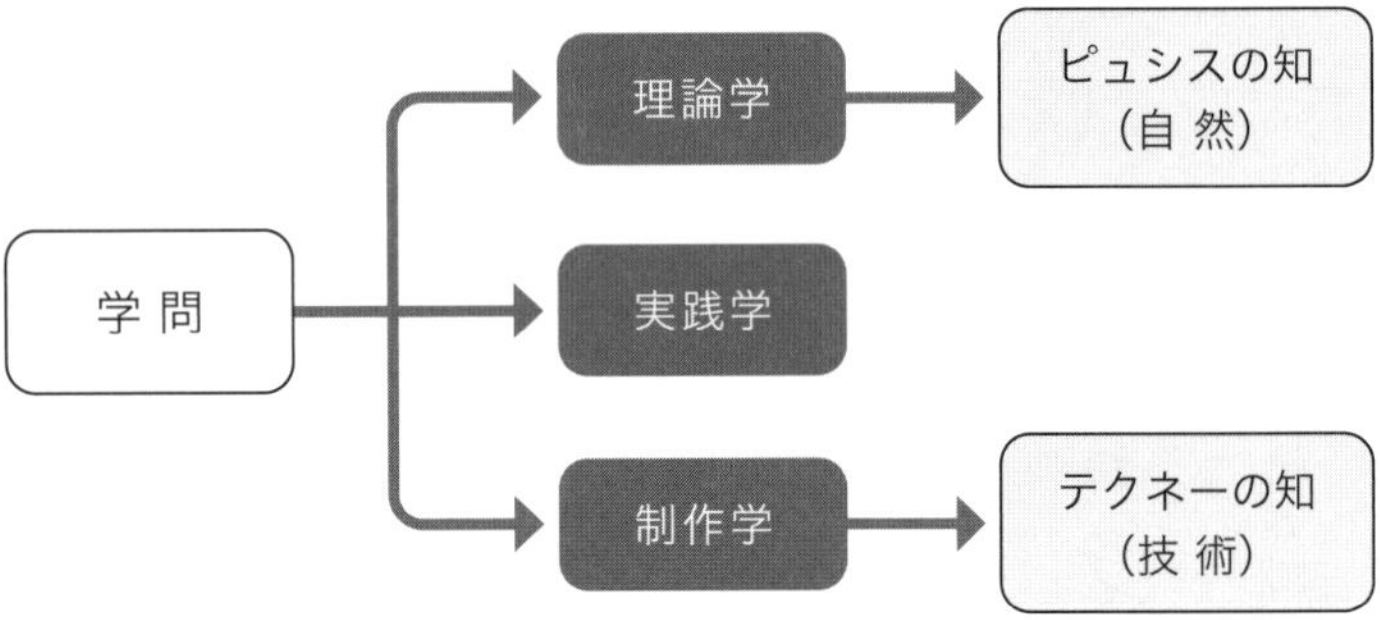

でなく、文学作品や芸術作品の制作までも含むことです。

このような経緯があるため、ギリシア語の「テクネー」やラテン語の「アルス」は、伝統的に「技芸」と訳され、技術＝芸術と見なされてきたのです。「ものをつくる」のは、人間の根本的な活動の1つであり、決して派生的なものではないのです。

いままで述べてきたピュシスとテクネーの関係を含め、アリストテレスの学問分類を図式化しておくと、図2－5のようになります。

■中世における「技術」の捉えられ方

「技術」に対する近代の考えから出発して、古代ギリシアの代表的な哲学者へとさかのぼったのですが、中世はどうだったのでしょうか。イメージからすると、ヨーロッパの中世はキリスト教支配の時代ですから、何となく技術には遠いような感じがしますね。実際はどうだったのでしょうか。中世哲学の創始者と見なされる、**アウグスティヌス**（354～430）の思想を取り上げておきます。アウグスティヌスはローマ時代の末期に活動したのですが、キリスト教哲学を本格的に始めたという点で、中世哲学の始点とされます。

アウグスティヌスで注目すべきことは、中世の教育において集大成された**自由学芸〔アルテス・リベラレス（artes liberales）〕**を積極的に進めたことです。この自由学芸は、別名「**自由七科**」とも呼ばれ、基礎教養と見なされたのです。このとき、「学芸（artes）」に当たる言葉が、「ars（芸術・技術）」の複数形であることに注意してください。

それに対して、「**機械工芸（artes mechanicae）**」という学問もあったのですが、こちらのほうは一般にはあまり知られていません。というのも、アウグスティヌスが機械工芸を「自然に対する制御」をめざすものと考え、神の設計を歪曲し、反キリスト教的と主張したからです。

異教徒の間に見られる他の教えの中で、有用な機械工芸の理論を含めて、私は何も役に立たないと考えています。（『キリスト教の教え』）

ただ、アウグスティヌスの批判にもかかわらず、**中世の後期（12世紀以降）になると、「機械工芸」の地位は向上していきました。**その頃、キリスト教世界には、古代ギリシアの科学思想がアラビア経由で導入されたこともあって、自然に関する知識や技術に対する需要が高かったのです。こうした「機械工芸」の学問は、中世のスコラ哲学に組み込まれ、「自由学芸」と対になるように論じられたのでした。

そこで、当時、自由学芸と機械工芸がどのように対応すると位置づけられたのか、図示しておきましょう（図2－6）。

2つの対応はかなり図式的に見えますが、「自由学芸」だけでなく「機械工芸」という学問が、中世の時代にも継続して教えられていたことは、忘れるべきではないでしょう。というのも、近代のベーコンや百科全書派が「技術」を論じるとき、必ず「機械工芸」のことが触れられているからです。したがって、中世の時代にも、「技術」への見方は、忘却されていたわけではなく、脈々と続いていたのです。

図2－6　自由学芸と機械工芸

TOPIC

3

現代の哲学者は技術をどう考えているか？

近代の啓蒙的な技術観や、古代・中世の技術（テクネー、アルス）理解を概観したのですが、ここから考えると、本セクションの冒頭（51ページ）で紹介したスティグレールの言葉が適切でないことが分かります。というのも、彼によると、「哲学は、その起源において、そして現在まで、思考の対象として技術を抑圧してきた」とされたからです。むしろ、**哲学はその歴史の始まりから、技術と常に向き合わざるをえなかった**のです。その観点を確認するため、さらに当のスティグレールの技術論に光を当てることにしましょう。

欠陥動物だからこそ技術が必要——スティグレール

ベルナール・スティグレールを簡単に紹介しておきますと、『技術と時間』（1994／96／2001）、『象徴の貧困』（2004／05）などを著わしたフランスの現代哲学者です。前者は全3巻で、未完に終わりました。興味深いのは、この書の初めに、スティグレールが次のような宣言文を書いていることです。

この著作の対象はあらゆる来たるべき可能性、あらゆる未来の可能性の地平として把握された技術である。（『技術と時間1　エピメテウスの過失』）

ここで示されているのは、技術が未来においていかに重大であるか、ということです。彼としては、いままで哲学は、技術について十分に問題にせず、その重要性を取り逃がしてきた、と見なしているのです。

ところが、面白いことに、スティグレールが技術の重要性を語るとき、プラトンの『プロタゴラス』から話を引き出してくるのです。この点から見ても、哲学と技術が疎遠の関係にあったというスティグレールの見解は、自家撞着《じかどうちゃく》というしかありませんね。それはともあれ、『プロタゴラス』では何が語られているのでしょうか。

まず、神が2人の兄弟、プロメテウスとエピメテウスを呼んで、生き物すべての組織をつくってくれ、と言います。そこで弟のエピメテウスが請け合って、空を飛ぶものには翼を与え、草食動物には速く走る足を与えるのです。肉食動物には牙を、寒いところに棲《す》むものには毛皮を与えます。生活圏に合わせて、それぞれ特徴となる性質を与えます。

こうして、全部、生き物にはそういう操作をしたと思ったら、当の人間のことを忘れていたのです。もうあてがうべき装備は尽きてしまっていたわけです。

これは**人間欠陥説**といわれるもので、**ミシェル・ド・モンテーニュ**（1533〜92）も『エセー』（初版は1580年）のなかで、動物は生存のための素晴らしい特性を備えているのに、人間は無能力もはなはだしい、と展開するなど、古くから有名な説です。

プラトンの話は続きます。万策が尽きたエピメテウスが兄であるプロメテウスに泣きつきます。すると、プロメテウスは天界から火を盗んできて、人間に与える、という話です。人間は裸で、武器になる特別な身体能力もない。放っておけば、他の生き物の餌食になるのは目に見えている。そこで与えられたのが火だというわけです。

スティグレールによると、プラトンの話が示唆するのは、弱きものである人間にとって、技術＝火は切っても切れないものだということです。これを彼は、人間の弱さを補綴《ほてつ》(prothèse) すると表現します。それが示しているのは、技術とは人類誕生とともにあることを運命づけられているもので、それによって人間の生存が可能になる、という考え方です。

おかげで人間は技術によって万物の霊長となれたのですが、その最たるものが言葉です。**ヨハン・ゴットフリート・ヘルダー**（１７４４～１８０３）の人間学も言葉をめぐるものです。彼は言語を人間によってのみつくり出されたものであるとし、神によって授けられたとする神授説を否定しました。ゆえに、のちに近代言語学の祖ともいわれるようになります。

現代の技術は総動員システム――ハイデガー

ところで、技術を哲学の基礎に据えるスティグレール自身は、じつをいえば**マルティン・ハイデガー**（１８８９～１９７６）の『技術論』（１９５４）に依拠しています。そこで、原点に立ち返るために、ハイデガーの議論を取り上げることにしましょう。

現代であれば、技術を語るのにハイデガーを抜きにして語れないものの、１９５０年代の３つの講演（「物」「建てること、住むこと、考えること」「技術とは何だろうか」）で説かれ、『技術論』としてまとめられたことの重要性は、しばらくは気づかれずにいました。

ハイデガーは自然（ピュシス）を非・自然化するものとして技術を語ります。人は自然に働きかけて、それを有用なものに変えていくこと（非・自然化）を延々とくり返してきました。

それの肥大化の極致が、「総動員国家」となった技術の姿です。「**総動員**」という概念は、

エルンスト・ユンガー（1895～1998）が同名の論文で使ったものです。もとは軍隊用語です。

ユンガーによると、第一次大戦以降、戦争のあり方が変わった、とされます。それまでは日常と戦争は別のもの、戦争は兵隊同士が戦うものとされていました。ところが、戦時体制を組んで、国家が総動員で事に当たった側が有利である、と説きます。**総動員こそが現代の技術であり、そこにすべてが取り込まれてしまう、**といいます。

第一次大戦の死者数にはいろいろな数字がありますが、民間の死者数が多いことと、病死（それまでの戦争による死では、これが多かった）ではなく戦闘中の死者が多いことが指摘されています。

ハイデガーの技術論はこれをヒントにして、**かかわるすべての人が取り込まれるシステムこそが技術**だとしたわけです。技術は人間を開明的な存在にするはずのものでしたが、近代になると、すべてを有用なものにしようとする力（それをGestellゲシュテルと言っています）に組み込まれてしまう。石炭を掘るのは何のためか？——鉄をつくるため。鉄は何のためにつくられるのか？——ビルを建てるため。……といったように次々展開して、人間を取り込んでしまうもの、それが技術だというわけです。人間をシステムに取り込んでいく大きな動力、というイメージに近いかもしれません。

ハイデガーの独特の言葉遣いを紹介しておきます。いま述べたことを想像しながら、読んでみてください。

人間を取り集めては、おのずと顕現するものを徴用物資として徴用し立てるようにさせる、かの挑発する要求のことを――ゲ‐シュテル（Ge-stell）つまり、総かり立て体制と呼ぶことにしよう。
この語を、従来まったく不慣れであった意味であえて使うことにしましょう。（『技術とは何か』）

晩年、ハイデガーが、第二次世界大戦後に、アメリカの数学者**ノーバート・ウィーナー**（1894～1964）によって「制御工学」として提唱された**サイバネティクス**に危機感をもったのも、同じ関心からではないかと思われます。変数の表れをフィードバックしながら調整していき、全体を構築していく、というサイバネティクスのあり方は、国家総動員のもっと精緻化した姿といえなくはありません。今日では、インターネットの普及によって、技術による人間の取り込みは最終局面に向かおうとしているのかもしれません。

図2－7　「総かり立て体制」とは？

現代の技術は人間をも支配する――マルクーゼの問いかけ

ハイデガーの考えは、たしかに現代における技術の重大性を根本的に捉えているように思えます。しかし、下手をすると、技術があたかも人間を支配する運命のように聞こえるかもしれません。実際、あるインタビューで「この技術の状況に対してどうすればいいか？」と尋ねられたとき、ハイデガーは「分からない」と認めたのです。

それに対して、若いときにハイデガーのもとで学んだ**ヘルベルト・マルクーゼ**（1898～1979）は、1964年に『一次元的人間』を書いて、独自の技術論を提示したのです。マルクーゼといえば、もともとドイツではフランクフルト学派に属し、**テオドール・アドルノ**（1903〜69）や**マックス・ホルクハイマー**（1895〜1973）とともに活動していました。ユダヤ系ということもあって、その後アメリカに亡命し、第二次世界戦後は若い世代に大きな影響を与えた哲学者です。

マルクーゼの考えによれば、近代において発展した科学と技術は、自然を支配するだけでなく、人間をも支配するとされます。たとえば、次のように語っています。

> わたしがうちたてようとするのは、科学が独自の方法と概念にもとづいて投企し促進してきた宇宙においては、自然の支配と人間の支配がむすびつき——そのむすびつきがこの科学的宇宙の全体に不吉な作用をおよぼしかねない、という事実である。科学的に捉えられ支配された自然は、あらたに、技術的な生産装置および破壊装置となってあらわれているが、それは個人の生活を維持・改良すると同時に、生活を装置の支配下に屈服させているのだ。こうして、合理的な階層秩序は社会的な階層秩序と融合する。（『一次元的人間』）

科学や技術によって、自然の支配だけでなく人間の支配も進むというマルクーゼの考え

図2－8　技術は人間をも支配する？

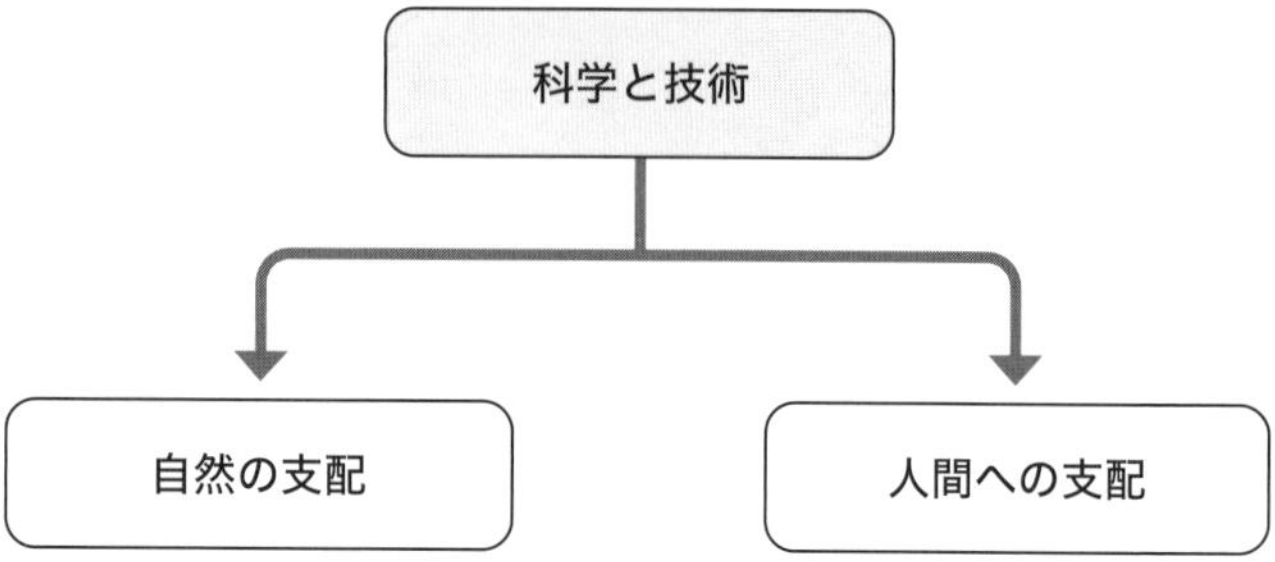

は、アドルノとホルクハイマーが第二次世界大戦中に亡命先のアメリカで書いた『啓蒙の弁証法』（1947）と共通しています。彼らは、この支配が全体主義国家へと向かうことを洞察していました。

マルクーゼは、科学と技術によって、いかなる社会が生まれてくるか、次のような未来を予想するのです。

> 工業技術の合理性は、支配権力の合法性を廃棄するというより保護し、道具主義に基づく理性の地平は、合理的にうちたてられた全体主義社会に道をひらくのである。（同書）

こうした予想は、現代の状況を見ると、技術のあり方を正確に予測しているように思えます。では、こうした支配に対して、どうすればいいのでしょうか。この問いに答えることは、いまの私たちの課題でもあります。

Theme 3

権力

-POWER-

PHILOSOPHY

INTRO
DUCTION

「権力」は単なる「力」とどう違うのか？

このセクションでは、「権力」について考えてみましょう。あらかじめ、確認しておきたいのは、**「権力」という考えが姿を現したのは、近代になってから**だということです。近代になると国家と社会が分離し、あわせて個人の自立化が進みました。そうなると、個々の人間をどう組織化するか、ということが課題として浮上してきたのです。石粒のように散らばる個人を集約するにはどうすればいいのか、というわけです。まさにそのとき問題となるのが、「権力」のあり方です。

ただ、「**権力**（英power 独Macht）」というのは、もともと多義的な言葉で、使う人によって大きく違ってきます。ここでは、わずかな共通事項を確認しながら、多様な考え方を示すことにします。

それを理解するため、フリードリヒ・ニーチェ（１８４４〜１９００）の遺稿『Der

Wille zur Macht』を取り上げておきましょう。この遺稿はかつて、『権力への意志』と訳されていたのですが、近頃では『力への意志』と訳されることが多くなっています。その主な理由は、「権力」という言葉が、支配―服従関係を連想させることにあります。というのも、ニーチェのこの本は、ナチス時代に利用されて、「ナチスの政治方針＝権力への意志」というように一般化されてしまったのです。

ニーチェが「権力」という言葉を使ったとき、それに類する「力（Kraft）」や「暴力（Gewalt）」とは区別されています。「力」は物理学などでも使う概念で、人間関係における「支配―服従」関係を主題化していません。ところが、「権力」という言葉には、それにあえて言及しなくても、最初から「支配―服従」関係が想定されているのです。その意味で、**「権力」は、もともとから政治的な意味を含んでいる**、といえます。

また、「暴力」との違いについては、相手の同意や承認が含まれているかがポイントです。相手が嫌がることをするのは「暴力」ですが、「権力」の場合、それが何らかの時点で相手から受け入れられる必要があります。そのため、表面的に見れば、「権力」では相互依存関係が成り立つように思われます。

こうした言葉のイメージを念頭に置きながら、「権力」をめぐる議論を確認していきましょう。

TOPIC
1

「権力」という問題

支配と服従の関係が成り立つとき、支配者は四六時中見張っておくことはできません。ちょっとでも目を離したら、すぐに謀反を起こすようでは、この関係は安定しません。そこで、権力が必要になってくるのです。

■マキャヴェッリの権謀術数

したがって、**支配される人が、どうすればその支配を受け入れ、言うなれば「自ら進んで服従するようになる」のか——これが「権力」の根本的な問題になります。**本来、個々人が独立するようになれば、必ずしも支配を受け入れる必要はないわけです。それにもかかわらず、支配される人が進んで服従するようになること、まさにこのことを可能にするのが「権力」なのです。

そうした「権力」のあり方を最初に論じたのは、イタリアの**ニッコロ・マキャヴェッリ**

図3－1　マキャヴェッリの権力の捉え方

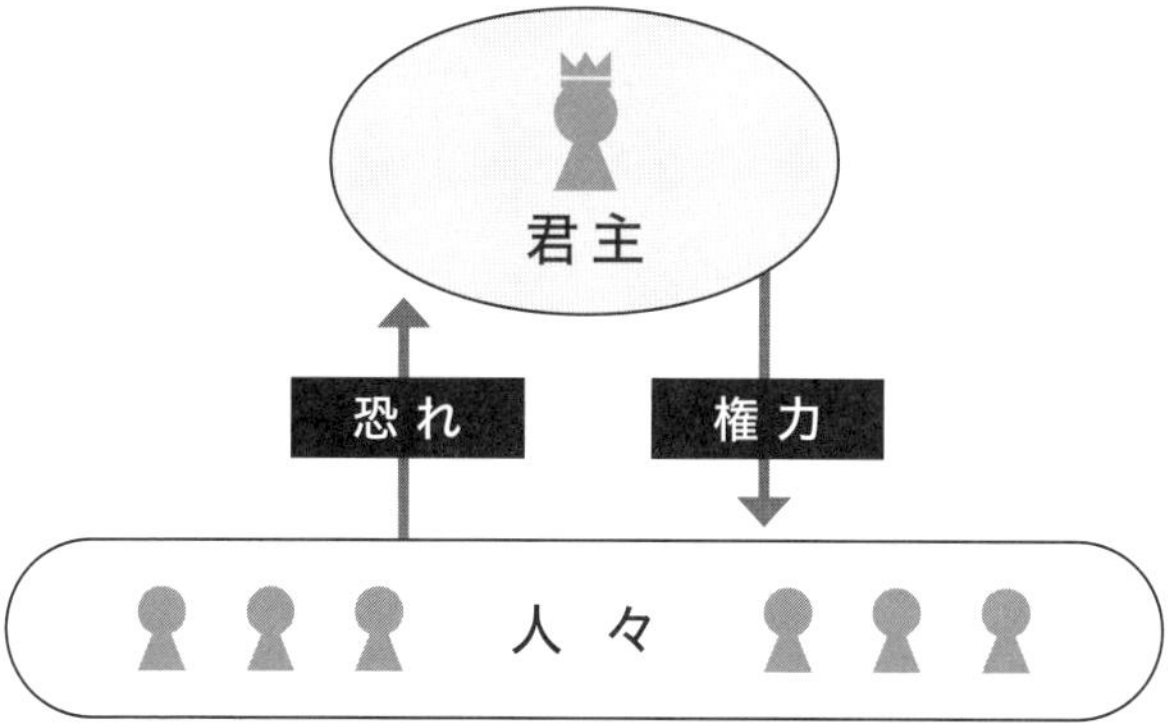

（1469～1527）でした。彼の『君主論（1532）』が「権謀術数《けんぼうじゅっすう》の書」と呼ばれているのは、権力と謀略《ぼうりゃく》の思想を展開しているからです。たとえば、その書の17章では、「冷酷さと憐れみぶかさ。恐れられるのと愛されるのと、さてどちらがよいか」が問題になるのですが、マキャヴェッリはきっぱりと「**愛されるより恐れられるほうがよい**」といいます。以下、その理由を説明しているのですが、みなさんはどう感じますか？

人間は、恐れている人より、愛情をかけてくれる人を容赦なく傷つけるものである。その理由は、人間はもともと邪《よこしま》なものであるから、ただ恩義の絆で結ばれた愛情などは、自分の利害のからむ機会がやってくれば、たちまち断ち切ってしまう。ところが、恐れている人については、処刑の恐怖がつきまとうから、あなたは見放されることがない。(『君主論』)

ここから、マキャヴェッリは、君主に対して、「ライオンと狐」に学ぶことを勧めるのです。ライオンには「狼どもの度肝を抜く」どう猛さが備わり、狐には「罠を見抜く」狡猾さがあるからです。「権謀術数」という言葉は、まさにここからきています。

力と知恵という2つは、古くから指摘されてきたものですが、マキャヴェッリは君主の必須の要素として明言したのです。ここに、近代において「権力」概念が成立したことを確認できます。君主は「力と知恵」によって、その支配を永続化でき、支配される人々の自発的な服従を可能にするからです。

■ヒュームの社会契約論批判

「権力」の考えがどのように芽生えてきたのか、少し違った側面から考えてみましょう。ここで取り上げるのは、いわゆるイギリス経験論の頂点に立つ**デイヴィッド・ヒューム**(1711~76)の社会契約論批判です。

社会契約論というのは、国家成立に関して理論的根拠を与えたもので、ヒュームに先立

図3－2 社会契約論の考え方

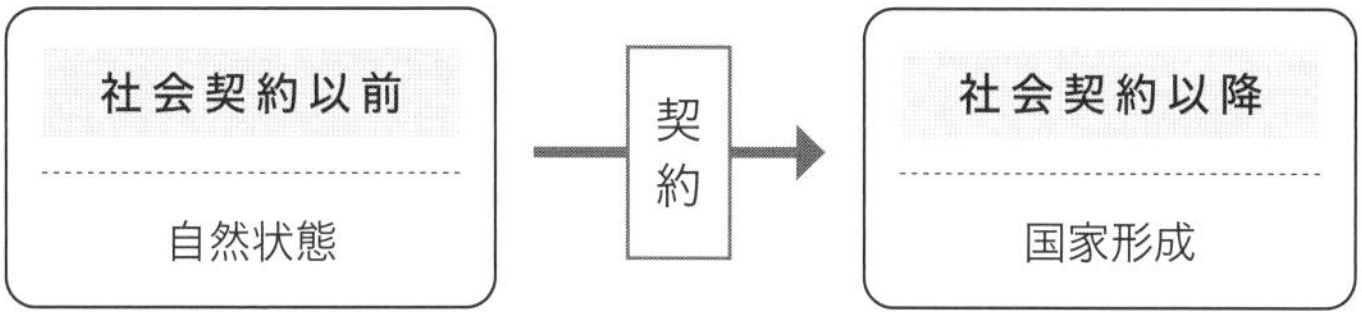

つ**トマス・ホッブズ**（1588～1679）や**ジョン・ロック**（30ページ）によって展開されています。社会契約論の内容は少しずつ異なっていますが、その基本的な発想では、個々人は契約に際して自由に同意する、と見なされています（図3－2）。というのも、社会契約以前の自然状態で、個々人は自由に考え行動できるからです。ところが、ヒュームはこうした社会契約論の発想に冷水を浴びせかけ、強く批判するのです。

その際、ヒュームが批判する論点は2つあります。その1つは、**国家を形成する以前の「自然状態」なんてなかった、**というものです。ヒュームは次のように述べています。

> 自然状態は単なる哲学的フィクションであって、未だかつて実在したことはなかったし、また決して実在できなかった……
> （『人間本性論』）

つまり、人間はもともと支配や統治のもとで生活しており、それから離れた自然状態にある自由な個人などは空想にすぎない、というわけです。では、太古の人間は、どのように生活していたのでしょうか。そのためにヒュームが提示するのが、もう1つの論点です。

現存する統治、あるいは歴史に記録が残っている統治のほとんどは、もともと簒奪《さんだつ》か征服、もしくは両方に基づくものであって、公正な同意を口実にしたり、人々の自発的服従によるものではなかった。（『市民の国について』）

ヒュームによると、支配者は「暴力」や「ウソの口実」を使って統治を確立するのですが、支配される圧倒的な多数者は「恐怖」を抱き、反抗することができなくなっているのです。これが、社会契約論者が自慢する「契約」の実情というわけです。

このようにヒュームが語るとき、「権力（power）」という概念を使うわけではありません。しかし、彼がここで問うているのは、**「圧倒的な多数者が、支配者に抵抗せずに服従するのはなぜか」**という、まさしく権力現象の根本的な問題なのです。

そこで、次に、「権力」という概念を主題化し、明確な形で定式化した**マックス・ウェーバー**（1864〜1920）の「権力」論を取り上げることにしましょう。

マックス・ウェーバーによる定式化

マックス・ウェーバーは、社会学者としてよく知られた人物ですが、「権力」という概念をはじめて主題的に問い直した思想家でもあります。そのため、「権力」に対してアプローチする際には、立場がウェーバーとは違っている場合でも、その考えに必ず立ち戻って確認される思想家です。

ウェーバーの没後に出版された『経済と社会』（1922）において、彼は「権力」についての有名な定義を与えています。基本概念なので、2つほど引用しておきます。

権力とは、ある社会的関係の中で、抵抗を排してまで自己の意志を貫徹するすべての可能性を意味する。（『経済と社会』）

権力とは、自分の意志を他者の行動に押し付ける可能性のことである。（同書）

表現上少し違っていますが、根本にあるのは、**「自分の意志」**を**「他者の行動」に押しつけること**です。ただし、注意すべきは、あくまでも「可能性（チャンス）」であって、「そうしようとすればすることができる」能力ともいえます。

こうした「権力」概念には、「支配」が結びついています。**ウェーバーによれば、「支配とは権力の特殊ケース」ですから、支配のあり方に基づいて権力を具体的に理解できる**のです。では、支配はどのように説明されているのでしょうか。

ウェーバーによると、**権力による支配には「正統性」がないとだめだ**、とされます。そのため権威の確保が必要になってきます。つまり、上からの強制的な権力ではなく、民衆が支持する権威を想定するのです。

権威をもとにしたウェーバーの「支配」の3分類は以下のようなものです。

ⓐ 伝統的支配
ⓑ カリスマ的支配
ⓒ 合理的支配

ⓐ伝統的支配というのは、みんなが従っているから自分も、というタイプです。貴族制などをイメージするといいでしょう。次のⓑカリスマ的支配は、だれか特別な才能をもった、魅力的な人物に従うタイプです。宗教家だとか戦争のヒーロー、あるいはずば抜けた

図3－3　ウェーバーによる支配の3分類

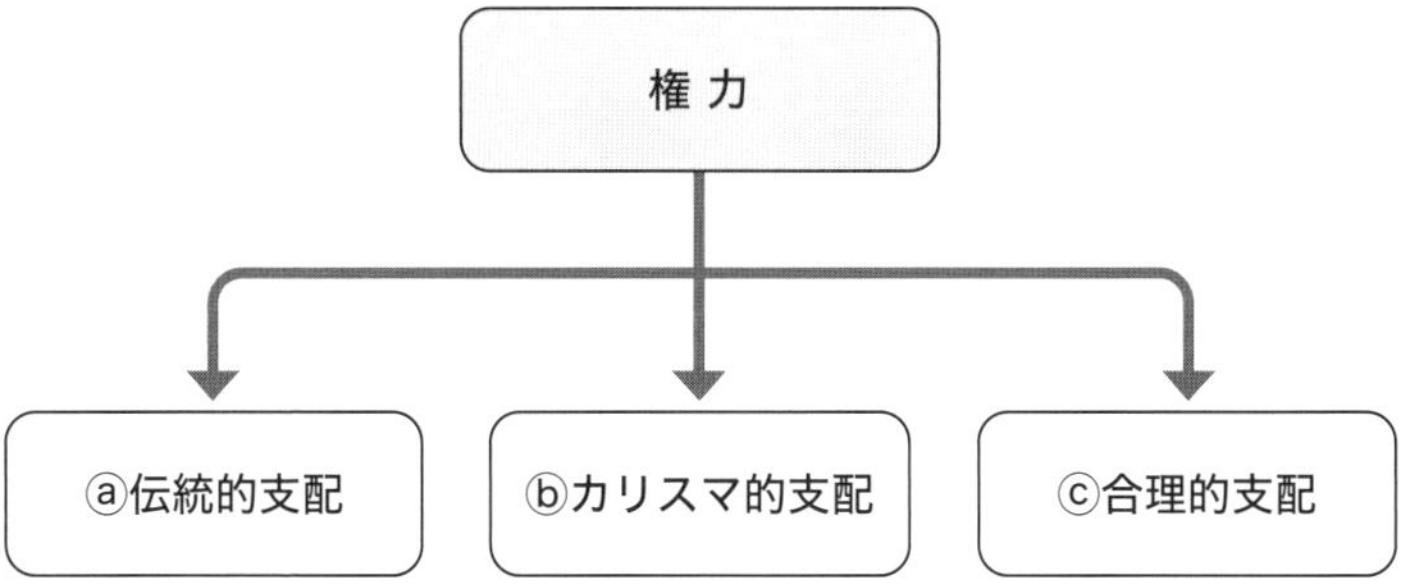

成績を上げた伝説の営業マンだとかをイメージすると分かりやすいでしょう。かつて軍隊は、伝統的支配とカリスマ的支配が主流でしたが、やがて次のⓒ合理的支配へと変わっていきました。

そして、近代は合理的支配が主流で、なかでも官僚制をイメージすると一番ぴったりくるでしょう。ルールと範囲がきっちり決まっていて、そのなかで遺漏なく物事を処理していくのが、官僚制の特徴です。ただし、ウェーバーによると、ときに官僚制は逆機能することがあるといいます。決まったルールと範囲内で仕事をしていれば、いずれ硬直化するのは目に見えていますから。

官僚制は合法性に基づいて、合理性をもってなすべきことを遂行しますが、いずれそれが袋小路に入っていくのは当然かもしれません。

TOPIC

2

権力論の革命

近代において「権力」という考えがどのように生まれてきたのか、その集大成としてマックス・ウェーバーが「権力」を具体的にどう理解したのかを確認しました。そこで今度は、現代の哲学者がその権力観にどう対応したのか、考えてみましょう。

■フーコーが提唱した新たな権力概念

そのなかで、最も注目されたのがフランスの哲学者**ミシェル・フーコー**（1926〜84）が、『監獄の誕生』（1975）や『性の歴史1　知への意志』（1976）のなかで展開した「権力論」です。その議論はきわめて斬新で、従来の権力概念そのものを根本的に変更するものでした。そのため、「**権力論の革命**」とも呼ばれています。

一般に「権力」という場合、「ある特定の行動へ人を仕向ける強制的な力」と考えられています。イメージしやすいのは、「君主の権力」でしょう。強大な暴力装置をもち、それによって人々を上から抑圧するような権力です。それに対して、フーコーはまったく異なる「権力」概念を提示したのです。

権力は「排除する」、権力は「抑制する」、権力は「抑圧する」、権力は「取り締まる」、権力は「抽象する」、権力は「仮面をつける」、権力は「隠蔽する」などの、否定的な言い方で常に、権力の効果を述べることは止めなければならない。実際には、権力は生み出している。権力は現実的なものを生み出しているのである。（『監獄の誕生』）

いままで「権力」といえば、だれかが所有する特権のようなものと見なされてきました。たとえば、マキャヴェッリだったら「君主」とか、ウェーバーだったら「カリスマ」のように、他の人々がもっていない特別な「力」が「権力」とされてきたのです。ところが、フーコーはこの権力観に異を唱えるのです。

権力のうちにわれわれは、所有しうるかもしれない1つの特権を読み取るよりもむしろ、常に緊迫し常に活動中の諸関連がつくる網目を読み取るべきである。……権力は、所有されるよりもむしろ行使されるのであり、支配階級が獲得もしくは保持する「特

権」ではなく、支配階級が占める戦略的立場の総体的な効果である。（同書）

一言で表現すると、**権力とは、特権的な人がもつ圧倒的な「力」ではなく、人間関係が形成される場において、人々が積極的に生み出していくもの**なのです。いってみれば、たとえば、会社では上司と部下、学校では教師と生徒、家庭では親と子などです。いってみれば、**社会的なネットワークが形成されているところでは、権力は常に作動している**のです。「人間関係のあるところ、常に権力あり」ともいえますし、逆に「権力のあるところ、常に人間関係あり」ともいえますね。

フーコーの権力論を見ると、いままでの考えと大きく違っているのが分かるのではないでしょうか。というのも、従来の権力観では、「権力」といえば、政治や支配といった特別な領域での、特定の人がもつ驚異的な「力」のように考えられていたからです。ところが、フーコーはごく普通の私たち自身の生活にも、常に「権力」が働き、しかも私たち自身が権力を生み出している、と示唆するからです。

こうしたフーコーの権力観は、「**どこにでもある権力、だれにでもある権力**」といえるでしょうか。実際、自分の生活をふり返っても、「ある、ある」体験ができるのではないでしょうか。フーコーの権力論が発表された後で、家庭のなかでの夫と妻、友人関係での

「カースト」などが問題になったのも、頷けるはずです。

権力に対抗するコミュニケーション――ハーバマスの批判

いままで「権力」といえば特別な政治的領域と見なされていたのですが、フーコーは「権力」をもっと広い場へと開放することになりました。普通の人々の日常的な生活のなかにも、「権力」が意識されるようになったのです。しかしそれは、フーコーを難しい問題に直面させることになりました。フーコーの友人である**ジル・ドゥルーズ**（1925～95）は、次のように語っています。

私が思うに、フーコーはひとつの問題にぶつかった。権力を「超える」ものは何もないのか。自分は権力関係に閉じこもって、袋小路にはまりつつあるのではないか。（『記号と事件』）

ドゥルーズが指摘したのと同じ論点は、ドイツの哲学者**ユルゲン・ハーバマス**（1929～）も『近代の哲学的ディスクルス』（1985）において問題にしています。その書の「権力理論のアポリア」という章で、ハーバマスはフーコーの権力論がはらむ問

図3－4　ハーバマスのコミュニケーション行為

	成果志向的行為	了解志向的行為
物に対して	道具的行為	—
人に対して	戦略的行為	コミュニケーション的行為

題を明らかにし、その袋小路から脱出するように呼びかけたのです。しかし、どうすればそれが可能になるのでしょうか。

ハーバマスが「権力」を考えるとき基本になっているのは、フーコーのように人間同士の関係がすべて権力関係だ、とは見なさない点です。権力関係を免れたものとして、ハーバマスはコミュニケーション行為を想定するのです。そのとき、人間の行為に関して、図3－4ような表が念頭に置かれています。

この表での「**成果志向的行為**」は、物であれ人であれ、対象を支配することをめざすもので、権力関係だといえます。それに対して、ハーバマスが「**了解志向的行為**」を別枠で設定したのは、権力関係から免れたものだと見なしたからです。つまり、**人間同士の了解（理解）しあう行為は、相手を支配するような権力関係ではない**わけです。

こうした考えは、**権力世界**と**生活世界**を2分するという、ハーバマスの基本的な観点に基づいています。たとえば、科学技術の現代的な支配を論じた『イデオロギーとしての技術と科学』（1968）では、次のように述べられています。

> 行為の二類型のうちの一方の構造、つまり目的合理的行為の機能的範囲が、制度的な共同性の連関に優位するばかりでなく、コミュニケーション行為そのものをしだいに吸収していく、といった独特の情景があらわれる。（『イデオロギーとしての技術と科学』）

権力に基づく支配服従関係が拡大することを、ハーバマスは「**生活世界の植民地化**」と呼んで批判するのですが、その批判の拠点となるのが、お互いに了解しあうことを求めるコミュニケーション行為というわけです。

ここにあるのは、権力世界VS生活世界という二元論なのですが、これを認めるかどうかで、権力をどう考えるかが違ってきます。

■権力のサタン理論――ローティのフーコー批判

アメリカの哲学者は、フーコーの権力論をどう理解したのでしょうか。フランスの哲学者として、フーコーはアメリカでも人気です。とりわけ彼の権力論は若手の研究者から支持を得ていますが、ここではフーコーの同時代人で、社会的にも評価の高い**リチャード・ローティ**（1931〜2007）の議論を確認しておきましょう。

フーコーに対するローティの理解は、年代によって異なるのですが、ここで取り上げるのは、ローティが晩年近くになって出版した『アメリカ　未完のプロジェクト』（1998）です。この書でローティは、アメリカの〈左翼〉の歴史をふり返って、20世紀末に席巻している思潮を、「アカデミック〈左翼〉」あるいは「文化〈左翼〉」と呼んでいます。

ここでの〈左翼〉とは、現代の「PC（ポリティカル・コレクトネス）運動」の元祖のようなものといえば、理解しやすいかもしれません。その左翼を、ローティは次のように説明しています。

この文化〈左翼〉は、金銭よりも侮蔑について考察し、皮相であからさまな貪欲よりも深く隠された性心理の動機づけについて考察する。……大学で教壇に立つ私たちがアメリカ人に他者を認めることを教えなければならない、とアカデミック〈左翼〉は信じている。そのために、左翼は、女性史、黒人史、ゲイ研究、スペイン系アメリカ人研究、移民研究のような学問の研究分野を総合する手助けをしてきた。（『アメリカ 未完のプロジェクト』）

ローティによると、こうした「文化〈左翼〉」ないし「アカデミック〈左翼〉」に理論的基礎を提供しているのが、フーコーの権力論なのです。彼は、フーコーについて次のように語っています。

フーコー的権力の遍在は、サタンの遍在を連想させ、そして原罪の遍在――すべての人間の魂についている悪魔の染み――を連想させる。（同書）

ここでローティが述べているのは、「人間関係あるところ、権力あり」というフーコーの権力論です。フーコーでは「権力の遍在」と呼ばれていますが、それをローティは「サタンの遍在」とか「原罪の遍在」と言い換えるのです。

具体的に考えてみましょう。たとえば、アメリカの白人男性について。その人は、黒人とは違いますし、女性からも区別されます。さらに、健常者であれば、障害者から区別され、大人の若者であれば、子どもや老人からも区別されます。こう考えると、その人は存

図3－5　ローティのフーコー批判

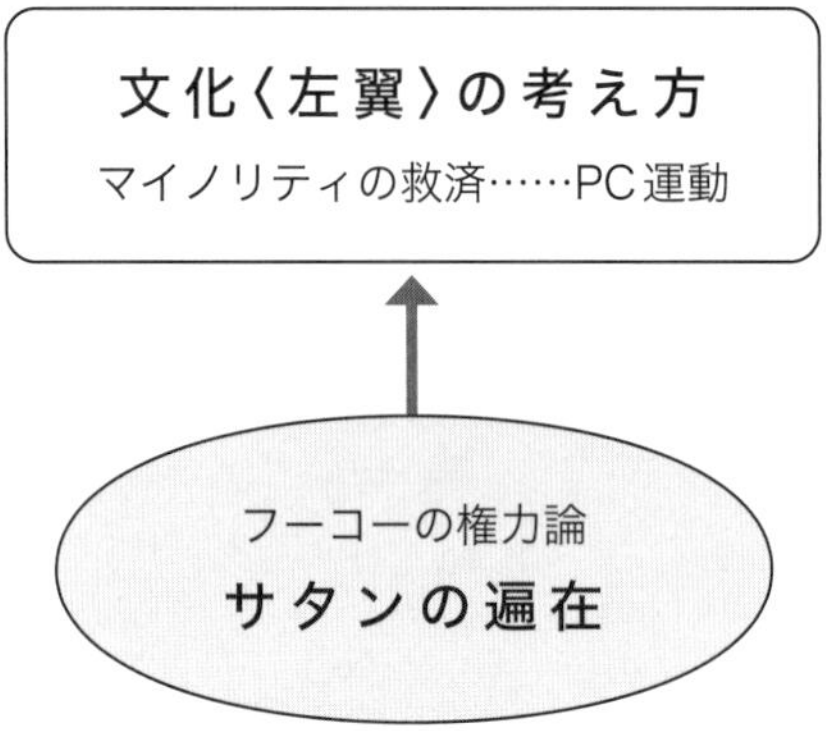

在するだけで、権力のネットワークに入り込み、マイノリティとは違うという原罪を背負うのです。

こうして、特段何もしなくても、その人には原罪があり、その罪を反省しなくてはならないのです。ローティとしては、こうした思考法に反対し、文化〈左翼〉を健全化するために、フーコーの権力論（サタンの遍在の理論）を批判しました。しかし21世紀の状況を見ると、むしろフーコーの理論はいっそう影響力を増したように見えますね。

TOPIC

3 デジタル社会の権力を考える

フーコーが画期的な権力論を提示したのは1970年代でした。その頃、権力の技術として社会が使っていたのはアナログが中心で、現在のようなデジタルテクノロジーは一般化していませんでした。

しかし、20世紀末になるとインターネットが社会的に配備され、人々の生活も劇的に変わり始めました。それにともなって、権力を理解する仕方も、手直しが必要になってきたのです。

■ポスト・パノプティコン時代の権力

こうした状況を踏まえて、アメリカの歴史学者である**マーク・ポスター**（1941～2012）は『情報様式論』（1990）のなかで、フーコーの権力論をデジタル社会向けに読みかえたのです。

図３－６　パノプティコン

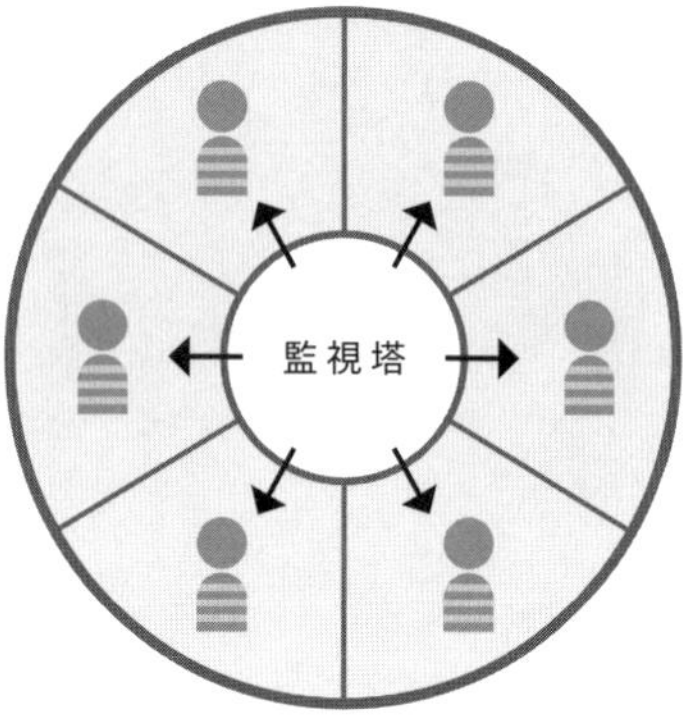

フーコーが『監獄の誕生』のなかで権力のモデルにしたのは、ベンサムが考案した「**パノプティコン**（一望監視施設）」でした。これは、中心に監視塔があって、その周りに独房が配置された円筒形をした監獄です。独房の囚人は、監視塔から常に監視されていることを意識し、それによって規律が形成されるわけです。これをフーコーは「**規律権力**」と呼んで、近代社会の権力と見なしたのです。実際、学校でも、職場でも、軍隊でも規律のために、人々を常に監視していますね。

しかし、フーコーが記述したのは、あくまで近代社会なのですから、現代の状況に応じてアップデートすべきでしょう。その１つとして、**マーク・ポスター**（１９４１～２０１２）は「**スーパー・パノプティコン**」という概念を提唱したのです。少し長いですが、具体的な事例で分かりやすいので、引用しておきます。

―現在の「コミュニケーションの流通」やそれが作りだすデータベースは、一種の〈スーパー・パノプティコン〉を構築している。それは壁や窓や塔や看守のいない監視のシステムである。……社会保障カード、運転免許証、クレジットカード、図書館のカードのようなものを個人は利用し、つねに用意し、使い続けなくてはならない。これらの取引は記録され、データベースにコード化され加えられる。……諸個人は、情報の源泉であると同時に、情報の記録者でもあるのだ。ホーム・ネットワーキングはこの現象の最適化された頂点を作りだす。（『情報様式論』）

ここで描かれていることは、いまではごく普通のことになっていますので、その新しさは実感しづらいかもしれません。しかし、フーコーが想定していたパノプティコンは、直接に目で見て書類に記録するといったアナログな世界だったのに対して、スーパー・パノプティコンでは監視する人がいないのです。それにもかかわらず、権力の作用を受け、行動を制約されるのです。

たとえば、図書館のカードで本を借りようとしても、延滞した本があると借りることができません。クレジットカードで買い物をするつもりでも、その人の限度額を超えては使えません。あるいは、パソコンを見ていると、おすすめの商品が紹介されてきますが、それは以前の買い物や検索履歴などから、自動的に表示されるものです。ただそういったことを何も意識せずに、すぐに購入することも多いですね。

このように、だれかがその人の行動を監視しているわけではないにもかかわらず、その人は行動だけでなく考えや好みまでも掌握され、支配されるのです。とすれば、これは「権力」の新たな形と考えていいのではないでしょうか。そのため、いままでとは異なるアプローチが必要になります。

近代から現代の管理社会へ

デジタル時代の新しい権力について敏感に反応したのが、以前にも言及したフーコーの友人**ドゥルーズ**です。フーコーが構想した規律権力による「規律社会」に対して、ドゥルーズは現代社会を「**管理（コントロール）社会**」と呼んで、次のように説明しています。

私たちが「管理社会」の時代にさしかかったことはたしかで、いまの社会は厳密な意味で規律型とは呼べないものになりました。フーコーはふつう、規律社会と、その中心的な技術である監禁にいどんだ思想家だと思われています。しかし、じつをいうとフーコーは、規律社会とは私たちにとって過去のものになりつつある社会であり、もはや私たちの姿を映していないということを明らかにした先駆者のひとりなのです。（『記号と

図3－7 「規律社会」から「管理社会」へ

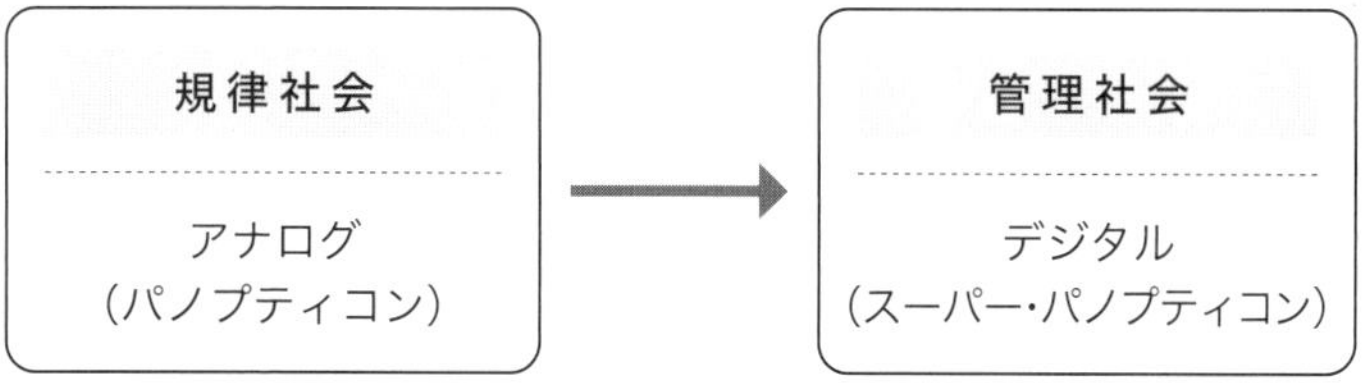

─事件』）

ドゥルーズの考えでは、フーコーが分析した「規律社会」は20世紀の末には壊滅しつつあります。「規律社会」に取って代わろうとしているのが「管理社会」に他ならないのです。しかし、一般的には、「規律社会」と「管理社会」の違いは、必ずしも理解されていません。

あらかじめ確認しておくと、「管理（コントロール）」という場合、個々人が外部から強制されるわけではなく、自分の意志にしたがって自由に行動できます。それにもかかわらず、個々人はいつでもどこでも「管理」されるわけです。そのときに活用されるのが、情報機器とそのネットワークに他なりません。個々人は、自由な行動の瞬間ごとに、チェックされ記録されていきます。そのデータが、自動的に蓄積されるのです。

つまり、個々人は、それぞれ行動ごとに断片的な情報にまで分割され、それらが絶えず記録されていくのです。カードで買い物をし、ナビを使って車で移動し、PASMOで電車に乗り、Googleでネットサーフィンを行ない、FacebookやXで発信し、ＬＩＮＥで会話し、メールで商談する――しかもそれぞれは、逐一管理されていくのですが、おそらく私たちには管理されているという意識はないでしょう。

フーコーは「人間関係のあるところに権力あり」といいましたが、現代ではむしろ次のように言い換えるべきかもしれません。「**デジタルネットワークのあるところ権力あり**」。デジタルネットワークが整備され、活用されている環境では、いつでもどこでも権力は作動しているのです。たとえば、あなたが勤務先のオフィスに入ろうとしても、首にかけている社員カードがなくては入室できないように。あなたに何ができ、何ができないかは、デジタル情報によって管理されているわけです。

「シノプティコン」の権力

近代の権力に代わる別の見方を確認しておきましょう。フーコーは近代の権力を考えるとき、もっぱら監視の技術を想定したのですが、それは一面的ではないか、と考えられます。たとえば、ノルウェーの社会学者の**トマス・マシーセン**（１９３３～）は、次のように語っています。

図3－8 パノプティコンからシノプティコンへ

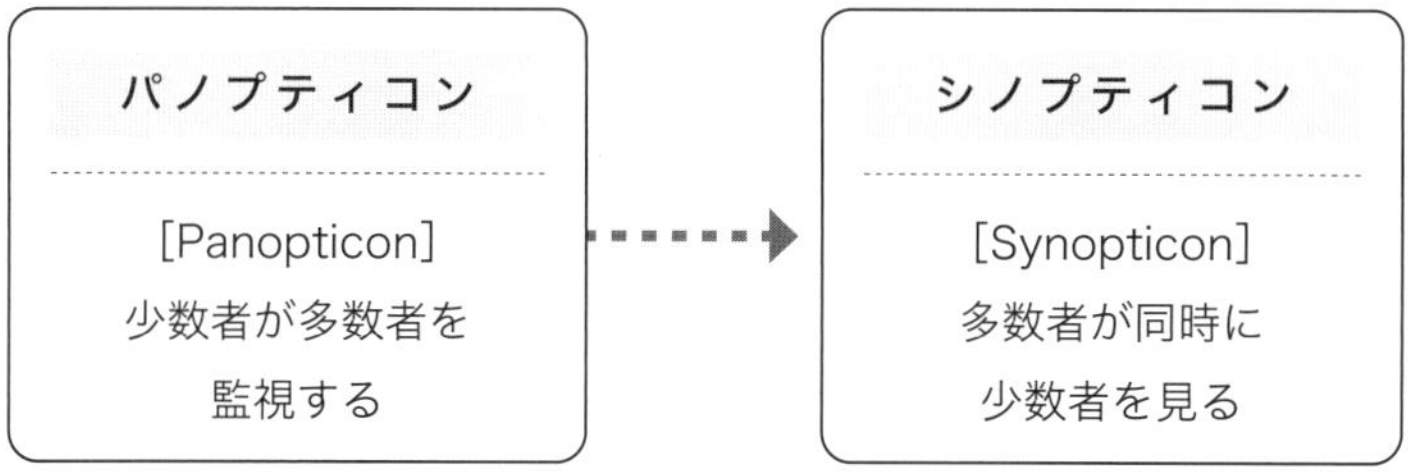

> フーコーは、加速度的に増大している近代の監視システムに関して、われわれの理解を進める点では大いに寄与したが、……もう一つのきわめて重要性をもつ反対のプロセスを無視するのである。つまり、監視システムと同時的に起こり、同じような加速度で発展しているプロセスである。具体的には、マスメディア、とくにテレビであり、それは……多数の者に少数者を見させるようにさせるのである。（「見る者社会」未邦訳）

この理解に基づいて、マシーセンはパノプティコンという概念に対抗するモデルを提唱しています。パノプティコン（panopticon）は、語源的には「すべて（pan）」と「見る（opticon）」からつくられ、少数者が多数者を監視するシステムです。それに対して、マシーセンは「多数者が少数者を見る」という意味で、「**シノプティコン**

（synopticon）」という概念を打ち出すのです。「syn」は「一緒に、同時に」という意味で、多数者が同時に一緒に少数者を見るわけです。

マシーセンは「シノプティコン」を説明するとき、テレビやマスメディアに言及していますが、現代ではむしろスマートフォンのほうがぴったりかもしれません。電車のなかで、ほとんどの人がスマートフォンでSNSや動画を見ているのは、もう日常の風景になっていますね。

パノプティコンもシノプティコンも、現代のデジタルネットワーク社会によって、新たな様相を帯びて発展しています。いずれも、従来の権力のあり方を根本的に変更して、機械技術そのものが権力に成り代わったように見えます。このとき、私たちは、権力にどう対抗すればいいのでしょうか。フーコー以上に、難しい状況に直面しているようです。

Theme 4

暴力

-VIOLENCE-

PHILOSOPHY

INTRO
DUCTION

「暴力」はいつでも悪なのか？

「**暴力**」というと、たいてい非難され、それに反対することが当然だと見なされています。そのため、暴力はすぐに犯罪と結びつけられます。

そのとき、「**なぜ暴力は非難されるのか**」**と聞き返してみれば、必ずしもはっきりした答えが返ってきません。さらには、**「**そもそも暴力とは何か**」**と問い直すと、おそらく多くの人が途方に暮れるでしょう。**

たしかに、暴力は人類とともにあり、人類の特性の1つといっていいものですが、それが哲学的な課題となってきたのは、近代になってからです。先に権力について考えましたが、それと同じ時期に暴力を取り上げられるようになったともいえます。

しかし、権力と暴力はどう違うのでしょうか、あるいはどんな関係にあるのでしょうか。じつをいえば、この問いに対して、一律の決まった答えはなく、むしろ哲学者によってさまざまな見解があるのです。

したがって、「暴力」を理解するには、その違いに注意しつつ、暴力の複雑性を解きほぐす必要がありそうです。

「暴力」について語るとき、何よりもまず、その周辺の概念との違いがどうなっているのか、問わなくてはなりません。というのも、**ハンナ・アーレント**（1906～75）が、『暴力について』（1969）のなかで、次のように指摘しているからです。

> 現在用いられている用語法が「権力（power）」、「力（strength）」、「強制力（force）」、「権威（authority）」、そして最後に「暴力（violence）」のような重要な語をきちんと識別していないことは、政治学の嘆かわしい現状を反映しているように思われる。（『暴力について』）

このようにアーレントが述べたとき、彼女自身はどう区別していたのか、気になるところですね。そこで、アーレントによる区別を取り上げることから、議論を始めることにしましょう。

TOPIC 1

「暴力」の多義性を確認しておこう

この章の冒頭で述べた、ハンナ・アーレントについて簡単に紹介しておきますと、彼女はドイツ系ユダヤ人であり、大学時代にはハイデガーや**エトムント・フッサール**（1859〜1938）、**カール・ヤスパース**（1883〜1969）など錚々《そうそう》たる哲学者のもとで学んでいます。ドイツでナチスが台頭するとフランスに亡命するのですが、ナチスのパリ侵攻によって一度は捕らえられ、収容所に送られます。しかし、そこから脱出して、アメリカに亡命したのです。1941年のことです。

第2次世界大戦後、アーレントはアメリカで市民権を獲得し、その地で執筆活動を行ないました。代表作は『全体主義の起源』（1951）や『人間の条件』（1958）などですが、とくに1963年にニュー・ヨーカー誌に掲載された「エルサレムのアイヒマン」は、大きな反響を呼び起こしました。こうした経歴からも予想できるように、アーレントは国家による権力や暴力に関して、鋭い考察を行なっています。

アーレントによる「権力」と「暴力」の区別

アーレントの基本的な理解は、権力と暴力を対立したものとして捉えることです。その違いは、簡単にいえば、「**正統性（legitimacy）**」にあります。それは、「権威」として人びとが認めているかどうかにかかわっています。

アーレントによれば、「権力は、人びとが集まって一致して行為するときにはいつでも発生するが、しかしその正統性は最初に人びとが集まることに由来する」とされます。それに対して、「暴力が正統なものであることは決してない」といわれます。つまり、**権力には正統性があるが、暴力にはそれがない**わけです。

こうした区別は、ある意味では分かりやすく、私たちの常識にもなっているのではないでしょうか。私的な暴力や犯罪的な暴力に「正統性」がないのは、だれが見ても明らかだからです。また、国家に対する反逆も、「暴力」とされて厳しく取り締まられます。そのため、いったん「暴力」とされてしまうと、その力の行使には「正統性」が認められず、非難されるわけです。私たちの社会では、「暴力」は認められていません。

そこで、アーレントが行なった区別を、「**常識的な暴力観**」と呼ぶことにしましょう。彼女は、こんな風にまとめています。

図4－1　アーレントの権力と暴力観

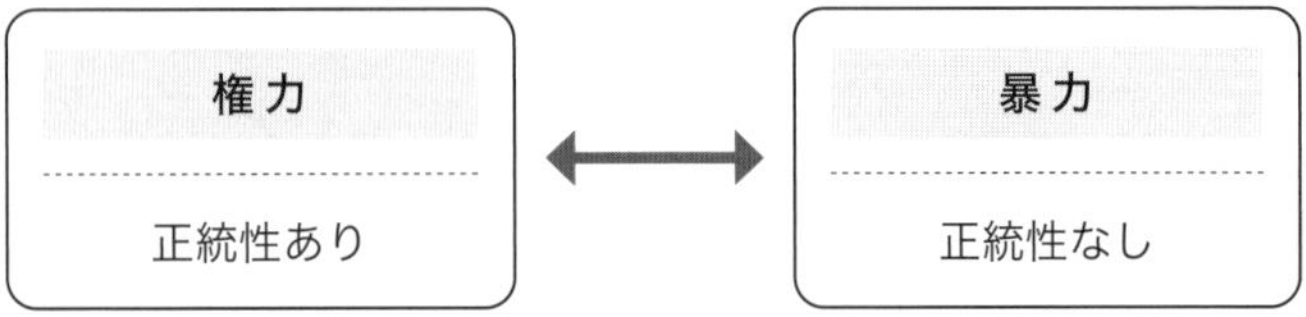

要約しよう。政治的にいうとすれば、権力と暴力は同一ではないというのでは不十分である。権力と暴力は対立する。一方が絶対的に支配するところでは、他方は不在である。暴力は、権力が危うくなると現われてくるが、暴力をなすがままにしておくと最後には権力を消し去ってしまう。（『暴力について』）

アーレントが理解している権力と暴力の関係を図示すれば、図4－1のようになります。両者は、対立関係にあるのです。

しかし、権力と暴力は単に対立するだけなのでしょうか。むしろ、権力と暴力が一緒に現われることはないのでしょうか。実際、アーレント自身も、次のことを認めているからです。「**権力と暴力は、はっきり異なった現象ではあるが、たいてい一緒に現われる**」。

そこで、権力と暴力の関係を、あらためて捉え直すことにしましょう。

■権力は暴力に基づき可能になる――マックス・ウェーバーの暴力観

抽象的な理論として考えるよりも、具体的な場面を取り上げることにしましょう。たとえば、警察や軍隊です。これらは「権力」の現象ですが、いずれも「力によって相手を抑え込む」という点では、「暴力」と違いがありません。警察は私的な暴力を抑え込む権力の装置ですし、軍隊は国家内の反逆や外国の攻撃といった暴力に対抗する正統な権力と見なされています。

しかし、警察が私的な暴力（犯罪）と結びついたり、あるいはそのまま私的な暴力になったりすることはないでしょうか。また軍隊自身が、国家に反逆したり、国家に取って代わったりすることはないでしょうか。こうしたことは、歴史を見ればいつでも起こりますし、フィクションの世界でも数多く描かれています。

そもそも、現象だけを見れば、**権力も暴力も相手を力で抑え込むものですから、本質的には共通だと考えることもできます**。あるいは、両者は対立というより、むしろ連動していると見なしたほうが分かりやすいのではないでしょうか。

図4－2　権力と暴力は連動している？

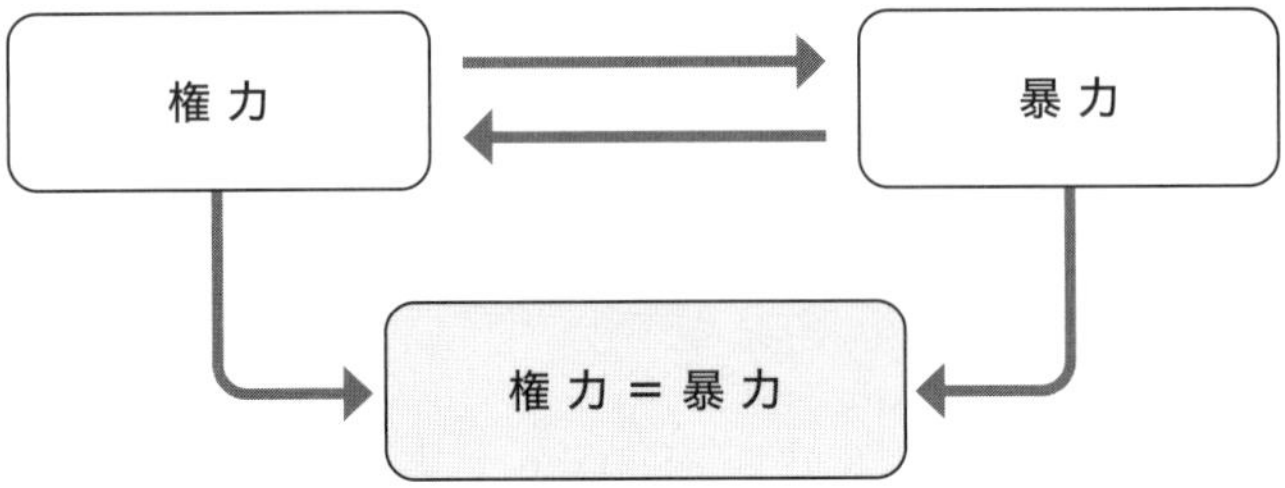

たとえば、権力概念を定式化したマックス・ウェーバーは、同時に暴力についても興味深い観点を提示しています。1919年に行なわれた講演をまとめた『職業としての政治』のなかで、ウェーバーは「政治を行なう者は権力を求める」と述べた後で、国家について次のように規定しているのです。

国家も、歴史的にそれに先行する政治団体も、正統な（正統なものとみなされている、という意味だが）暴力行使という手段に支えられた、人間の人間に対する支配関係である。だから、国家が存続するためには、被統治者がその時の支配者の主張する権威に服従することが必要である。（『職業としての政治』）

ウェーバーの理解によれば、国家は支配服従という権力関係によって成り立つのですが、その関係が維持され

図4－3　ウェーバーの権力と暴力観

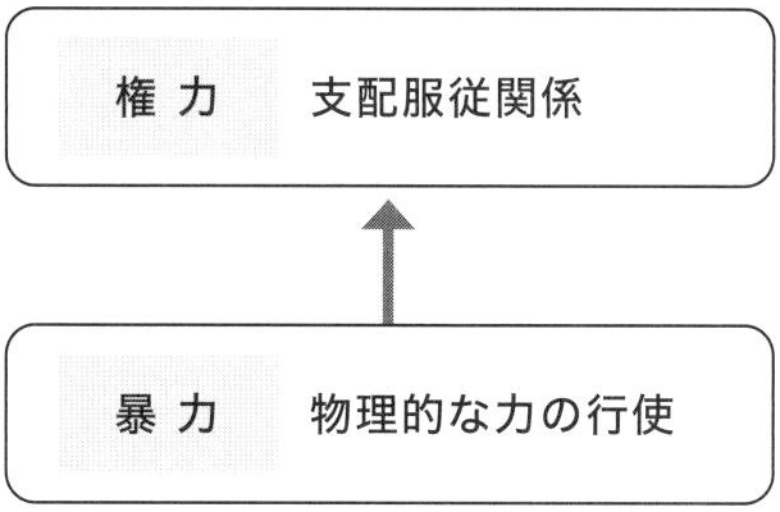

るためには、暴力行使が控えているのです。一言でいえば、「**国家は暴力の上に基礎づけられている**」となります。

暴力は「物理的暴力」とも言い換えられていますが、実際には警察や軍隊のような組織をイメージすれば、分かりやすいでしょう。国家に反対する人々や組織は、国家が行なう物理的な暴力によって破壊され、抑え込まれるわけです。こうして成立するのが、国家の支配服従（権力）関係です（図4－3）。

このように理解すれば、一見すると**平和で暴力には無縁そうな国家の状態にも、その根底には物理的な暴力行使が控えている**ことが分かるのではないでしょうか。実際、少しでも人々が国家に反することをしようとすると、警察や軍隊などによって剥き出しの暴力が現われてくることは、よく知られています。

■国家ではなく、社会的な「権力」と「暴力」――マルクスとエンゲルス

今度は、「暴力」をもっと広い観点から考えてみましょう。たとえば、**カール・マルクス**（1818～83）は、盟友の**フリードリヒ・エンゲルス**（1820～95）と共同作業する過程で、まったく独自の権力と暴力の概念を語っていました。通常は、この2つは国家との関係で語られるのですが、マルクスとエンゲルスは社会的な場面で論じるのです。

若い頃に書かれた『ドイツ・イデオロギー』（1845／46）において、2つの概念の違いを次のように示しています。

> 社会的な権力（Macht）、すなわち幾重にも倍加された生産力（Produkutionskraft）――それはさまざまな諸個人の分業のうちに条件づけられた協働によって生じる――は、協働そのものが自由意志的ではなく自然発生的であるために、当の諸個人には、彼ら自身の連合した権力（Macht）としてではなく、疎遠な、彼らの外部に自存する暴力（Gewalt）として現われる。彼らはこの暴力の来しかた行く末を知らず、したがってもはやそれを支配することができず、反対に、今やこの暴力の方がそれ独自の、人間たちの意志や動向から独立な、それどころかこの意志や動向を第一次的に主宰する

図4−4 マルクス、エンゲルスの権力と暴力観

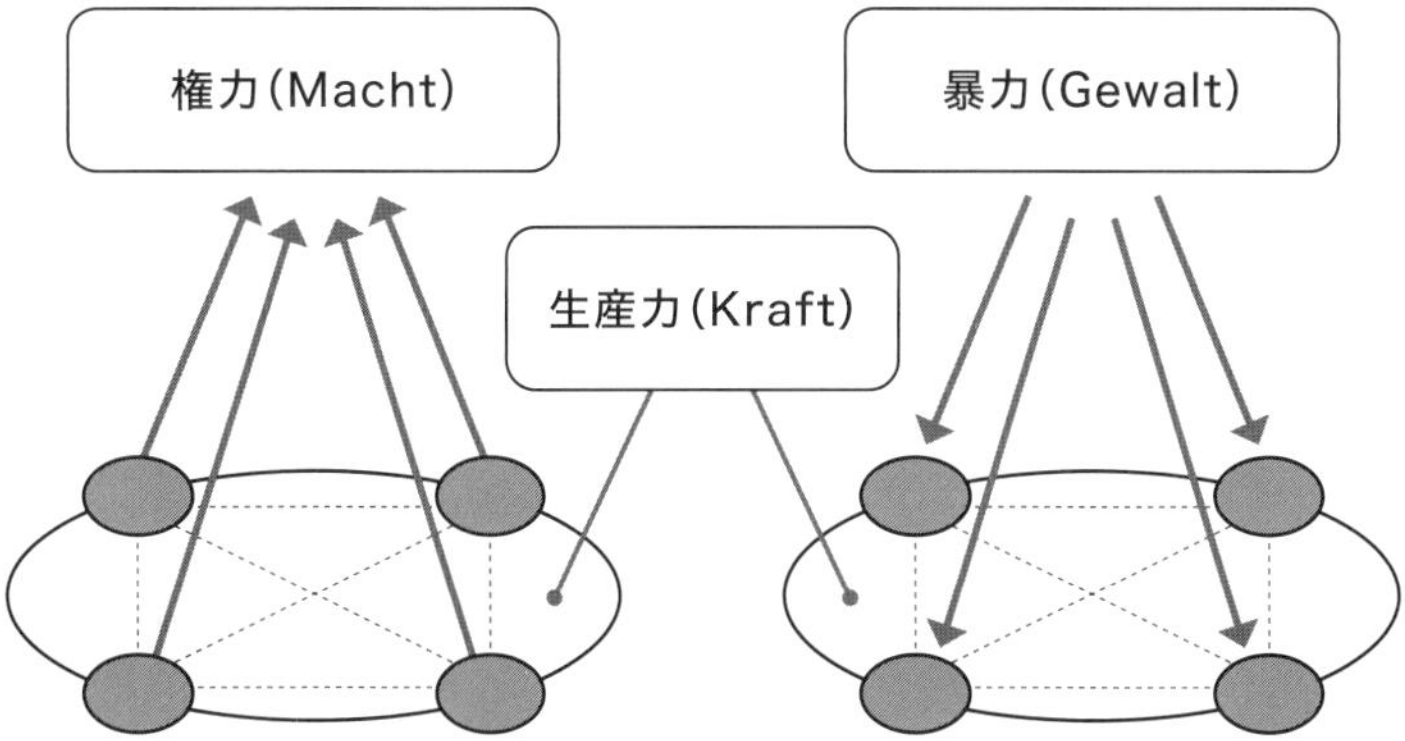

(beherrschen)、一連の展相と発達段階を閲歴するのである。(『ドイツ・イデオロギー』)

ここでマルクスとエンゲルスは、権力(Macht)と暴力(Gewalt)と力(Kraft)の3つの概念を、区別しながら使っているのが分かりますね。社会が自然発生的に発生した分業と協働の関係にあるとき、といった条件の下で、諸個人がつくりだす力(生産力、Produkutionskraft)がどうなるのかを示すのです。あらかじめ、図4−4で示しておきますので、それを参考にしながら読んでください。

諸個人が協働によってつくりだす力(生産力)は、彼らの能力の発現と考えられます。

その場合、**Macht（権力）**という言葉が使われるのです。共同作業をすれば、大きな力を発揮できるわけです（図4－4の左）。

ところが、諸個人の分業や協働が自然発生的な状態であれば、諸個人の総和は諸個人の思惑とは独立した動きをするのです。協働によってせっかく大きな力を生み出したのに、その力を諸個人が制御できず、むしろその大きな力に翻弄されることになります。恐慌をイメージすると分かりやすいかもしれません。たとえば、好景気なので諸個人が利益を求め、生産を増大させることになると、今度は生産過剰になって恐慌が発生するのです。**諸個人が生み出したはずの生産力が、人々から独立し独り歩きするようになる**のです。こうして、生み出された力が**Gewalt（暴力）**という言葉で表現されています（図4－4の右）。

付言すれば、ここでいわれている「暴力」は警察や軍隊といった物理的な力の行使ではありません。むしろ、諸個人がつくりだしたにもかかわらず、それが諸個人の手を離れ、彼らから独立するだけでなく、さらには彼ら自身をも支配するようになる社会的な「力」のことです。人々は、否応なくこの暴力に従わざるをえなくなるのです。

TOPIC

2

「暴力」そのものを区別・分類しよう

これまで、「暴力」を考えるとき、たいていは否定的なものとして描かれてきました。暴力を使うことは、「反社会的」な行動だと見なされているのです。そのため、教育の場面でも、暴力は絶対的な悪とされてきました。

しかし、そもそも「暴力」はすべて否定すべきものなのでしょうか。たとえば、社会的に虐げられた人々が、そこから逃れるために暴力を必要とすることはないでしょうか。マルクスは『資本論』のなかで、**「暴力は、旧社会が新たな社会をはらんだときの助産婦である」**と述べています。

とすれば、暴力にもいろいろな種類があるのではないでしょうか。暴力が権力や権威などと区別されるだけでなく、「暴力」の内部も区別すべきでしょう。簡単にいえば、「悪い暴力」もあれば「良い暴力」もある、というように。

■「暴力」が擁護される場合——ソレルの『暴力論』

「暴力」に対して、積極的に「擁護」する思想を展開したのが、フランスの哲学者**ジョルジュ・ソレル**（1847〜1922）でした。彼は、1908年に『暴力論』を出版して、暴力に関する従来の考えを根本から書き換えたのです。

ソレルは、いままで「強制力（force）」と「暴力（violence）」が曖昧に使われてきたことを批判して、次のように述べています。

人びとは、権力（autorité）の行為について語るときにも、反逆（révolte）の行為について語るときにも、強制力（フォルス）と暴力（ヴィオランス）という用語を使う。この2つの場合が、まったく異なる結果をもたらすことは明らかだ。私は、どんなあいまいさも生じさせない用語を使用することには大きな利点があり、暴力（ヴィオランス）という用語は第二の場合のために取っておくべきだという意見である。したがって、強制力（フォルス）は、少数派によって統治される、ある社会秩序の維持を強制することを目的とするが、他方、暴力はこの秩序の破壊を目指すものだと言えるだろう。

（『暴力論』）

図4－5　「権力の行使」と「反逆の行使」

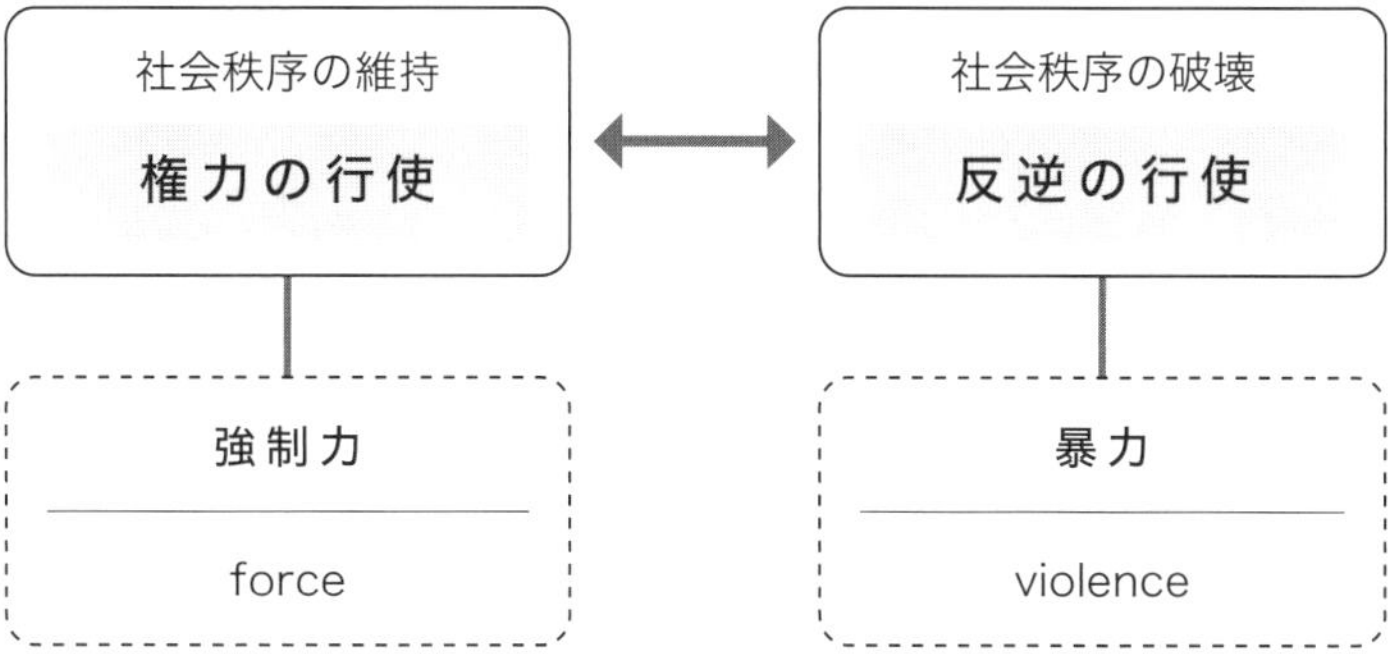

　ここでソレルが示しているのは、社会秩序の維持のための権力の行使か、社会秩序の破壊のための暴力の行使か、という2つの場合です。この2つには、異なる概念を使うべきだというのです。

　要するに、**社会秩序を維持する支配者側が使うのが「強制力（フォルス）」であり、それに対して社会秩序を破壊するのが「暴力（ヴィオランス）」**というわけです。あるいは、体制派が「強制力」を使い、革命派が「暴力」を使うともいえます。

　注目しておきたいのは、このとき**ソレルは秩序に反逆する「暴力」を、積極的に擁護している**ことです。ただし、問題なのは、「暴力」を擁護するといっても、通常イメージされるような物理的な暴力ではないことです。彼は「**革命的なサンディカリズム**（労働組合主義）」を唱えていて、労働組合によるゼネラルストライキのようなものを想定しています。

つまり、選挙によって政治を変えたり、武力闘争によって政府を転覆したりすることではなく、労働者たちが組合活動を拡大し、そのうえでゼネラルストライキのような手段によって社会を変革していこうとすることです。

「暴力を擁護する」といえば、もしかしたらテロのような過激な武力闘争がイメージされるかもしれませんが、ソレルが考えている「暴力」はそうしたものではありません。この点は、誤解されやすいので、注意しておきましょう。

このような理解のもとで、ソレルは「暴力」を擁護するのですが、残念なことに、ソレル自身が、「暴力」を自分の方針に基づいてきちんと使っていないケースもあります。社会の支配者が秩序維持のために使うものを「暴力」と呼ぶこともあって、若干の混乱があるようです。

しかし、ソレルの根本的な意義は、「暴力」を被支配者たちが行使する反逆と見なすことによって、「暴力」を正当に評価したことにあります。

■法をつくる「暴力」もある——ベンヤミンの『暴力批判論』

ソレルの「暴力論」は、支配者が使う「強制力」と被支配者が使う「暴力」を区別することで、暴力に対する否定的なイメージを払いのけようとしたのですが、暴力について細かく分析せず、一面的に捉えてしまいました。しかし、暴力は、被支配者が行使するばかりでなく、支配者にもかかわるのではないでしょうか。

こうした問題意識のもとで、ソレルとは違った形で「暴力」を問い直したのが、ドイツの哲学者**ヴァルター・ベンヤミン**（１８９２～１９４０）です。彼はユダヤ系であったため、ナチスから逃れるためにドイツからアメリカへの亡命を図ったのですが、失敗して非業の死を遂げています。彼が１９２１年に発表したのが、『暴力批判論』です。

まず、タイトルにある「**批判（Kritik）**」という言葉に、注意してください。日本では「批判」というと、「非難」するとか「文句」を言うといった感じで受け取られますが、基本的な意味はそこにはありません。もともとは、ギリシア語の「krinein（クリネイン）」に由来するもので、これは「分ける」ことが基本で、分析するとか分類することがその意味です。

カントの有名な「純粋理性批判」は、「純粋理性」を非難することではなく、純粋理性を分析・分類して、それぞれの役割と限界を定めることが目的です。同じく、ベンヤミンの『暴力批判論』は、「暴力を非難する」ことを意図しているのではなく、「暴力」が何であるかを分析・分類することが課題となっています。一口に「暴力」といっても、さまざ

図4－6　法と暴力の区別は正しい？

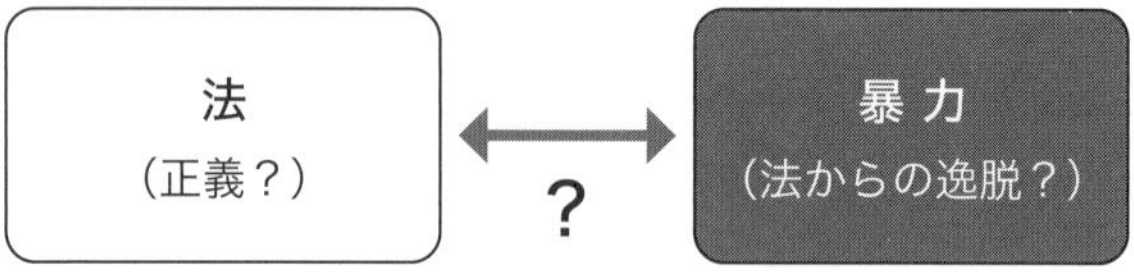

まな種類があり、それぞれ独立しているわけではなく、相互に関係してもいるのです。

こうした意図のもとで、ベンヤミンは「暴力」の3つの区別を明らかにしています。①自然法的暴力と実定法的暴力、②法措定的暴力と法維持的暴力、③神話的暴力と神的暴力です。そのなかで、ここでは②の区別について取り上げることにします。

『暴力批判論』が問題にしているのは、法と暴力の関係についてです。一般的には、この2つはまったく対立したものと受け取られているのではないでしょうか。「法」は正義にかなったものとして、理性的だと見なされています。これに対して、暴力は法を逸脱したものとして、非難されるわけです。「暴力はいけません！」といわれるのは、暴力が法に反していると見なされているからです。

ベンヤミンは「こうした区別が正しいのか？」と問うのです。そのために、彼は2つの概念を導入しています。1つが「**法措定的暴力**」で、もう1つが「**法維持的暴力**」という概念です。

図4－7　「法措定的暴力」と「法維持的暴力」

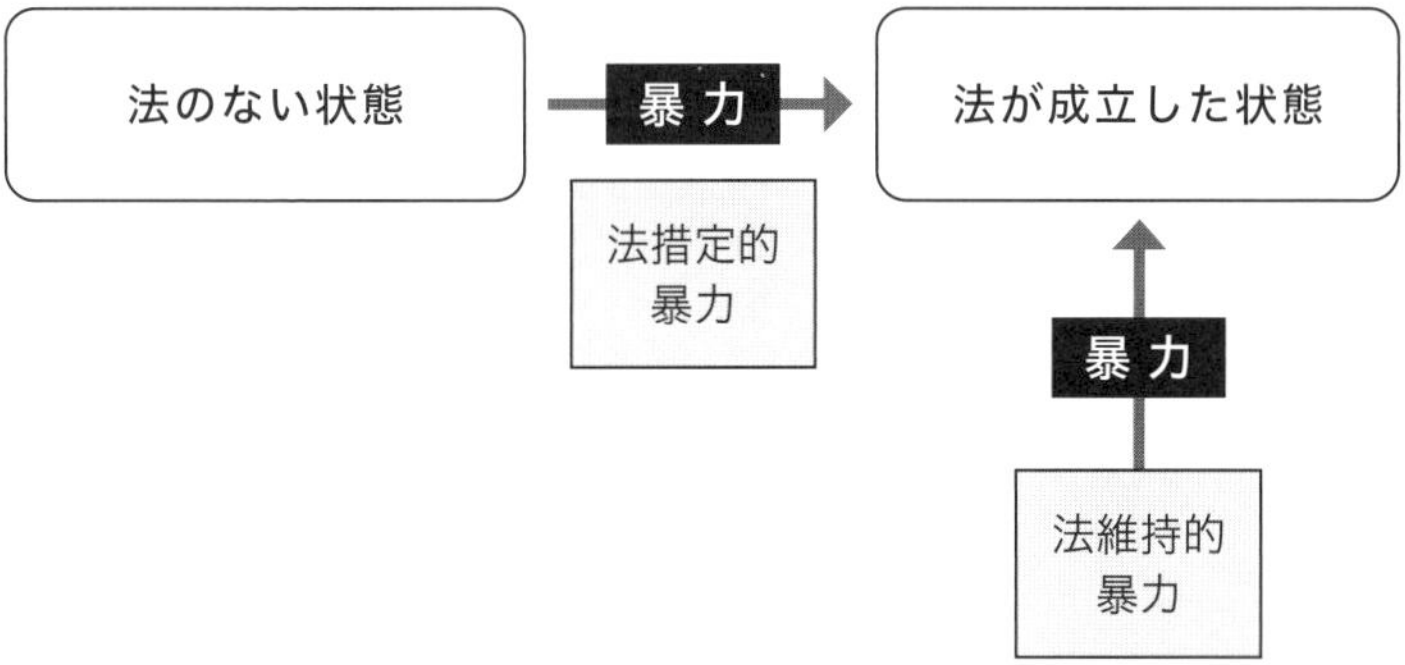

暴力のあの第一の機能が法措定的（rechtsetzende）だとすれば、この第二の機能は、法維持的（rechtserhaltende）といってよかろう。（『暴力批判論』）

「法措定的暴力」というのは、法以前の状態から法の成立している状態への社会の移行を考えると分かります。「法」が成立するためには、社会秩序が形成されなくてはなりませんが、そのためには暴力が必要なのです。こうした暴力を、ベンヤミンは「法措定的暴力」と呼ぶわけです。

また、法が成立している状態でも、それが実際にうまく機能しているためには、暴力が裏で支えていなくてはなりません。というのも、法を犯しても何のお咎めもなければ、だれも守らなくなります。法を逸脱すれば、国家によって厳しく暴力的に処罰されるからこそ、法として機能できるわけです。こうした法を維持する機能が、暴力にはあるのです。これが「法維持的暴力」です。そこで、暴力のこの2つの機能を図示すると、123ページの図4－7のようになるでしょう。

このように考えると、「暴力」とは無縁に見える「法」という領域が、「暴力」によって生み出され、また絶えず「暴力」に支えられているのが分かるのではないでしょうか。したがって、**暴力は法と無関係であるわけではなく、「法」という姿をした「暴力」が存在すると見なすべき**なのです。

「法」と「暴力」の対比は不可能になる！――デリダの『法の力』

ベンヤミンによって明らかにされた「暴力」の概念から、どんな結論が出てくるのでしょうか。それを徹底的に考えたのがフランスの哲学者**ジャック・デリダ**（1930～2004）でした。アメリカで1989年に開催された討論会において、「法の力（Force of Law）」というタイトルの講演を行なっていますが、そのなかで興味深い議論を展開したのです。

ベンヤミンによると、「法」が設定（措定）されるのは「暴力」によってであり、また「法」が維持されるのも「暴力」によってでした。ここから分かるのは、**「法」そのものが**

図4－8 「法」とは「暴力」のこと？

じつは「暴力」に他ならない、ということです。いってみれば、「法」とは、「法の皮をかぶった暴力」なのです。それを表現するために、デリダは次のような言い方をしています。あらかじめ注意しておけば、ここで「力」と訳されているものは、「force（強制力）」です。

〔法と力の関係は〕法が力に奉仕するものであり、支配的権力（power）の従順で隷属的な、したがってその外にある道具であるという意味ではなく、むしろ法が力や権力や暴力（violence）と呼ばれているものとより内的でより複雑な関係を保つという意味である。（『法の力』）

従来の常識的な考えでは、法と暴力は明確に分けられ、法は正統なもの・正しい（正義にかなった）ものと見なされ、暴力とは厳しく対比されてきました。ところが、ベンヤミンの『暴力批判論』を介して、法と暴力の内的な関係が明らかになったのです。

こう考えるとき、デリダの念頭にあったのは、**パスカ**

ル（1623〜62）や**モンテーニュ**（1533〜92）が「**権威の神秘的な基礎**（fondement mystique de l'autorité）」と語ったものです。モンテーニュは、『エセー』のなかで、次のように語っています。

ところで、掟（法）が信奉されているのは、それらが正義にかなうからではなくて、それらが掟（法）であるからだ。これが掟（法）の権威の神秘的な基礎で、このほかに基礎はまったくない……。掟（法）は正義にかなうからといってこれに従う者は、それ本来の意義をわきまえて正当な仕方で従っているのではない。（『エセー』）

なんとも冷めた見方ですが、法を正しいものと見なし、疑うことなく従っている人にとっては、新鮮な驚きを与えてくれるかもしれません。それと同時に、暴力を正しくないと見なしているとすれば、その人にも新たな視点を提供すると思われます。

TOPIC

3

人間にとって暴力とはどんなものか？

これまで暴力を社会的な問題として考えてきましたが、今度は少し視点を変えて、人間性と暴力の関係を取り上げることにしましょう。人間にとって、暴力はどのような意味をもっているのでしょうか。

■暴力は人間の基本的な欲望に基づく――フロイト

暴力が人間にとってどのようなものかを考えるとき、1つのヒントになるのが、精神分析医の**ジークムント・フロイト**（1856～1939）が、物理学者の**アルベルト・アインシュタイン**（1879～1955）と交わした書簡（『ひとはなぜ戦争をするのか』）です。

これはアインシュタインが「人間を戦争というくびきから解き放つことはできるのか？」と質問したことに対して、フロイトが返信という形で自分の考えを述べたものです。

この書簡は、フロイトの戦争や暴力に対する考えを知るうえで、非常に役に立ちます。彼は精神分析学に基づいて、人間の暴力性について持論を展開しているのです。

フロイトの基本的な考えによれば、人間の心は広大な「無意識」に占められているのですが、この無意識を突き動かすのが欲望（欲動）とされます。そして彼は、その欲望を、2つに分けて次のように説明しています。

人間の欲動には二種類がある。一つは、保持し統一しようとする欲動。……これをエロス的欲動と呼ぶことができる。……もう一方の欲動は、破壊し殺害しようとする欲動。攻撃本能や破壊本能という言葉で捉えられているものである。（『ひとはなぜ戦争をするのか』）

この2つの欲望に関して、フロイトとしては、決して消し去ることができないと考えているのです。前者の「**エロス的欲望**」はいうまでもないことですが、後者の「**破壊的攻撃的な欲望**」もまた、人間から消し去ることはできないのです。そのため、フロイトにとっては、戦争は破壊的な欲望に他ならないのですから、戦争を簡単に否定することはできないわけです。「人間から攻撃的な性質を取り除くなど、できそうにもない！」のです。

これで話が終わってしまえば、身も蓋もないことですが、フロイトは「**文化の発展**」という考えによって、戦争に対する対抗策を一応は提起しています。フロイトは、文化の役割を2つ挙げています。

一つは、知性を高めること。力が増した知性は欲動をコントロールしはじめます。二つ目は、攻撃本能を内に向けること。好都合な面も危険な面も含め、攻撃欲動が内に向かっていくのです。（同書）

ただし、文化の発展によって人間が戦争から解放されると、フロイトが本気で思っているようには見えませんね。内心はかなり悲観的・現実的です。**戦争も含め、人間にとって暴力が欲望として備わっていることは、フロイトの確信だった**といえます。

理性による楽観主義――ピンカーの暴力論

暴力と人間の関係を考えるために、歴史的な観点から理解することも必要です。人類の歴史のなかで、「暴力」の増減についてはどんな傾向を示しているのでしょうか。

ここで、近頃世界的に若いビジネスパーソンによく読まれている、米国ハーバード大の心理学者**スティーブン・ピンカー**（1954～）を取り上げることにします。彼の風貌は学者っぽくなく、まるでロックスターのようだったことも、人気の理由の1つかもしれません。若い知識人を売り出すときの常套手段かもしれませんね。

ピンカーは自ら現代の啓蒙主義者といっていて、理性を基本的に信じていると述べています。20世紀は文化相対主義を掲げる文化人類学が主流の学問でしたが、進化心理学をもとに、ピンカーは文化相対主義を批判したのです。

文化相対主義によると、言語は文化によって違うというのですが、ピンカーはむしろ**言語が人類のもつ創造的理性の産物であることが大事**なのだ、と強調しています。人間に共通の理性があるから、ある時点になると、民族を問わず旺盛にしゃべり始める。その事象は、たしかに驚異的です。

こうした立場に立って、ピンカーが2011年に出版したのが『暴力の人類史』です。彼は言語学者であり、心理学者でもありますので、彼の暴力論はいってみれば専門外の仕事といえます。通常、学者が専門を離れる場合は、眉に唾するのが妥当かもしれませんが、ピンカーはそこを膨大なデータによって補強するわけです。現代風にいうと、エビデンスに支えられた議論を展開していくのです。

啓蒙主義者として、ピンカーは暴力の歴史に関して、何を主張するのでしょうか。一言でいえば、「**暴力は減りつつある**」というのです。『暴力の人類史』の冒頭で、ピンカーはこう述べています。

> 本書は、人間の歴史のなかで最も重大な出来事ともいえることをテーマにしている。信じられないような話だが――ほとんどの人は信じないに決まっているが――長い歳月のあいだに人間の暴力は減少し、今日、私たちは人類が地上に出現して以来、最も平和な時代に暮らしているのだ。（『暴力の人類史』）

しかし、ピンカー自身も想定しているように、「暴力は減少しつつある」などといえば、人々の常識に反してしまうのではないでしょうか。20世紀は「戦争の世紀」と呼ばれていますし、人類を滅亡させるような核戦争の脅威が消えているわけではありません。テロや犯罪は世界中で起こっています。とすれば、ピンカーはどうして、こんな能天気に見える主張をすることができるのでしょうか。

ピンカーにしても、人間に暴力的な本性があることをきちんと認めています。これを彼は、人間の「**内なる悪魔**」と呼んでいます。個人的にも集団的にも、人間は自分たちの利得のために、暴力的に行動する内的システムがあるのです。しかし、その一方で、人間に

図4－9　ピンカーの「暴力」の捉え方

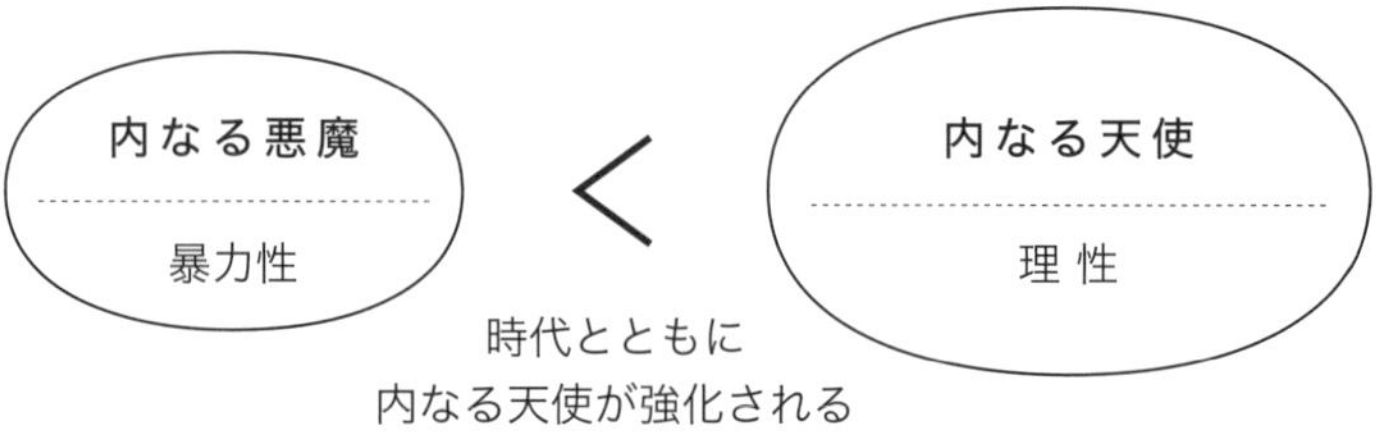

は暴力を回避しようとする心の働きも備わっている、とされます。

これをピンカーは、「**内なる天使**」と呼んでいます。被害者に対する同情、自分の衝動を抑える自己統制の能力、暴力を悪と見なす道徳性、そしてリスクを避けて利益を得ようとする合理的判断力などです。

「内なる悪魔」と「内なる天使」という言葉は新しいのですが、発想そのものは「暴力性と理性の対立」という形で、従来からあるものです。図示すると図4－9のようになります。

ピンカーの基本的な確信は、時代が下るにつれて理性的な天使の部分が強化されていき、その結果、悪魔的な暴力性が減衰してきた、というものです。人類は歴史をさかのぼれば常に戦争をやり、虐殺をくり返してきたので、現代になって暴力から自由になったとは到底思えませんが、彼はデータを積み重ねて、暴力は減少している、と理性の勝利をうたうのです。

ピンカーのように、いま現在のことを肯定する哲学者は、受けがいいということがあります。それもデータを豊富にそろえて説得性をもたせているので、余計に彼の説に頷く人が多いのではないかと思われます。

20世紀の人類学や動物行動学の思惑

一方、ピンカーの啓蒙主義的な暴力論に対して、割り切れなさを感じる人も少なくないようです。というのも、20世紀に席巻した思潮からすると、ピンカーの考えは西洋的で、人間中心主義的に思えるからです。それに対比するため、ピンカーの敵と想定される2つの考えを取り上げておきます。

まず1つは、動物行動学と訳される「**エソロジー**（ethology）」の代表者として、ノーベル賞も受賞した**コンラート・ローレンツ**（1903～89）の考えです。ローレンツは、1963年に発表した『攻撃』において、人間と動物を対比して、動物では本能に基づいて「同種間での暴力の制御」が働くのに対して、人間の場合はその制御が働かないと強調しています。**人間は同種間（つまり人間同士）で、果てしなく暴力をくり返す**わけです。

このローレンツの理論は、現在では反論・反証も多いのですが、「動物よりも知恵のある人間のほうがより暴力的である」という考えは、現代人の常識となっています。

もう1つの、人類学からの知見を取り上げてみましょう。20世紀の初め頃まで、人類学

図4－10　レヴィ＝ストロースの暴力観

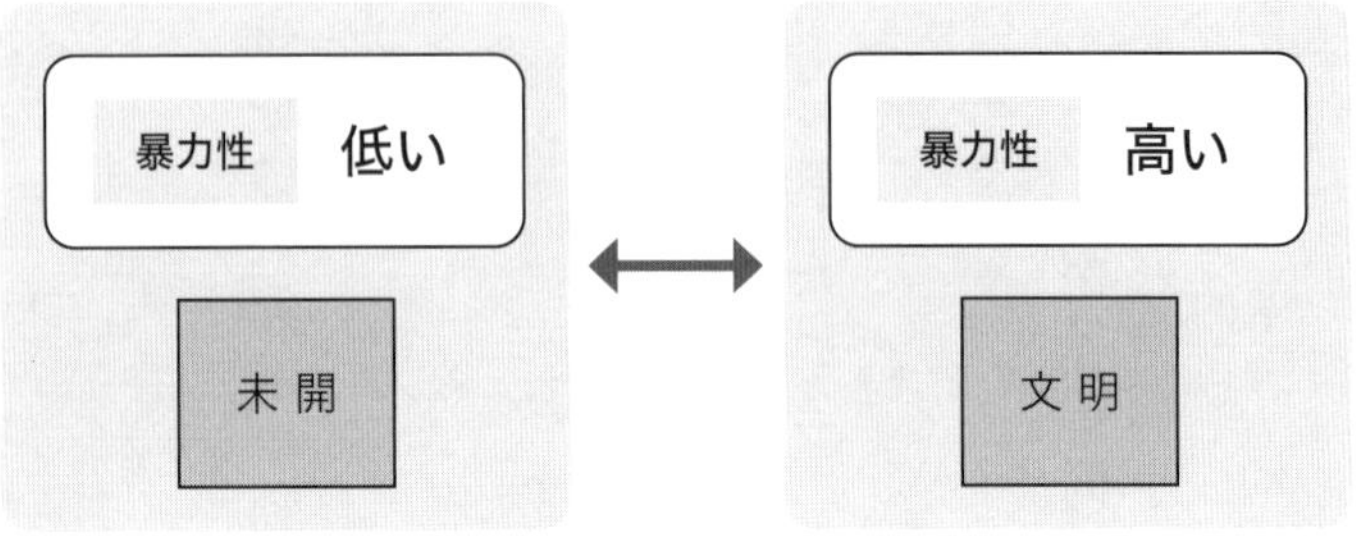

は文化進化論の考えのもとで、西洋文化が洗練されたレベルの高いものであり、アジアやアフリカ、ラテンアメリカなどの文化は低いものだとされてきました。これに対して、**フランツ・ボアズ**（1858～1942）は「**文化相対主義**」を唱え、文化には優劣はなく、むしろその平等性を主張したのです。

フランスの著名な構造主義人類学者である**クロード・レヴィ＝ストロース**（1908～2009）は、西洋的な理性に基づく文化よりも、未開社会の「**野生の思考**」のほうがレベルが高いとも主張しました。また、1955年に発表された紀行文『悲しき熱帯』では、文字を使った西洋人に対して、無文字の未開人のほうが寛容で、人間味にあふれ、優しいと見なしています。

つまり、**暴力に関していえば、一般に文化が進んだとされる西洋人のほうが、より暴力的で攻撃的なのに対して、文化のレベルの低いと見なされる未開社会のほうが、**

寛容的で非暴力的なわけです。

このレヴィ＝ストロースの見方に対しては、デリダなどによる批判があるのですが、常識的には、未開社会のほうが西洋社会よりも暴力は少ない、といったイメージが定着しているようです。簡単に示しておくと図4－10のようになります。

Theme 5

自由

-FREEDOM-

PHILOSOPHY

INTRODUCTION

英米とドイツで違う「自由」の意味

「自由」について議論すると、英米思想を学んでいる人（「英米派」と呼ぶ）とドイツ系の思想を学んでいる人（「ドイツ派」と呼ぶ）では、意見が大きく違うときがあります。

こんな風景は、いまではあまり見かけなくなりましたが、私の経験ですと、30年ほど前には少なくありませんでした。哲学の研究者でも、携わっている分野や時代や地域が違うと、基本的な概念でも理解が大きく異なるのです。

「自由とはどんなことか？」と問われると、英米派の人は「自分のしたいことをすること」だと答えるでしょう。一方、ドイツ派の人は「それは自由ではなく、単なる恣意的欲望にすぎない」と言うかもしれません。

ではドイツ派の人に、「ではどんなことが自由なのか？」と問い直すと、おそらく「規則に従う行為が自由である」と答えるでしょう。しかし、英米派の人にとっては、「規則に従う行為」なんて、どう考えても「自由」とは言いがたいのです。

どうして、こうした対立が生まれるのでしょうか。そもそも「自由」をどう考えたらいいのでしょうか。

まず、「自由」といえば、自分の考えや行動を、他から制限されたり、禁止されたり、命令されたりしないことだと考えられます。ここまでは共通だとしても、問題はその先です。

たとえば、「自分の考えや行動」という場合にどんなことを想定するかが、そもそも問題なのです。極論になりますが、「酒を飲みたい」「賭け事をしたい」「人を殺したい」などといったことは、それにあたるのでしょうか。これにどう答えるかで、自由の考えも大きく変わってくるのです。

英米派の人は、これを「自由」だと見なしたうえで、それが許容可能かどうかを論じるでしょう。それに対して、ドイツ派の人は、これを「自由」だとは見なさないのです。むしろ、欲望に「支配」された考え・行動というのです。殺人にしても、「怒りに駆られ（支配され）て」衝動的に行なう、と言われますね。

このように考えたとき、皆さんはどちらの見方に賛同しますか？　AかBかを決めることが重要ではありません。むしろ、その違いを確認していただきたいのです。

TOPIC 1

「〜からの自由」と「〜への自由」

「自由」を問題にしようとすると、日本（とくに学校）では、必ず言及される区別があります。それは、**アイザイア・バーリン**（1909〜97）が1958年に発表した、**「自由の2つの概念」**です。

■誤解されやすいバーリンの「自由の2つの概念」

「自由の2つの概念」というのは、具体的には**「〜からの自由」**と**「〜への自由」**です。英語でいえば、“free from something”と“free to something”です。前者は**ネガティブ（negative）な自由**、後者は**ポジティブ（positive）な自由**とも呼ばれます。この区別は自由が議論されるとき、必ずといっていいほど言及されるのですが、その意味は十分理解されてはいません。

たとえば、ネガティブとポジティブをどう訳すかさえ、大きな問題なのです。通常ネガティブは「消極的」、ポジティブは「積極的」と訳されるのですが、ここからして誤解が生まれるのです。というのも、英語のネガティブは消極的な意思表示ではなく、「～ではない」という強い気持ちを表しています。「彼の出世についてどう思うか」と聞かれ、「ネガティブ」といえば、「その案には賛成できない」という意味になります。"free from something"は、干渉や命令から距離をとる姿勢です。そのため、**バーリンは「ネガティブな自由」を高く評価**して、次のように述べるのです。

> 自由の根本的な意味は、鎖からの、投獄からの、他人への隷属からの自由であり、他は、この意味の拡張、さもなければ比喩である。（『自由論』）

また、積極的自由と訳すことから、何かへの「ポジティブな」自由を、何かからの「ネガティブな」自由より、積極的でいいもの、と考える人が多いのではないでしょうか。しかし、ポジティブをプラスに評価するのも、バーリンの意図に反した解釈です。彼は、「～への自由」には「ナチスへの自由」もありうる、と考えているからです。

人々は積極的にナチスを選んだのであって、ある意味で「ポジティブな」自由の選択の結果なのです。実際、ナチスは選挙で勝ち上がって、議会第一党の地位を占めます。当時、

図5－1　2つの「自由」

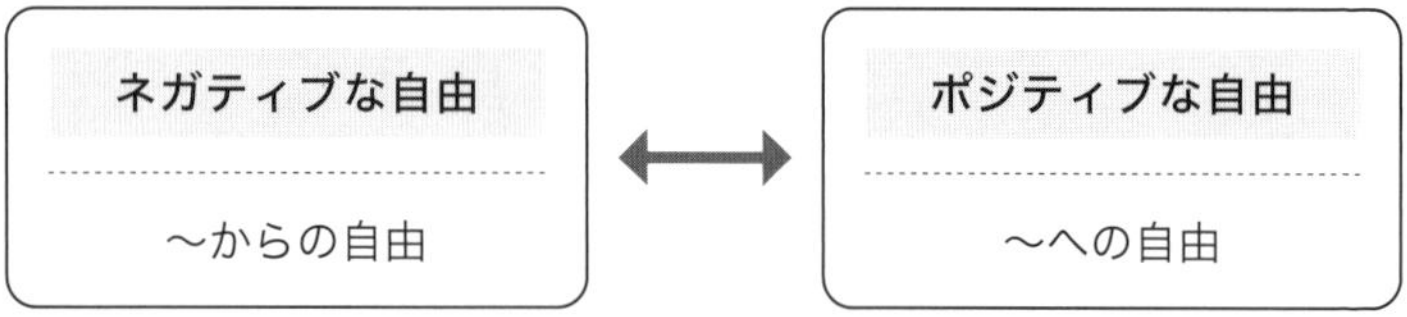

ナチスに参加して、自由や解放を感じた、という人はたくさんいただろうと思います。

日米開戦という戦力差のはっきりした戦争が始まったときにも、日本国民はバンザイを叫び、自由な解放の気分を味わいました。その感激の様子は、文学者をはじめ、いろいろなかたちで記録に残されていますが、これもまたポジティブな「～への自由」の表れの1つです。

バーリンはロシア帝国下のラトビアのユダヤ人で、のちにイギリスに亡命しています。ベンヤミン、アドルノ、アーレントなどと同じく、ファシズムへの強い警戒感があります。**積極的な自由のような、人を駆り立てる言説には、くれぐれも注意が必要**だと考えていました。

■フロムの「自由からの逃走」

「～からの自由」（ネガティブな自由）と「～への自由」（ポジティブな自由）は、バーリンによって有名になったのですが、必ずしもバーリンのオリジナルというわけではありません。むしろ、考えとしては、すでによく知られていたものでした。バーリンのオリジナル性は、この2つの概念を明確に取り出して、特有の仕方で性格づけたことにあります。

ですから、同じ概念を使っても、バーリンとは違った評価をする思想家もいるわけです。その代表が、ドイツ出身でアメリカに亡命した精神分析家の**エーリッヒ・フロム**（1900～80）です。彼は亡命先のアメリカで、『自由からの逃走』（1941）を書いて、ファシズムがどうして生じたのかを解明しています。

そのとき、基本的な概念となるのが、自由の2つの概念なのです。出版年代を見れば分かりますが、彼の議論は、バーリンの「自由の2つの概念」論とは独立に展開されています。**自由の2つの概念に関するフロムの特徴は、「～からの自由」よりも「～への自由」を高く位置づけ、それに基づいて近代からファシズムへの歴史を描くこと**にあります。

もう少し具体的にいえば、近代になって伝統的な共同体や封建的な身分秩序が解体するのは、「～からの自由」（ネガティブな自由）の実現とされます。しかし、フロムにとって、そうした自由は「消極的」なものであり、もっと先へ進んでいくべきなのです。ところが、ヨーロッパ社会では、そこにとどまったために、共同体や秩序から切りはなされたことから生じる孤立、不安、無力などの感情に取りつかれるのです。

その結果どうなったのかといえば、フロムが執筆当時目の前に見ていたヨーロッパの状況が現れました。人々はそうした**「自由から逃走」し、サディズム・マゾヒズムのような「支配と服従」の関係へと迷い込む**のです。こうして、近代になってせっかく手にした自由ですが、人々はその自由を手放してファシズムへと突っ走ったというわけです。

それに対して、フロムが提唱するのは、「〜への自由」としての積極的（ポジティブな）自由なのです（バーリンが「積極的な自由」からナチズムへの傾斜もあるとしたのとは大きく違います）。それを、「積極的な自由は全的統一的なパーソナリティの自発的な行為のうちに存する」と規定しながら、フロムは次のように述べています。

> われわれは一つの積極的な解答の存在すること、……人間は自由でありながら孤独ではなく、……独立していながら人類全体を構成する部分として存在できることを信じている。このような自由は、自我を実現し、自分自身であることによって獲得できる。（『自由からの逃走』）

そこで、フロムが描いている「自由」の歴史的な工程を簡単に図5－2に示しておきましょう。全体は3段階に分かれ、そのなかに2つの自由概念が位置づけられています。た

図5－2 フロムにおける「自由」の歴史的な行程

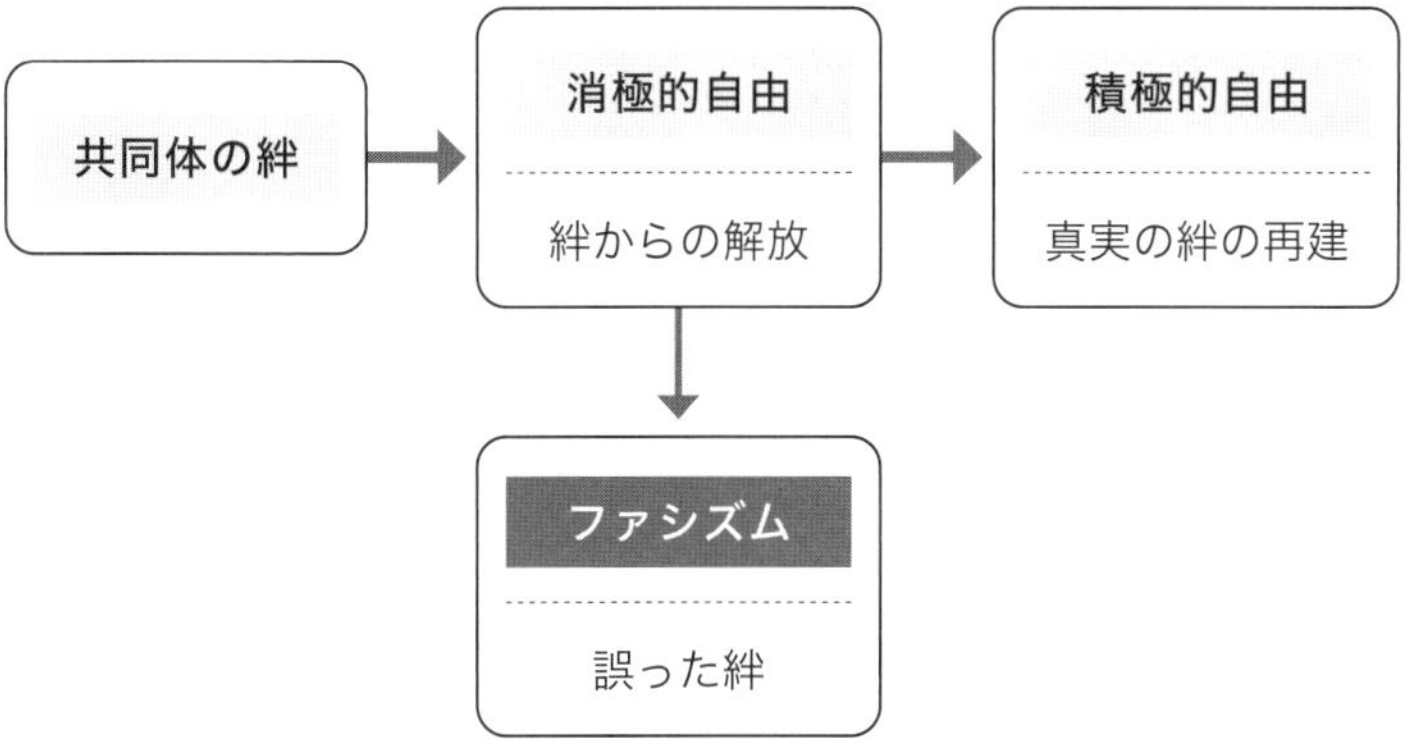

だ、注意すべきは、「積極的自由」はあくまでも課題として示されているにすぎないことです。実際には、消極的自由からファシズムへと歴史は進行していきました。

自由はデモクラシーと調和するか？

「～からの自由」と「～への自由」を、「ネガティブな自由」「ポジティブな自由」と呼んで議論していても、バーリンとフロムではずいぶん考えが違うことが分かりますね。

日本語の「消極的自由」「積極的自由」という言葉は、どちらかといえば、フロムの考えに近いように思えます。「～からの自由」では不十分で消極的だから、「～への自由」という形でもっと積極的に自由を考えよう！――こんな感じでしょうか。

ただし、積極的自由とされる「〜への自由」は、バーリンにしてもフロムにしてもあまり明確ではないようです。

フロムの場合、「積極的自由」はあくまでも課題とされていますので、美辞麗句で飾られています。「自我の実現としての積極的自由は、個人の独自性を十分に肯定する」と述べながら、フロムはそれを「デモクラシー（民主主義）」へつなげようとしています。フロムによれば、積極的自由は全人格の自発的な実現なのですが、これはデモクラシーの目標と一致しているわけです。

ところが、バーリンは「積極的自由」がナチスと結びつくばかりか、逆にデモクラシーと結びつく、とも言っていません。もともと、肯定的に捉えた消極的自由についてさえ、「ある種の専制政治」と両立できると言っていますし、デモクラシーとは分離されています。さらに、積極的自由にいたっては、次のように語っています。

真の自我は個人的な自我（普通に理解された意味で）よりももっと広大なもの、個人がそれの一要素あるいは一局面であるようなひとつの社会的「全体」――種族、民族、教会、国家、生者・死者およびいまだ生まれざる者をも含む大きな社会――として考えられる。こうなるとその全体は、集団的ないし「有機的」な唯一の意志を、反抗するその

図5－3　「積極的自由」に対するフロムとバーリンの違い

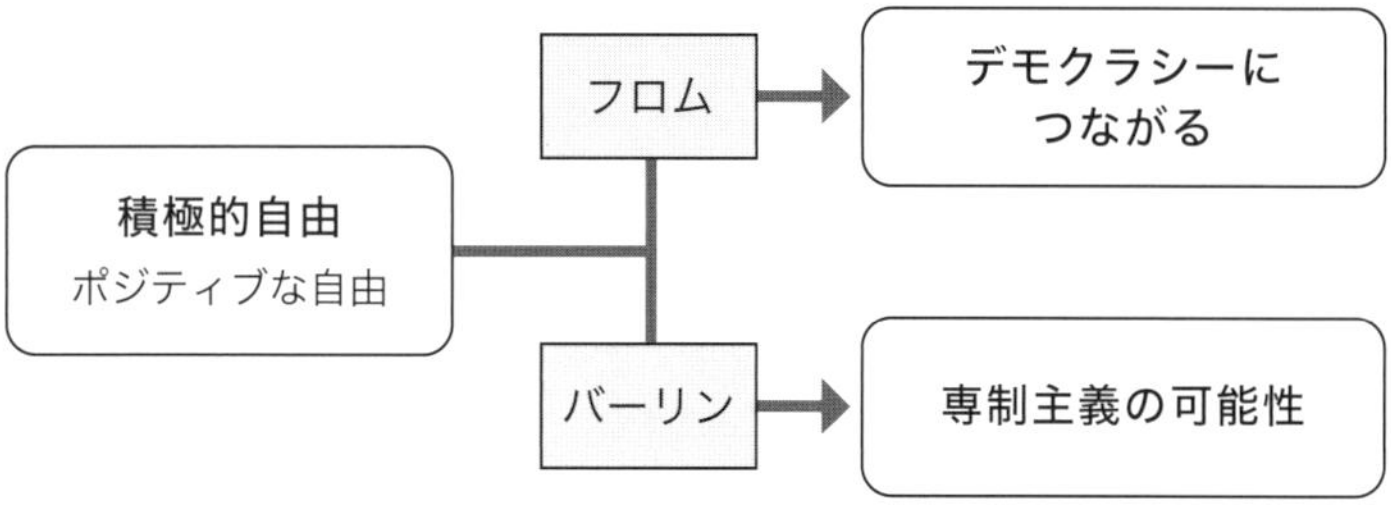

「成員」に強いることによって、それ自身の、したがってまたその成員たちの、より「高い」自由を実現するところの「真の」自我と一体化される。（『自由論』）

いうまでもありませんが、こうした見地に立てば、自由はデモクラシーに対立するといえるでしょう。バーリンは、その点を想定したうえで、「自由の２つの概念」を論じていたのです。

TOPIC

2

「他者危害原則」か「規則主義」か？

もう少し歴史をさかのぼって、バーリンやフロムの自由概念の基礎になっている考えに目を向けてみましょう。自由に関するヨーロッパの近現代思想を理解するとき、何よりもまず、ミルの自由論とカントの自由論を取り上げる必要があります。

この2つの自由論は、それ以後の自由論の2つの伝統を形成しています。

ミルの自由論は、英米思想の基本的な考えを形づくり、現在でも必ず論及されるものです。それに対して、カントの自由論は義務論として、もう一方の伝統になっています。ミルかカントかという形で対置されるわけですが、両者の対立は自由を考えるときの基本的な前提になっています。

そこで、2人の考え方の違いを明らかにしながら、最後に1つの有名な思考実験を通して、どう「正義」に対応すればいいのか、考察していきましょう。

「迷惑をかけなければ何をしてもいい？」――ミルの自由論

まずはイギリスの哲学者、**ジョン・スチュアート・ミル**（1806～73）の自由について見ていきます。印象からすると、これがじつは日本人の自由観の基本となっている考え方ではないかと思われます。

それは、**他人に危害を加えなければ何をしてもいい、という自由**です。これを**他者危害原則**（The Harm Principle）といいます。自分以外の人に危害を加えないのであれば、自由は制限されることはない、というのは、非常に分かりやすい線引きです。

その原理とは、人類がその成員のいずれか一人の行動の自由に、個人的にせよ集団的にせよ、干渉することが、むしろ正当な根拠をもつとされる唯一の目的は、自己防衛であるということにある。また、文明社会のどの成員に対してにせよ、彼の意志に反して権力を行使しても正当とされるための唯一の目的は、他の成員に及ぶ害の防止にあるということにある。（『自由論』）

わたしたち日本人がこの言葉を受け取ると、「他人に迷惑をかけなければ、何をしてもいい」というふうに変更してしまいがちです。横並びの意識が強い日本では、「危害」ではなく「迷惑」という人間関係に力点を置き換えてしまうのです。ミルの他者と自分をめぐる枠組みは、理解しやすい規範として、受け取られているようです。

このように、ミルの自由論は一見分かりやすいのですが、注意すべき点がいくつかあります。その1つは、**他者危害原則が判断能力のある大人にかぎって適用される**ことです。この場合、子どもと大人の線引きが問題になってきますが、そこには立ち入らず、同原則では子どもは除外されていることを確認しておきましょう。

子どもにはむしろ、大人が代わって判断して、保護する必要がありますが、それに関連して、大人に対しても子どもに接するような態度をとることを、「**パターナリズム**」といいます。この言葉は、「父権的干渉主義」とも訳されますが、あまり馴染んでいないので、そのままパターナリズムという言葉が使われることが多いです。判断能力がある大人に対して、子どものように見なして、他人がその人の行動にいろいろ干渉したり、お節介を焼いたりすることです。日本では、特にパターナリズムが横行していますね。どこもかしこも、「何々をするな」「何々は禁じられています」の張り紙だらけです。「困っている人には手を貸しましょう」というような親切の奨励まで駅構内に貼られています。

ミルの「他者危害原則」は否定的な形(他人に危害を与えないならば……)で定式化されるものですが、肯定的な形で主張するときは「**自己決定論**」とも呼ばれています。自分

図5－4 ミルの「自由」観

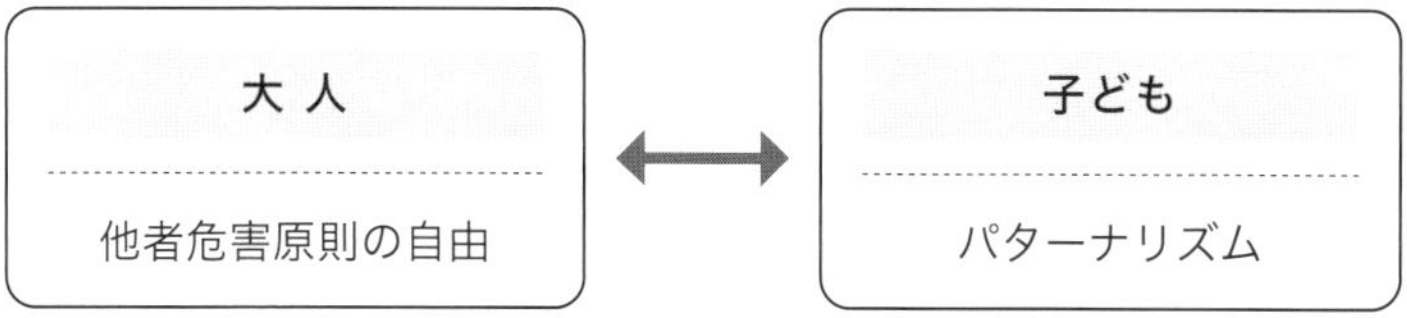

のことは自分で決めてもよい、それが自由である、というわけです。もちろん、その際、「他人に害を与えなければ」という前提がありますが。

ただ、ミルの原理で問題なのは、「他者危害」というのをどう考えるかという点にあり、これをめぐって意見が分かれます。そもそも、何をもって「他者危害」と見なすかは、画一的な基準がありません。たとえば「中学生で金髪に染めるのは他者危害か？」と問われた場合、どう答えますか？ そこで、子どもたちが、ミルの原理を逆手にとって、大人たちに反論し始めたら、大人はいったいどう答えたらいいのか、心しておくべきですね。

自由は理性に基づく行為――カントの自由論

ミルの考えに真っ向から反対するのが、プロイセン王国の哲学者である、**カント**の自由概念です。といっても、カントのほうがミルよりも、時代的には早いので、カントがミルに反対したわけではありません。

カントはしたいことをするのは欲望、彼の言い方では「**傾向性**」のせいだといいます。傾向性というのは、生まれつきの衝動みたいなものです。その欲望に従うのは、自由ではない。衝動や感情、激情に駆られて自分を見失うのは、自由ではない。**カントによれば、傾向性をコントロールして、いい悪いを自分で判断して行動することを自由といっています。**

ミルからすれば他人に危害を与えない範囲であれば、衝動に駆られようが、激情に突き動かされようが、個人の問題です。ところが、カントは他人がどうあろうと関係なく、あくまで自分の理性の問題として考えるのです。前にも触れましたが、カントの自由の考え方は、次のような定言命法（32ページ）として示されています。

あなたの意志の格律が、常に同時に普遍的な立法の原理として妥当しうるように行為せよ。（『実践理性批判』）

ここで重要なのは、「**普遍的な立法の原理**」という言葉です。それぞれの人の行為の基準が、他の人にも普遍的に「妥当する」かどうか——この点を考えよ、というわけです。**自分が何をしてもよいかを考えるとき、だれもが例外なく認めることができるか、これが**

図5－5　カントの「自由」と「不自由」の考え方

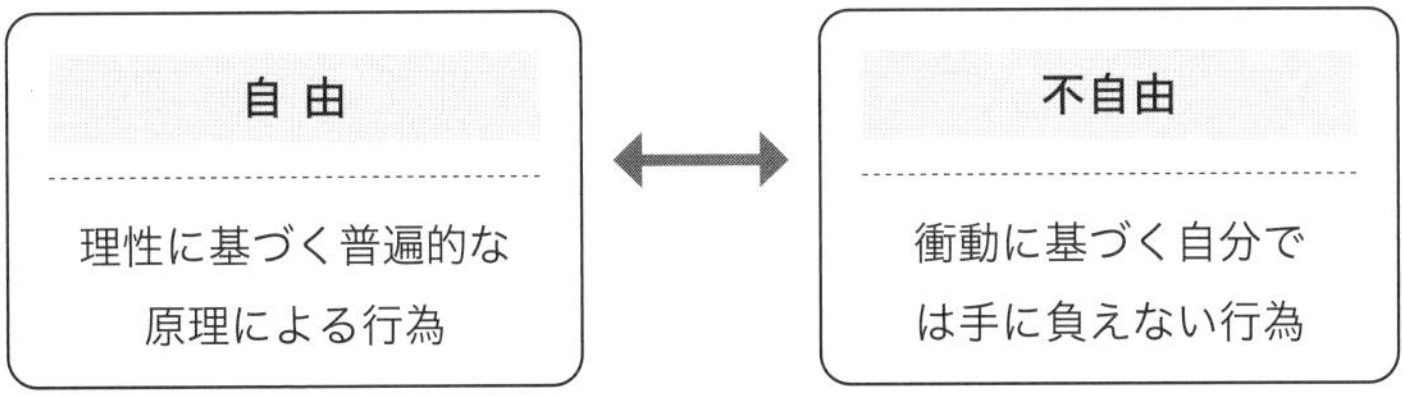

カントの原則です。こうした普遍的な原理に合致したものを、カントは「**理性的**」と呼んでいます。

カントは人間を理解するとき、理性的な面と感情的・感覚的な面を認め、いつも二面的に捉えています。その際カントは、感情的な面を衝動的なものと考え、理性的な面によってコントロールすべき、と見なしています。その点では、カントの人間理解では、二側面の対立がありますが、理性によって衝動を抑えるという発想は伝統的なものです。

カントの特有性は、**理性によって衝動を抑えた行為が「自由」とされる**ことです。逆に、衝動が独り歩きし、理性の手を離れていると、「不自由」と見なされます。これは言い換えると、「衝動」に支配されているのですから、自由ではないのです。この点は、「ギャンブル依存症」や「アルコール依存症」を考えてみると、納得できるのではないでしょうか。「ギャンブルがしたい」という衝動は、自由なものではなく、衝動に支配され、それに翻弄されてしまっているのです。

自分の身体で稼いで何が悪い？——ミルの自由論の応用問題

ミルの自由論を理解するため、少し具体的な応用問題を考えてみましょう。現代的な話として、いわゆる「パパ活」（若い女性が年配の男性と金銭や物品と引き換えにデート等をすること）を取り上げてみます。分かりやすくするため、次のような架空の例を想像してみてください。

> 地方出身の学生A子が、親からの仕送りも限られているため、アルバイトを探していた。ただ、コンビニや居酒屋で長時間アルバイトしても、満足のいく給料はもらえない。そんなとき、バイト先の友だちからいい話を教えてもらった。
> 「パパ活が、けっこういい小遣い稼ぎになるよ」
> さて、A子が「パパ活」することは、どう判断したらいいのだろうか？

ミルの自由論によれば、ある行為が社会的に禁止されるのは、その行為が他人に危害を及ぼす場合です。たとえば、他人に対して暴力や窃盗・強盗をすることは、禁止すべきだとだれでも考えます。

では、「パパ活」はだれかに危害を与えているでしょうか。「パパ活」を介して、お金を払う人と受け取る人がいます。どちらも、欲しいものが手に入るのですから、ミルの自由論からすれば、だれも危害は与えられていませんね。とすれば、このどこが問題なのでしょうか。

面白いのは、20世紀末頃、日本でもこの論理が大流行したことがあるのです。かつて「コギャル」と呼ばれた少女たちも、「援助交際」を正当化するため、ミルの論理を知らず知らずのうちに使っていたのです。

「自分のカラダをどう使おうと、私の自由でしょう。私が援助交際したとしてもだれにも危害は加えてないよ。相手だって喜んでくれるし、私もお金をもらえて満足している。だから、外野が私の行為に対してとやかく言うのはやめてほしい」

このような主張に対して、はたして大人はどんな反論が可能なのでしょうか？　カントの自由論を持ち出して、そんな議論は理性的な判断ではないと退けても、納得しない若者がいることは間違いありません。

「トロッコ問題」から考える自由概念

自由について、ミルとカントの違いを見てきましたが、具体的に理解するため「**トロッコ問題**」として有名な思考実験を取り上げておきます。ご存じの方も多いと思いますが、事例について簡単に紹介すると、次のようなものです。

ブレーキの利かなくなったトロッコの線路の先に、5人の作業員が働いています。このままだと5人全員が轢《ひ》かれてしまいますが、線路のスイッチを変えると進路を変えることができます。しかし、その先には、1人の作業員が働いています（スイッチの例）。

ブレーキの利かなくなったトロッコの線路の先に、5人の作業員が働いています。その線路をまたぐ陸橋の上に、太った男がいるのですが、その男を線路に突き落とすと電車が止まりそうです（陸橋の例）。

さて、この2つの例において、私はどうしたらいいのでしょうか。

この思考実験の原型は、イギリスの哲学者の**フィリッパ・フット**（1920〜2010）が1967年に論文で提起したものですが、対比が具体的で面白いので、その後しばしば言及されてきました。ただ、必ずしも「問題」のポイントは十分理解されてはいません。

ここで想定されているのは、功利主義と義務論の対立なのですが、ミルとカントの対立

図5－6 トロッコ問題

	スイッチの例	陸橋の例	哲学的な立場
行為する	1人死亡	1人死亡	ミル
行為しない	5人死亡	5人死亡	カント

と言い換えることもできます。ミルは功利主義の代表ですし、カントは義務論者として典型的な人物です。

ミルの立場からすると、自由は他者危害をしないことがポイントです。ただ、いずれも犠牲者は出るのですから、功利主義的には他者危害の少なさを基準にするでしょう。そうなると、5人を犠牲にするよりも1人を犠牲にするほうを選択することになります。

これに対して、カントの立場からすると、「殺すな」という義務が原理となりますので、私の行為によって他人が死ぬことは避けるべきでしょう。こうして、スイッチを変えることも、太った男を突き落とすこともできません。しかしそのときは、いずれの場合も、5人の犠牲者が出ることになります。

対立が分かるように図示すると、図5－6のようになります。

他者危害の大小という点から見ると、スイッチの例も陸橋の例も、1人を犠牲にするほうを選択すべきでしょう。これがミルのような功利主義の原則ではあります。他方、私が関与するかどうかという点からいえば、どちらにも関与すべきではなく、その結果として5人が犠牲になるのです。

おそらく常識的な立場は、スイッチの例では行為して（1人死亡）、陸橋の例では男をわざと突き落とすような行為はすべきではない（5人死亡）となるでしょう。実際アンケートを取ると、80％ほどの人がそうした常識的な選択を支持するようです。

ここから分かるのは、ミルの自由もカントの自由も、すべての場合に貫くことはできないということです。場合に応じて、どの立場がいいのかが、変わってしまうのです。

TOPIC 3

「本質主義」か「非本質主義」か？

哲学や思想には、時代的な変化ないし流行といったものがあります。20世紀には、現代哲学といえば、３大思想が挙げられるのが普通でした。マルクス主義と実存主義と分析哲学です。この３つは、およそ国ごとに分かれていて、ドイツ、フランス、英米の思想のように取り扱われていました。

■実存主義の流行――サルトルの実在主義

そのなかで第二次世界大戦後、華々しく自由の問題を取り上げたのが、**ジャン・ポール・サルトル**（１９０５～８０）でした。戦後思想のスターといっていいでしょう。彼の哲学は**実存主義**と呼ばれ、自ら「自由の哲学」を標榜していました。

彼は教壇に立たず、在野で雑誌などに原稿を書いて、情報発信をしていました。**シモーヌ・ド・ボーヴォワール**（１９０８～８６）と結婚をしますが、自由契約を結び、お互い

図5－7　サルトルの実存主義

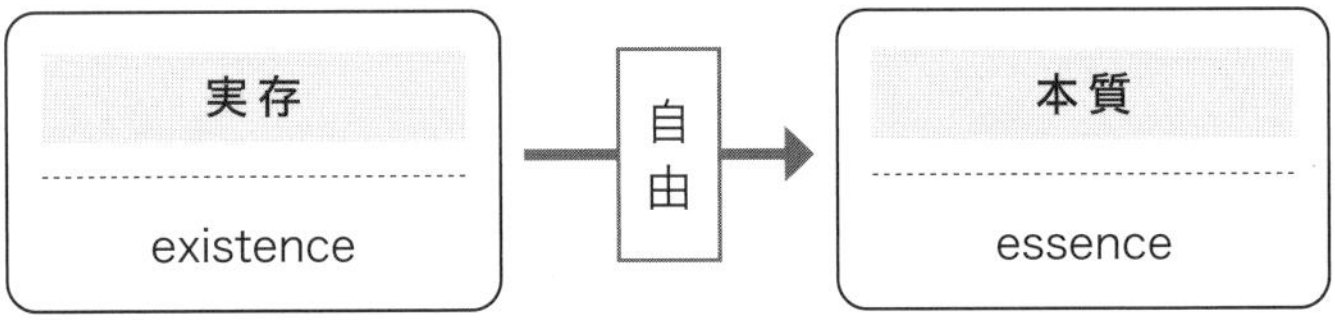

に他の人間との恋愛を認め合う関係であることを公表しました。サルトルいわく「彼女との愛は必然だが、偶然の愛もぼくらには必要だ」と。そういう自由なスタイルが、注目を浴びた思想家でもあったわけです。まるでスターのような、という形容がふさわしいものでした。

サルトルは常に自由な形で、自分の行動を律していく。講演で実存主義を定義し、**「実存は本質に先立つ」**という有名な言葉を遺しています。**実存とは「～がある」（existence）ということであり、本質とは「～である」（essence）ということ**です。サルトルは、この2つを対立させて「自由」を定義したわけです。サルトルはまず実存の自由な選択があって、そこに本質が備わってくる、と考えるわけです。

たとえば、人間以外の生物の場合には行動の設計図があって、それをもとに行動するわけですが、人間にはそういった見取り図が最初からあるわけではない、常にどういう人間になるか自分で選択していくのだ、といいます。その結果として、本質が獲得される、という主張です。

ということは、いまの結果はすべて、過去の自分自身の選択のせいということになります。そこには甘さのようなものが一切ありません。不十分だから大目に見てください、というのは、サルトルには通じません。だれしも目の前の選択を行ない、その結果責任を負っていかなくてはならない、という厳しい考え方です。

そして、**選択の余地があるかぎり、そこには自由がある**といいます。極端な話、監獄に閉じ込められても、自死を選ぶことができるのであれば、そこには自由があるのだというのが、彼の考えです。もし選択の余地のない状況に至れば、それは死に等しい（あるいは人間ではない）、ということになります。

そのため、**人間は自由の刑に処せられている**、という言い方をします。自由だからといって、バラ色の話ではないのです。

こうしたサルトルの自由の考えは、人間の本質を前提にしないので、「**非本質主義**」ともいわれます。たとえば、中学生の子どもが髪を染めたり、化粧したりすると、日本ではたいてい非難されます。そのとき、しばしば根拠とされるのが、「学生なんだから学生らしくしなさい」という言い方ですが、これはサルトルが拒否した「本質主義」での表現です。学生らしく、男らしく、社員らしく、老人らしく、人間らしく……。こうした本質主

図5－8　サルトルの自由は「非本質主義」

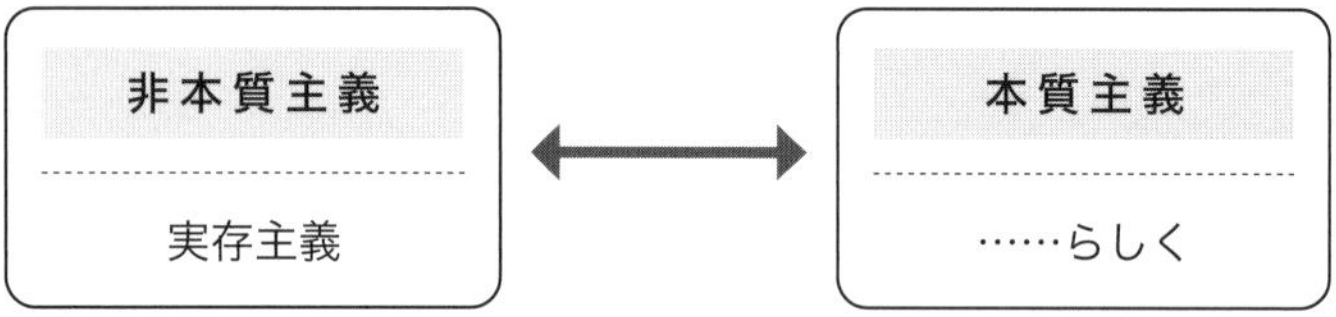

義を、自覚しないまま、みなさんも使っていませんか？
「実存は本質に先立つ」などといえば、難しそうな哲学説のように見えますが、じつは日常的な生活のなかでも浸透しているのです。子どもらしくとか、女性らしくとか、学生らしくとか言ったら、実存主義的な人からは猛反発されるでしょう。

アリストテレスの「本質主義的自由」

では、本質主義に基づく自由の考えはないのでしょうか。その代表的な哲学者として、**アリストテレス**の自由論を取り上げてみましょう。彼は主著である『形而上学』のなかで、自由を次のように定義しています。

> 自己自身のために存在するのであって、決して自己以外の他者のために存在するのではない人間は自由である。（『形而上学』）

アリストテレスは、人間の本質を、「**ポリス的動物**」と規定し

図5－9 アリストテレスの本質主義

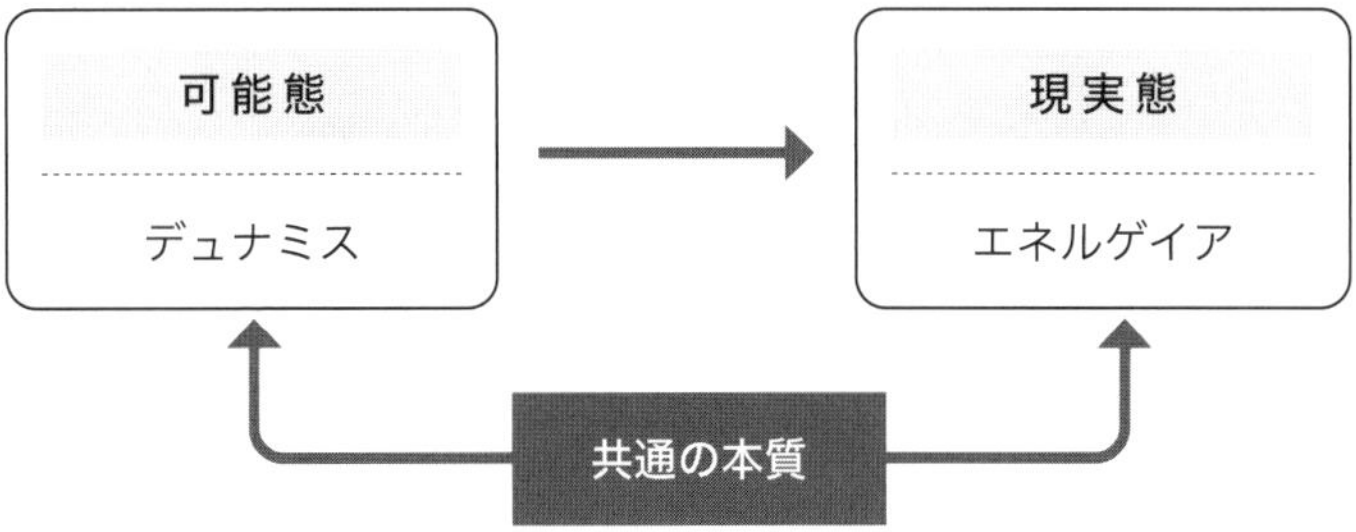

ました。ここでアリストテレスが述べている「自由」とは、ポリスの政治に参加できる「自由市民」の「自由」です。自由市民は、奴隷とは違って、他者のために存在するのではなく、自分自身のために存在するからです。つまり、「**他者のためにではなく自分自身のために存在すること**」が、自由なわけです。したがって、人間の自由はポリスのなかで政治参加でき、そのための知識を身につけることであったのです。

ポイントは、「自由市民であること」という本質が、その人の自由を可能にするという点です。まさに**アリストテレスの自由は「本質主義」に基づく**のです。

アリストテレスの本質主義を示す概念として、「**可能態（デュナミス）**」と「**現実態（エネルゲイア）**」という概念があります。このとき、アリストテレスは生物の成長をモデルにしているのですが、蕾《つぼみ》と花の関係を考えると分かりやすいでしょう。蕾は可能態であり、花は現実態です。それぞれ別個のものではなく、植物の本質が可能態である蕾から現実態である花へ実現されるのです。

人間についていえば、子どもは「可能的に」理性的だといわれます。本質として理性が備わっていても、まだ可能性にとどまり、開花していないわけです。それを教育によって現実性をもたらすことが必要なわけです。たとえば、カエルに対して、どんなに人間と同じように教育しても、「可能的に」理性が備わっていないので、現実的に理性的にはなりませんね。

こう考えると、最近は評判の悪い本質主義の言い方、たとえば「学生なんだから学生らしくしなさい」といった言葉も、違った響きをもってくるのではないでしょうか。学生の本分（本質）は、大人（現実態）になって生きていくうえで必要な知識を身につけることであると考えれば、「学生らしく」もあながち悪いとはいえませんね。

「未来主義」か「現在主義」か？

自由に関するサルトルとアリストテレスの捉え方の違いは、時間という観点から見ると、いっそうはっきりします。たとえば、サルトルは実存主義を説明するとき、時間との関係を次のような形で述べています。

図5－10 アリストテレスとサルトルの「自由」観の違い

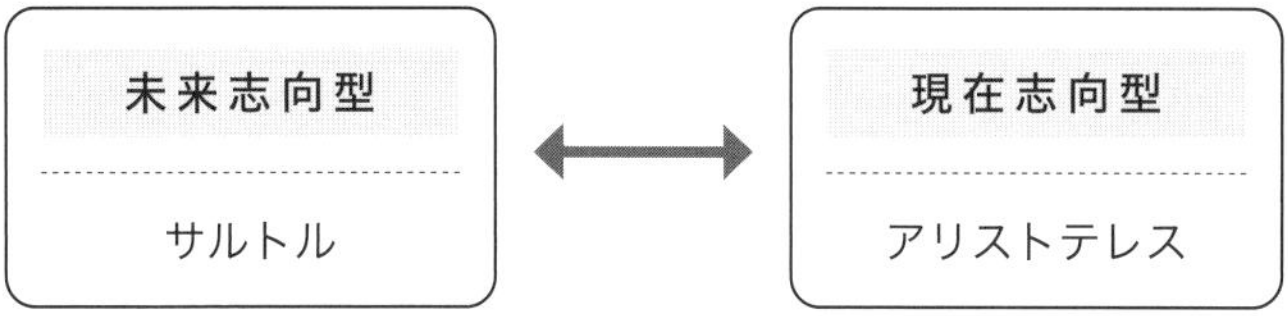

> われわれは人間がまず先に実存するものだということ、すなわち人間はまず、未来にむかってみずからを投げるものであり、未来のなかにみずからを投企することを意識するものであることをいおうとする。（『実存主義とは何か』）

ここで明らかなように、**サルトルの実存主義は未来志向型の思想であり、現在の意味を常に未来に置く**のです。何かが実現しても、常にその次は何か、といったことが問題になります。未来に向けた投企（プロジェクト）は、決して1回で完結するわけではなく、その都度、未来へ向けたプロジェクトが計画されます。

それに対して、**アリストテレスの本質主義は、現在志向型の思想といえます**。彼は、「現実態」である「エネルゲイア」のタイプを、次のように説明しています。

> 人は、ものを見ているときに同時にまた見ていたのであり、思

図5－11　未来志向と現在志向

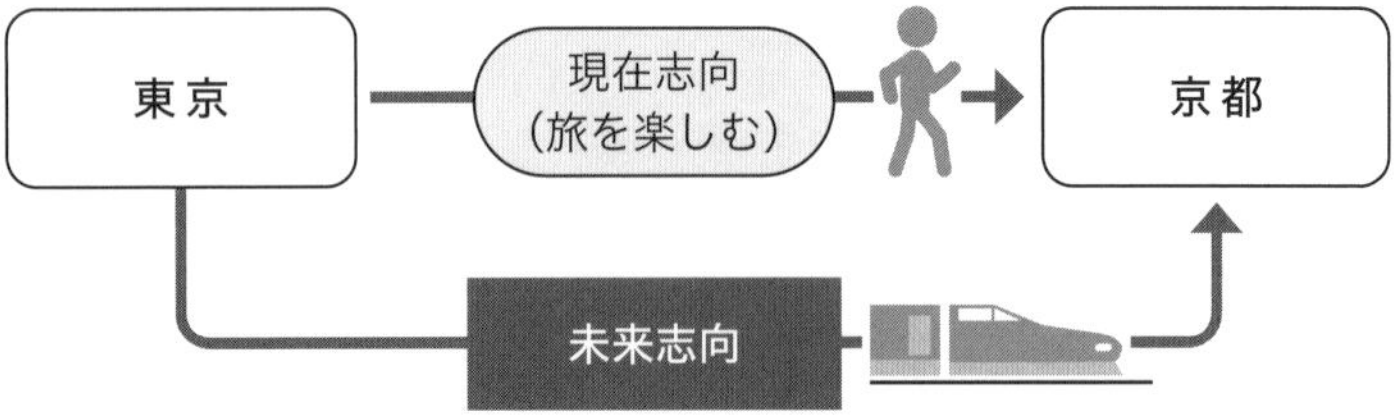

慮していると きに同時に思慮していたのであり、思惟していると きに同時に思惟していたのである。（『形而上学』）

これを幸福につなげていえば、「幸福に暮らしているときに、彼はまた同時に幸福に暮らしていたのである」と表現されます。つまり、**幸福は未来に求めるものではなく、現在の生活のうちにある**のです。

この2つのタイプは、旅行を例にすると分かりやすいかもしれません。東京から京都へ行くとき、サルトルの場合は目的地である京都に着くことが重要なことです。ビジネスでの出張の際などはそうでしょう。できるだけ早く京都に着くことが問題で、その途中の工程は短ければ短いほうがいいのです。

それに対して、「エネルゲイア」のタイプであれば、まさに「旅を楽しむ」といった風情で、京都までの工程も旅の重要な部分です。京都までの旅そのものを、楽しむわけです。

2つの違いを図示すると、図5－11のような感じになるでしょうか。

いずれのタイプがいいのかは、一概には決めることができませんね。時と場合によって、また年齢や世代によっても違うかもしれません。ただ、「自由」を考えるときも、2つの可能性があることは、確認しておく必要があるでしょう。

Theme 6

労働

-LABOR-

PHILOSOPHY

INTRO
DUCTION

「働く」ことは、よいことなのか？

『イソップ物語』の「アリとキリギリス」の話は、みなさんよくご存じだと思います。もともとは「セミとアリ」になっているのですが、基本的な話は共通ですので、「アリとキリギリス」で進めます。

アリとキリギリスは、夏のあいだにそれぞれ違った行動をとる。一方のアリは、冬の食料を蓄えるために、夏のあいだにせっせと働く。他方のキリギリスは、冬のことを考えず、バイオリンを弾いたり、歌ったりしながら楽しく暮らしていた。

やがて冬が来た。キリギリスは食べ物を探すが、見つけることができない。そこでアリに頼んで、食べ物を分けてもらおうとする。それに対して、アリは次のように答えた。

「君は夏のあいだ歌っていたんだから、冬には踊ったらどうだい？」

この物語の結末は、じつはいろいろあるようです。キリギリスが餓死するものから、アリが助けるものまで、さまざまです。ただ、いずれにしても、最後は次のような教訓に落ち着くことになります。「あとで困らないためにも、まじめにコツコツ働かなくてはならない」。なんとも、説教臭さを感じますね。

家庭や学校などでは、「労働」倫理を教え込むため、「アリとキリギリス」の話が好んで使われます。しかし、現代において、この話はどれほど真実味があるのでしょうか。

アリのようにコツコツと働くことは、望ましいことなのでしょうか。ひょっとしたら、キリギリスのように、好きなことをして遊びながら生きていくほうが、収入も多くなるかもしれません。

だとしたら、そもそも働くことは、どう理解したらいいのでしょう。「働かなくても生活できる」としたら、わたしたちは働く必要があるのでしょうか。今日、ＡＩやロボットなどのテクノロジーによって、人間が働く必要がなくなると主張する人たちもいます。はたして、労働は今後どうなるのでしょうか。

TOPIC 1

労働は「労苦」か「喜び」か？

労働という言葉は、現代語ではlabor（英）、travail（仏）、Arbeit（独）などがよく使われますが、そのいずれも「労苦」といった表現がぴったりきますね。その語源を見ても、ラテン語のlaborには、辛苦や重荷などの意味があるのが分かります。また、フランス語のtravailにいたっては、ラテン語のtripaliare（拷問する）と関連し、tripalium（拷問の器具）に由来する、とされています。

恐ろしい話ですが、**人間にとって「労働」は「苦しみ」と見なされてきたのは間違いありません。**この発想の起源をたどっていくと、西洋文化の2つの伝統に突き当たります。**ギリシア思想とヘブライ思想**です。そこで、2つの伝統にさかのぼって、「労働」のイメージを確認しておきましょう。

■視野の外に置かれた労働——古代ギリシア

図6－1　古代ギリシアの労働観

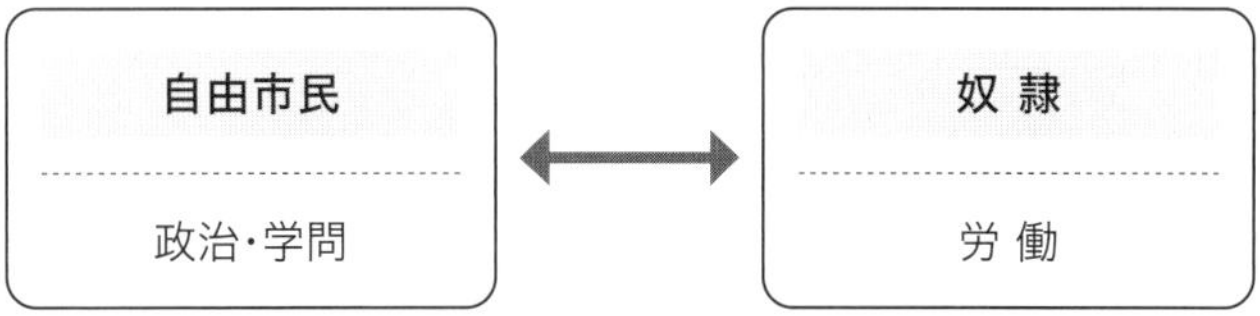

古代ギリシアで労働がどう理解されていたのか、確認しておきましょう。あらかじめ述べておけば、古代ギリシアといえば、奴隷制の国家ですから、自由市民と奴隷では画然と区別されています。そのなかで、労働は奴隷が担当するのに対して、自由市民は働かずに政治や学問などに携わっていました。

たとえば、アリストテレスは『政治学』のなかで、「たがいに相手なくしては生きることができない者が一対となるのは〈自然の〉必然である」と述べ、主人と奴隷の関係について、次のように述べています。

> 使用されるという点では、奴隷と動物にあまり差はない。なぜなら双方から――奴隷からと動物から――得られるものは、生活に必要なものを供給するための肉体の助力だからである。
>
> （『政治学』）

アリストテレスによれば、奴隷は生活に必要なものを供給するため、肉体を使って労働するのですが、その点では「牛」の代用であるともいわれます。現代から見ると、差別主義者のように思われそうですが、ギリシア時代にはごく普通の考えだったのです。ソクラテスもプラトンも、奴隷が労働を担当するという点では同じ見解です。

このとき、**「労働」がきわめてネガティブに捉えられていた**ことは、明らかですね。労働は、生活に必要なものを供給するにもかかわらず、牛馬と同じような奴隷の肉体使用とされていたからです。

こうした見方は、ギリシア神話の「**プロメテウス**」の話によって、一般化できるでしょう。プロメテウス伝説の詳細は説明を控えますが、彼がゼウス（神）の目を盗んで、人間に「火」（技術）をもたらしたことは、前述しました（70ページ）。問題は、それによって神から報復（罰）を受けることです。人間には、次の3つの罰が科せられます。

①生命に限りがあること（生命の有限性）
②戦争をくり返すこと（戦争の永遠性）
③労働しなくてはならないこと（労働の必然性）

この3つの罰を眺めると、それぞれ意味深な話ですが、ここでは「労働の必然性」に注意しましょう。**古代ギリシア時代では、「労働」は神に反抗したがために人間に与えられた罰であり、「呪い」とも考えられていた**のです。だからこそ、ポリスの支配者たちは、労働を奴隷に押しつけたわけです。

ヘブライ思想における労働

労働が神による「罰」であるという点では、ユダヤ教を基調とするヘブライ思想も同じように考えることができます。この問題を考えるとき、必ず指摘されるのは、**人間が神の命令を破って、その罰として労働が科せられた**という話です。ご存じかもしれませんが、基本的なことなので、簡単に確認しておきましょう。

旧約聖書の冒頭部分です。神から造られたアダムとイブは、「園の中央にある善悪を知る木の実を食べる」ことを神から禁止されていました。ところが、蛇にそそのかされて、その禁を破って食べてしまったのです。それに対して、神が次のように述べるのです。

> 女に言われた、「わたしはあなたの産みの苦しみを大いに増す。あなたは苦しんで子を産む。それでもなお、あなたは夫を慕い、彼はあなたを治めるであろう」。

図6－2　旧約聖書における「労働」のプロセス

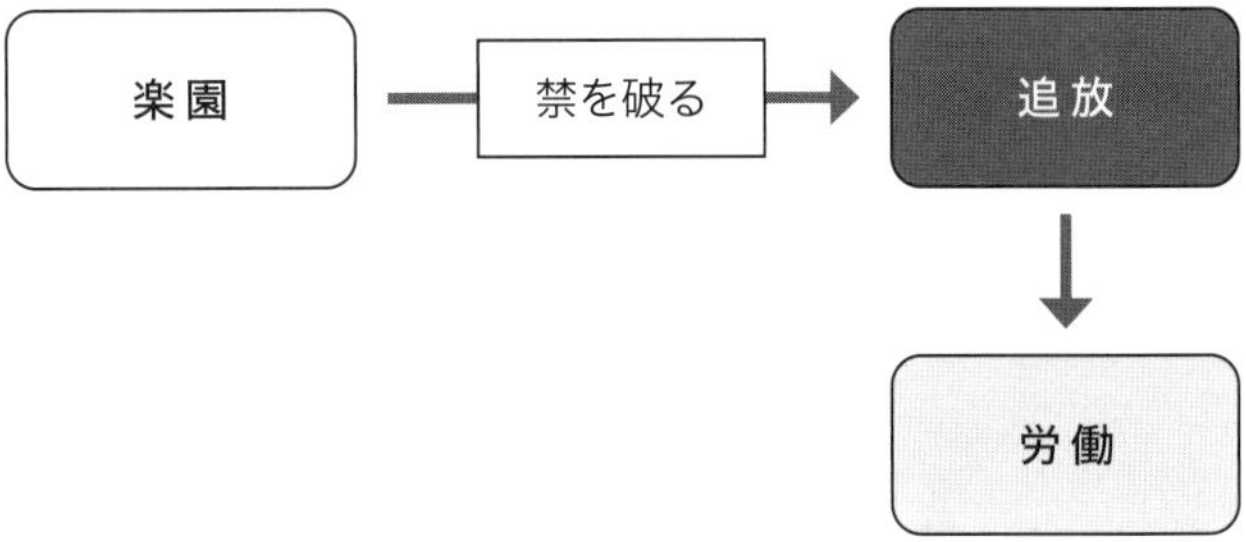

更に人に言われた、「あなたが妻の言葉を聞いて、食べるなと、わたしが命じた木から取って食べたので、地はあなたのためにのろわれ、あなたは一生、苦しんで食物を取る。……そこで主なる神は彼をエデンの園から追い出して、人が造られたその土を耕させられた。（『旧約聖書』「創世記」）

このプロセスが分かるように、図6－2に示しておきます。これを見ると理解できますが、労働は神の命令を破ったことに対する罰と見なされ、楽園追放とセットにして語られるのです。ここで、神の命令に反したことを「人間の原罪」と呼べば、それに対する罰は、女性に対しては「産みの苦しみを与えること」であり、男性に対しては「労働の苦しみにたえること」とされるのです。ところが、この2つはいずれも英語にすると、「labor」で表現されます（図6－3）。

図6－3 「苦しみ」が「Labor」と表現された

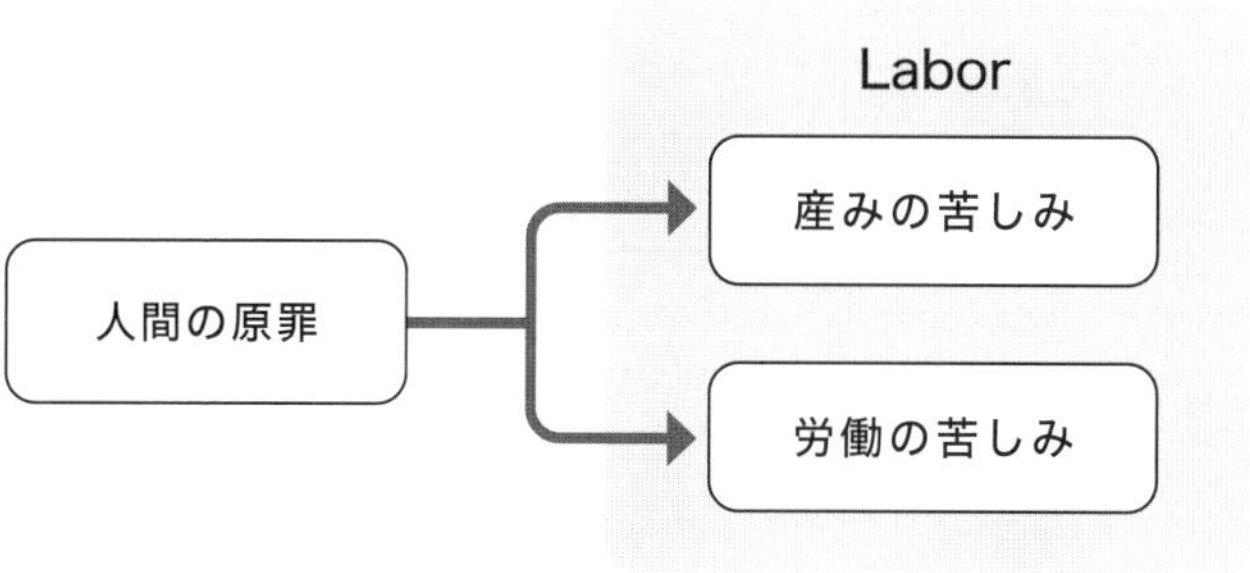

産むことであれ、働くことであれ、いずれも苦しむことであり、命令に反したために、神が人間に与えた「罰」と見なされているのです。

■古代の労働もポジティブなものだった？

西洋文化の源流において、労働がどう理解されているかを見てきたのですが、ここで確認したことは、歴史を通じて広く行きわたっています。労働を表現する現代語のなかにも、その反響は残っています。労働は神から与えられた罰であり、人間はその苦しみを背負わなくてはならない、というのです。

しかしながら、こうした一般に流布した理解に対して、別の観点も可能なのではないかと思われるのです。**労働を「罰」とは考えない思想も、無視することができない**からです。

まず、旧約聖書をあらためて見直してみましょう。一

図6－4　エデンの園でも「労働」はあった？

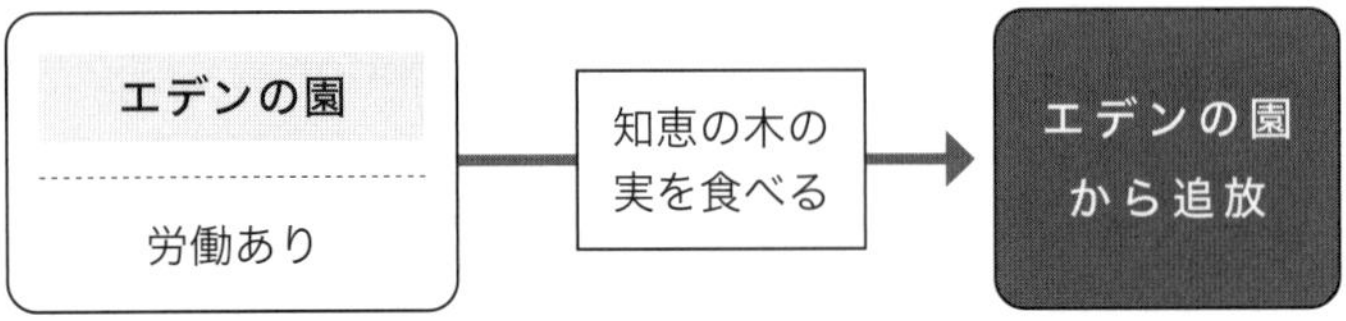

般的には、楽園を追放された後に神の罰として人間が「労働する」ことになる、といわれるのですが、他の見方も可能なのです。というのも、注意深く読むと、「創世記」の第2章で次のようにいわれているのです。

主なる神は東のかた、エデンに一つの園を設けて、その造った人をそこに置かれた。……主なる神は人を連れて行ってエデンの園に置き、これを耕させ、これを守らせられた。（『旧約聖書』「創世記」）

ここで書かれているのは、アダムが知恵の木の実を食べる以前の話です。つまり、神の命令に背く前の段階なのです。そのため、まだ「エデンの園」にいるわけです。ところが、そのときにも、アダムは「耕し、園を守る」わけです。これは言うまでもなく、労働ですよね。

どういうことかといえば、**アダムは罪を犯し、神から罰を与え**

られる以前から、すでに労働していたのです。つまり、人間が罪を犯し、その結果、罰として労働が科せられたわけではない、といえましょう。むしろ、人間は神によって造られた当初から、労働するように定められていたのです。これは神からの罰というより、人間の使命として神に与えられた、と考えるべきではないでしょうか。時系列をはっきりさせるため、図示しておきましょう（図６－４）。

もう１つの伝統であるギリシア思想はどうでしょうか。じつはこちらでも、古代ギリシアでは「労働は苦しみとして理解された」という決めつけは慎まなくてはなりません。例の「プロメテウス」神話を述べているヘシオドス（前７００年頃）の同じ本（『労働と日々』）のなかに、次のような言葉があるからです。

おまえは仕事（労働）を喜びとして適正にすすめるようにすることだ、時宜の食糧でおまえの納屋どもがいっぱいになるように。
仕事（労働）によって人びとは羊にも富み、ゆうふくにもなる、
また仕事（労働）をするものどもはいっそう愛でられるだろう、不死の神々にもあるいは人びとにも。（『労働と日々』）

図6－5　ギリシア思想における2つの労働観

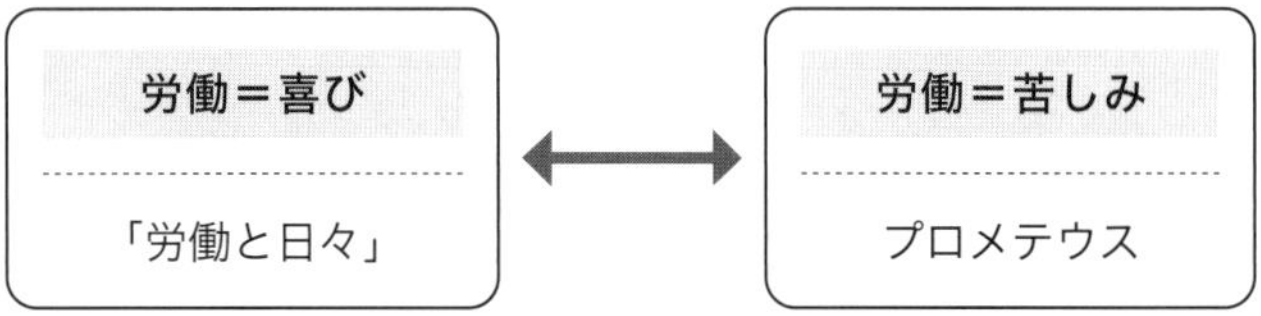

ここで語られているのは農業労働なのですが、苦しみというよりも「喜び」とされています。まさに、労働賛歌とも呼べるもので、神によって与えられた罰というイメージにはほど遠いことが分かります。

ただし、ここで示したのは、「労働＝神の罰＝苦しみ」という見方を否定しようとするものではありません。古代ギリシアや『旧約聖書』の考えの主流は、そうした見方だと思いますが、他の労働観も存在していたことは確認しておく必要があるということです。

TOPIC 2
「労働」なのか「仕事」なのか？

これまで労働（labor）をどう考えるかについて見てきましたが、それに類似したものとして仕事（work）があります。これは語源的に見ると、ゲルマン語由来であり、ドイツ語のWerk（ヴェルク）と関連しています。

しかし、語源だけでなく、意味としてどう理解したらいいのか、気になりますね。そのためには、何よりも**ハンナ・アーレント**が１９５８年に出版した『人間の条件』を取り上げる必要があります。

■アーレントにおける「人間の条件」

この本においてアーレントは、いったい何を解明しているのでしょうか。「人間の条件」として、アーレントは「**労働（labor）**」と「**仕事（work）**」と「**活動（action）**」を取り出すのですが、それぞれどう違うのでしょうか。

図6－6　アーレントにおける「人間の条件」

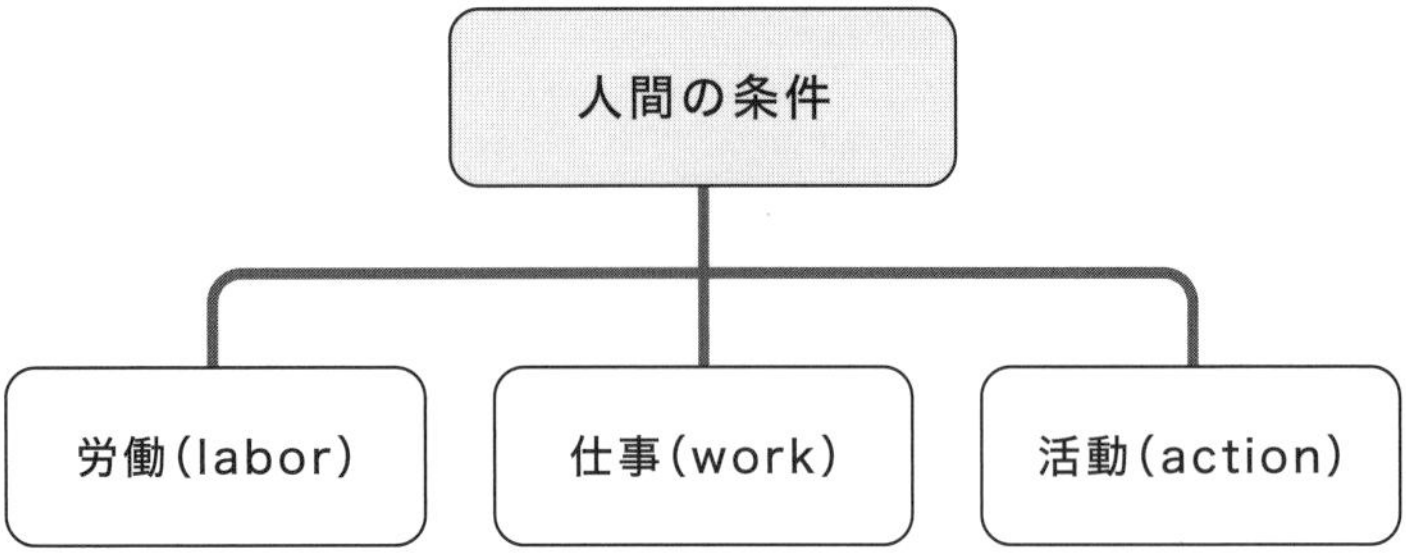

まず、**「労働」は、「人間の肉体の生物学的過程に対応する活動力」**とされ、いうなれば「額に汗して働く」というイメージですね。古くから、「労苦」として語られた「労働」のことです。

次に、**「仕事」は、「すべての自然環境と際立って異なる物の〝人工的〟世界をつくり出す」こと**で、たとえば芸術作品を創作することが考えられています。もともと、英語のworkにもドイツ語のWerkにも作品という意味があります。

最後の**「活動」ですが、これは「物あるいは事柄の介入なしに直接人と人との間で行なわれる唯一の活動力」と表現されています。**つまり、「労働」や「仕事」のように、何かをつくり出すのではなく、政治のように他の人々に直接働きかける活動を指しています。

この3つを分析するとき、アーレントが念頭に置いていたのは、歴史的な変化です。だからこそ、タイトルは「人間の本質」ではなく、「人間の条件」とされたのです。「本質」の場合は、変化せず同一にとどまるものが問題になるからです。

アーレントによれば、次のような見方が示されています、古代ギリシアのポリスでは「活動」を基本にする生き方が実現されていたが、歴史の展開とともに「仕事」に取って代わられ、さらに現代では「労働」が価値の中心に置かれるようになった。つまり、**歴史的に並べると、「活動」→「仕事」→「労働」へと重心が移っていった**わけです。

こうした歴史的変化の結果として、近代以降「労働」が優位に立って、かつての「仕事」や「活動」が人間的な意味を失っていく、とアーレントは考えています。『人間の条件』の最終項が、「〈労働する動物〉の勝利」となっているのは、偶然ではありません。かつて貶《おとし》められていた「労働」が、現代では最高位についたのです。

そこで、アーレントの願望としては、失われてしまった「活動」の意義をあらためて確認して、それを取り戻すことにあります。

しかし、すぐに予想されることですが、『人間の条件』では、そうした願望をどう実現していくのかについては、何も書かれていません。ただ、歴史的な変化として、「活動」の喪失がもっぱら記述されているだけです。その点では、ドイツの思想家によくある古代の「**ギリシア崇拝（Gräkomanie）**」といえるかもしれません。

図6－7　アリストテレスにおける学問の3分類

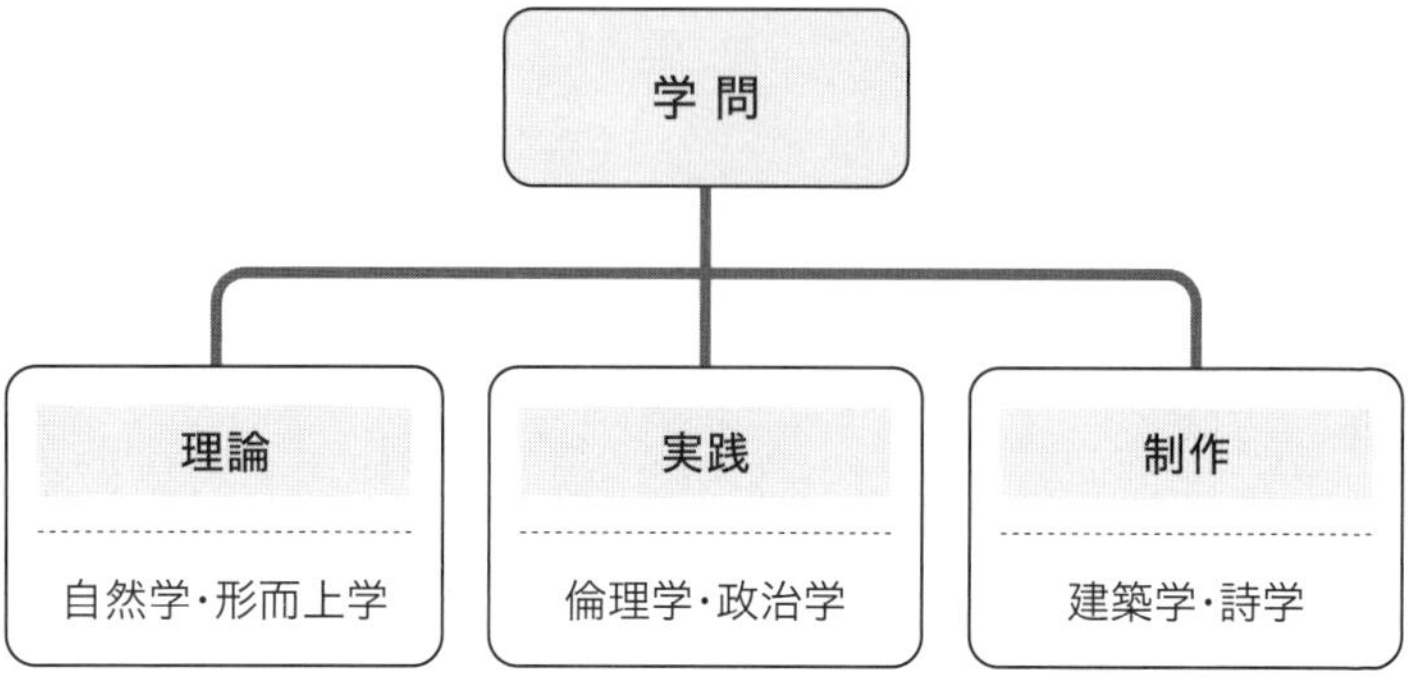

アリストテレスの「知的活動」の3分類

アーレントの人間の条件の3区分を見ると、**アリストテレス**が人間の知的活動に基づいて学問を3分類したものを連想してしまいます。実際、アーレント自身その連関を認めていますが、重要な点はアリストテレスとの違いです。そこで、あらかじめアリストテレスの分類を見ておきましょう。

まず、アリストテレスは人間の知的な活動として、**理論**（**テオリア**）と**実践**（**プラクシス**）と**制作**（**ポイエーシス**）に分け、それぞれに対応する学問を配当しています。このなかで、制作は技術（テクネー）と同じものとされ、自然物とは違って、人工的につくり出す活動です。制作や技術は、何も生み出さないような実践や理論とは区別されます。

図6－8　アリストテレスとアーレントの労働観の違い

アリストテレス		アーレント
理論		—
実践	→	活動
制作	→	仕事
—		労働

64ページでも言及しましたが、アリストテレスの分類を図示すると図6－7のようになります。

お気づきだと思いますが、この分類はアーレントのものと、似ているようで似ていませんね。というのも、アリストテレスが問題にしているのは、人間の知的活動であって、学問という見地から分類しているからです。

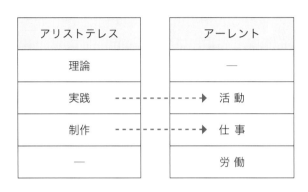

そのため、アリストテレスの分類には、奴隷が担当する「労働」は、視野のうちに入っていません。アーレントは仕事と労働を分けますが、アリストテレスにはその必要がなかったのです。「労働」は動物並みの奴隷の働きですから、論じるには及ばなかったわけです。アーレントの仕事（work）に対応するのは、アリストテレスでは制作です。

そこで、アリストテレスとアーレントの分類を、ラフな形で対応させてみると、185ページの図6－8のようになるでしょう。

アリストテレスにとっては、理論である知識や観想が最も高い位置に置かれますが、その理由を「神的なもの」としています。「労働」が動物的だとすれば、「観想」は神的なものなのです（もちろん、アリストテレスにとってです）。

このような〔観想の〕生活は、単に人間にふさわしいような生活よりもすぐれたものだろう。なぜなら、このような生活を送るのは、その人が人間であるかぎりにおいてではなく、その人のうちになにかしら神的なものが内在している、そのかぎりにおいてのことだからである。（『ニコマコス倫理学』）

アリストテレスの言葉は、やや特権階級の臭いを感じさせますが、アーレントとの違いを含めて、知識や労働の位置づけを確認しておくことは重要です。

■「労働」を重視したマルクス

今度は、「労働」を積極的に評価した思想家として、**カール・マルクス**を取り上げることにしましょう。マルクスに関しては、いまさら説明も不要だと思いますが、マルクスがどうして「労働」を重視したのかは、確認しておく必要があります。

マルクスが労働を評価した理由は、**「労働」が人間にとって生存していくための基礎である**、という点です。労働の形はさまざま変わっても、人間たちが生きていくためには労働し、ものを生産しなくてはならない、という単純な理由からですね。マルクスとエンゲルスは若い頃の共同作業『ドイツ・イデオロギー』（1845／46）において、次のように語っています。

およそ人間の生存にとっての、したがってまたおよそ歴史にとっての、第一前提を確定すること。それはつまり、「歴史を創る」ことができるためには、人間たちが生活できていなければならないという前提である。生活しているからには、何はおいても最低限、飲食、住居、被服、その他若干のものがそこに含まれている。それゆえ第一の歴史的行為は、これらの欲求を充足させる手段を創出すること、つまり、物質的生活そのものの生産である。（『ドイツ・イデオロギー』）

とても大げさな表現ですが、述べていることはきわめて単純なことです。人間たちが物質的に生活する（生きていく）ためには、だれかが労働し、ものを生産しなくてはならないわけです。古代ギリシア時代には奴隷がそれを担当し、中世の封建時代には農奴が生産を担っていました。近代になって資本主義社会になると、「労働者」が生産活動に従事するようになったのです。

ものを生産したのが労働者であれば、その生産物を受け取る（享受する）のも労働者でなくてはならない、という論理です。ギリシア時代には奴隷が生産して、それを享受するのは不労の「主人」、つまり自由市民だったのです。ここから「搾取」という非難が生まれそうです。

そのため、マルクスは『経済学・哲学草稿』（１８４４）のなかで、「経済学者」の言葉として次のように述べるのです。

本来その概念からすれば労働の全生産物は労働者のものであると、経済学者はわれわれに言う。しかし同時にまた経済学者は、じっさいに労働者のものになるのはその生産物の最小限、どうしても削れない部分、つまり彼が人間としてではなく、労働者として生きていくのに必要な部分、あるいは、彼が人類をではなく、労働者という奴隷階級を繁殖させていくのに必要な部分でしかないとも言う。（『経済学・哲学草稿』）

図6－9　マルクスにおける労働と搾取のイメージ

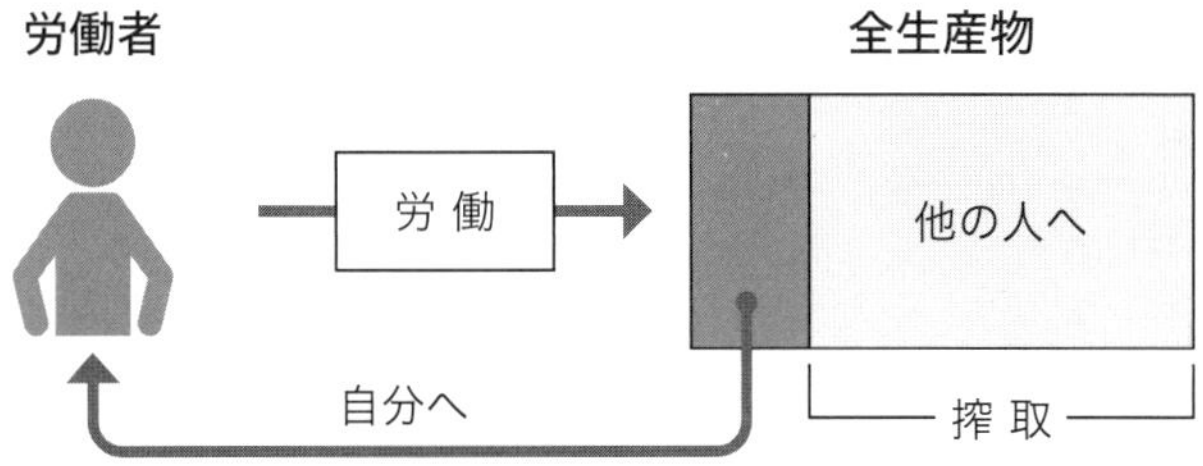

図示すると、搾取とは図6－9のようなイメージでしょうか？

自分が労働して生み出したものは、自分のもの（所有）であり、自分が自由に使ってよい、という考えは、引用した文章からも推測されるように、マルクスのオリジナルというわけではありません。これは「**労働所有論**」と呼ばれ、イギリスのジョン・ロックが『統治二論』で主張したものですが、マルクスはこの考えから共産主義（コミュニズム）を唱えたといえます。

リベラルな思想にも、コミュニズムの思想にも、「労働」が重要な役割を果たしていることが分かりますね。

TOPIC 3

「労働」は今日どう考えられているか？

古代ギリシアでは視野の外に置かれた労働ですが、近代になると『ドイツ・イデオロギー』のように、歴史の**「第一前提」**とまでいわれるようになりました。そのため、**マルクスは「労働者階級」に立脚して、未来社会を構想した**のです。

しかし、マルクスの「労働」に関する考えも、今日ではさまざまな方面から批判されるようになりました。そのなかで、興味深い論点を確認しておくことにします。

■賃労働を支える「シャドウ・ワーク」

まずは、オーストリア出身の哲学者**イヴァン・イリイチ**（１９２６〜２００２）の**「シャドウ・ワーク」**論を取り上げることにしましょう。イリイチといえば、近代産業社会に対する批判という基本的な立場から、「脱学校化社会論」や「脱病院化社会論」などを展開していますが、１９８１年に発表された「シャドウ・ワーク論」もその一環として理解できます。

「シャドウ・ワーク（shadow work）」というのは、貨幣で活動が評価される賃労働に対して、表立って出てこない「影の労働」を示しています。これをイリイチは、「名前もなく、検証もされないまま、あらゆる産業社会で多数者を差別する主要な領域」と呼んでいます。

その代表的なものが、女性の「家事労働」といえば、話が早いかもしれません。

> 私は、……〈シャドウ・ワーク〉と賃労働との違いを強調したい。私は、〈シャドウ・ワーク〉を、懲役はもとより奴隷や賃労働とも異なる束縛の形として検証しようと思う。
>
> （『シャドウ・ワーク』）

マルクスは、人間が歴史を創るためには、労働者が生産する必要があると語りました。

ところが、イリイチは、**その労働者が生きていき、労働できるためには、家のなかで女性が働くこと（シャドウ・ワーク）――具体的には、食事の準備をしたり、夫の世話をしたり、子どもを産んだり、養育したりすることなど――がさらに前提となる、**というのです。

図6－10 「賃労働」を支える「シャドウ・ワーク」

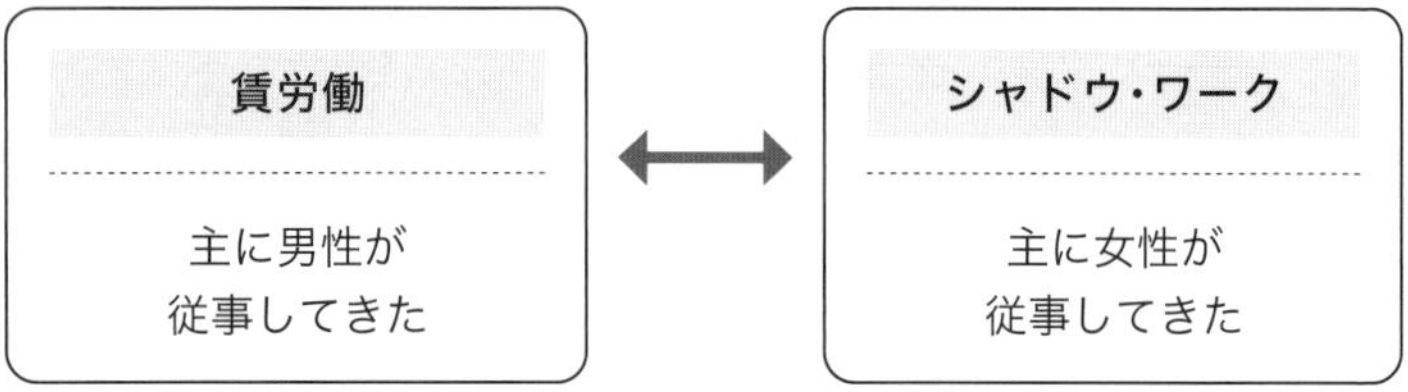

マルクスは、この「シャドウ・ワーク」の部分を忘れ（無視し）て、あたかも労働者だけが社会を支えるように語った、というのです。イリイチによると、「賃労働」は中世では「惨めさ」の代名詞であり、低い位置に置かれていました。ところが、18世紀以降になると、「労働の価値、労働の尊厳、労働の歓び」などが語られ、マルクスのように労働に高い評価が与えられるようになった、というわけです。

それに対して、**貨幣で評価されない家事労働のような「シャドウ・ワーク」は、「最も憂鬱な差別形式」となっている**のです。

イリイチは、次のように表現しています。

> 男性が自分たちの新たな職業に夢中になって労働者階級へと仕立て上げられていった一方で、女性は社会の、歩きまわるフルタイムの子宮として内密に再定義された。（同書）

今日から見ると、当たり前のような指摘に感じるかもしれませんが、それはむしろイリイチの功績といえます。イリイチ以前には、女性の家事労働などは視野の外に置かれていたのですが、「シャドウ・ワーク」という命名によって一躍注目されるようになったからです。イリイチ以前と以後では、「労働」をめぐって、社会に大きな視点の転換が生じたのです。

図6－11　「労働」と「遊び」は異なるもの？

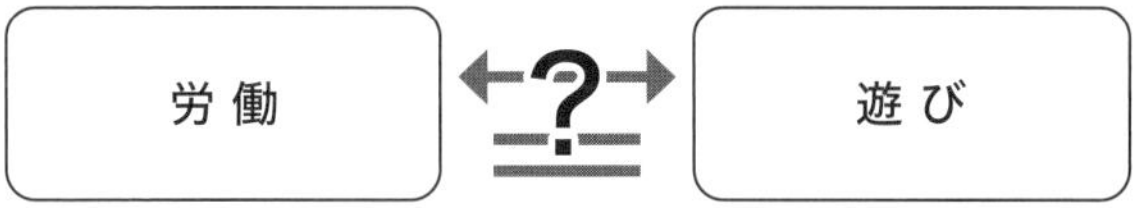

労働は「遊び」になる？

今日の労働観に関して、他の側面から見ておきましょう。労働といえば、「額に汗して働く」という言葉に示されるように、「労苦」というイメージがつきまとっていました。それに対して、「遊び」はまったく異なるもので、仕事の埒外にあると見なされていたのです。まさに「仕事は遊びではないぞ！」というわけです。

労働と遊びを対立させるという考えは、「労働」を重視するマルクスにも残っています。マルクスの基本的な主張は、労働時間をできるだけ短縮することにありますから、労働そのものは「労苦」と見なされているのです。「労働は必要だが、できるだけ短いほうがいい。なぜなら、労働は苦しみだから」――こんな風に表現できるでしょうか。

こうした見方に対して、アメリカの哲学者**ヘルベルト・マルクーゼ**（74ページ）は、『ユートピアの終焉』（1967）において次のように書いています。これは世界中で学生反乱が起こっていたとき、マルクーゼがそこへ向けて語った言葉です。

マルクス、エンゲルス自身が認めているように、自由な社会と不自由な社会との間の質的差異を最初に明確ならしめた第一人者はフーリエであったし、労働が遊びになることの可能であるような社会、つまり社会的に必要な労働が人間の本能的要求と傾向性とに調和されて組織されうるような社会について語ることを、まだマルクスでさえある程度遠慮がちであったのであるが、そんなことにいささかもたじろぐことのなかったのもフーリエであった。（『ユートピアの終焉』）

フランスの哲学者である**シャルル・フーリエ**（1772～1837）は、マルクスやエンゲルスから「空想的社会主義者」と厳しく批判されたのですが、今日的に見るとむしろ先駆的な意義がある、とマルクーゼは言うわけです。フーリエは、**理想の共同体（アソシアシオン）**を建設して、それを「**ファランジュ**」と呼んだのですが、その構築プランを描

き出した著書のなかで、労働と遊びの融合を次のように語っています。

ただ朝から夕まで楽しんでやりさえすればいいのだ。なぜなら、楽しみによって労働に誘い入れられるのであり、その労働は、今日の見世物や舞踏会以上に魅力的なものになるからである。（『産業の新世界』）

こうしたフーリエの構想に基づいて、マルクーゼは「労働が遊びになる」あるいは「遊びが仕事になる」と主張したわけです。これは、19世紀にはまだ「ユートピア」であったかもしれませんが、20世紀の今日では、現実化しつつあるのではないでしょうか。

AIやロボットで、人間の労働は不要になる？

21世紀を迎えた今日、労働に関しては、もっと別の観点も可能になるように思えます。それは、**人間の労働が不要になる**、という未来です。もともと、労働のプロセスに機械が導入されると、労働者が駆逐されていくことは、マルクスも予測していました。『資本論』のなかで、次のように語られていたのです。

労働手段は機械になったとたんに、労働者自身の競争相手になる。機械による資本の自己増殖は、機械によって生存条件を破壊される労働者数と正比例する。……道具の操作が機械に奪われると、……労働者は、通用しなくなった紙幣と同様、売れなくなる。（『資本論』）

これは、機械によって労働者が失業に追い込まれるという話ですが、問題は機械の導入が悲惨な未来になるのかどうか、という点です。

21世紀になって、「**加速主義**」（accelerationism）を標榜する若手の哲学者たちによって、まったく違う未来が描かれています。カナダ出身の哲学者**ニック・スルニチェク**（1982〜）は**アレックス・ウィリアムズ**（1981〜）と発表した「加速主義派政治宣言」（2013）においてこう述べています。

ネオ・リベラリズムの形態をとった資本主義が自認するイデオロギーとは、創造的破壊の諸力を解き放つことを通じて、技術的・社会的革新を絶えず自由に加速させていくことなのである。……左翼は資本主義社会によって可能になったあらゆるテクノロジー的、科学的な成果を利用しなければならない。（「加速主義派政治宣言」）

この思想を具体化するため、2人は2015年に『未来を発明する（Inventing the Future）』（未邦訳）を出版しています。この書の副題は、「ポスト資本主義と労働なき世界」となっています。しかし、そもそも、彼らはどんな労働の未来を考えているのでしょうか。

彼らがとりわけ注目しているのは、AIやロボットを含めた機械の進化によって人間が労働から解放されることです。人間の代わりに、機械（AIやロボット）が作動し、いままで以上の生産力をつくり出すのであれば、人間はもはや働かなくてもよくなります。人間の代わりに機械が働いてくれるからです。

（機械の導入による）自動化とともに、機械がすべての財やサービスをますます生み出すようになり、そうしたものをつくり出す労苦から人類を解放するのである。（Inventig the Future）

もちろん、こうした未来が可能になるためには、単に機械の問題だけでなく、社会制度のあり方も変えなくてはなりません。ですが、**機械の導入が労働者の失業になるという見方ではなく、むしろ人間の労働からの解放であるという視点**は、重要でしょう。

図6－12　AIやロボットは人を「労働」から解放する？

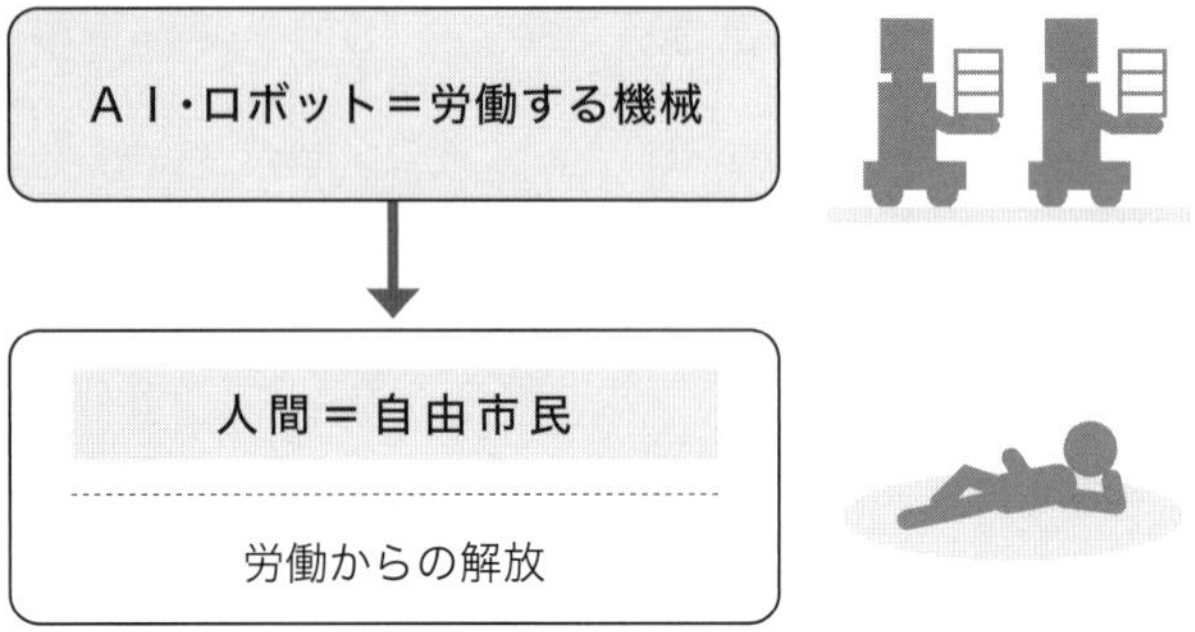

古代ギリシアでは、労働は奴隷がするもので、それから解放された自由市民は政治や学問、芸術などに勤《いそ》しむことができました。21世紀の今日、テクノロジーの進化によって、労働は奴隷ではなく、機械が行なうようになりつつあるのです。したがって、人間はもはや働かなくてもよくなり、人間全員が自由市民のようになるわけです。

とすれば、労働から解放された後、人間は何をして暮らしていくのか、時間の使い方が問題になるのではないでしょうか。

Theme 7

疎外

-ALIENATION-

PHILOSOPHY

INTRO
DUCTION

「疎外」は回復できるものなのか？

哲学のテーマのなかで、ある時代に大流行するものがあります。ここで取り扱う「疎外」もその1つです。もともとは、ドイツの哲学者**ゲオルグ・ヘーゲル**（1770～1831）に由来するのですが、20世紀の初めまではほとんど光が当てられていなかったテーマです。

ところが、第二次世界大戦が終わって、マルクス主義や実存主義が注目されると、2つの思想が交錯する場として、「疎外」問題が浮上してきたのです。とはいえ、この流行もいまは沈静化しています。表立って疎外論を語る人はいなくなりましたが、その代わり、本人も気づかない仕方で、疎外論的発想がくり返されています。

「疎外」という考えの基本には、キリスト教の神学的なイメージが投影されています。神の「受肉」と呼ばれるもので、イエスは「人」の姿をした「神」と理解されています。これをもとに、**三位一体論**の教義が形成されました。そしてまさに、この事態を哲学的に表現したのが、「疎外」という言葉だったのです。

「疎外」という言葉のドイツ語は「エントフレムドゥング（Entfremdung）」ですが、直接の意味は「疎遠（fremd フレムト）になること」「本来のあり方から離れていくこと」です。**神にとって、「受肉」することは人間（有限者）という卑しい姿を取ることですから、本来の崇高な「神」のあり方から離れる**わけです。ただ、ユダヤ教と違って、キリスト教はこの受肉の教義を導入することで、神と人間との対立を融和しようとするのです。

このように見ると、「疎外」という発想には、いくつかの特徴があります。それを箇条書きにすると、次のようになります。①本来のあり方（**疎外されざる理想**）、②そこから離反していくこと（**疎外化**）、③離反したあり方（**疎外態**）、④それらを全体として統括する主体（**大きな主体**）、⑤もとの本来のあり方を取り戻すこと（**疎外からの回復**）。

こうした特徴は、「疎外」という概念を持ち出すとき、陰に陽に前提となっています（ただし、思想の違いによって表現方法が変わってきます）。

問題なのは、こうした一連の論理が、うまくいくのかということです。「疎外からの回復」が安易に語られますが、はたして「回復」などできるのでしょうか？　その点を考えながら、読んでいただくと面白いでしょう。

TOPIC 1

「疎外」という概念の3つの系譜

あらかじめ確認しておきたいのは、「疎外」という言葉の由来です。ドイツ語ではEntfremdungですが、フランス語はaliénation、英語はalienationといいます。これらは、ラテン語のalienato（他人のものにする）に由来します。この言葉は、伝統的にどう使われてきたのでしょうか。

「疎外」という概念の系譜についていえば、大きく分けて3つの流れがあります。ヘーゲルの著作でも、その軌跡をたどることができますが、ここでは広い観点から考えてみましょう。1つ目は宗教的、2つ目は心のあり方、3つ目が社会的な場面です。

そこで、この概念がそれぞれ具体的にどう理解されてきたのか、見ておきましょう。

■キリスト教の系譜としての「疎外」

「疎外」という概念を理解しようとするとき、基本となるのはヘーゲルの使い方ですが、

図7－1　ヘーゲルにおける「精神」の運動

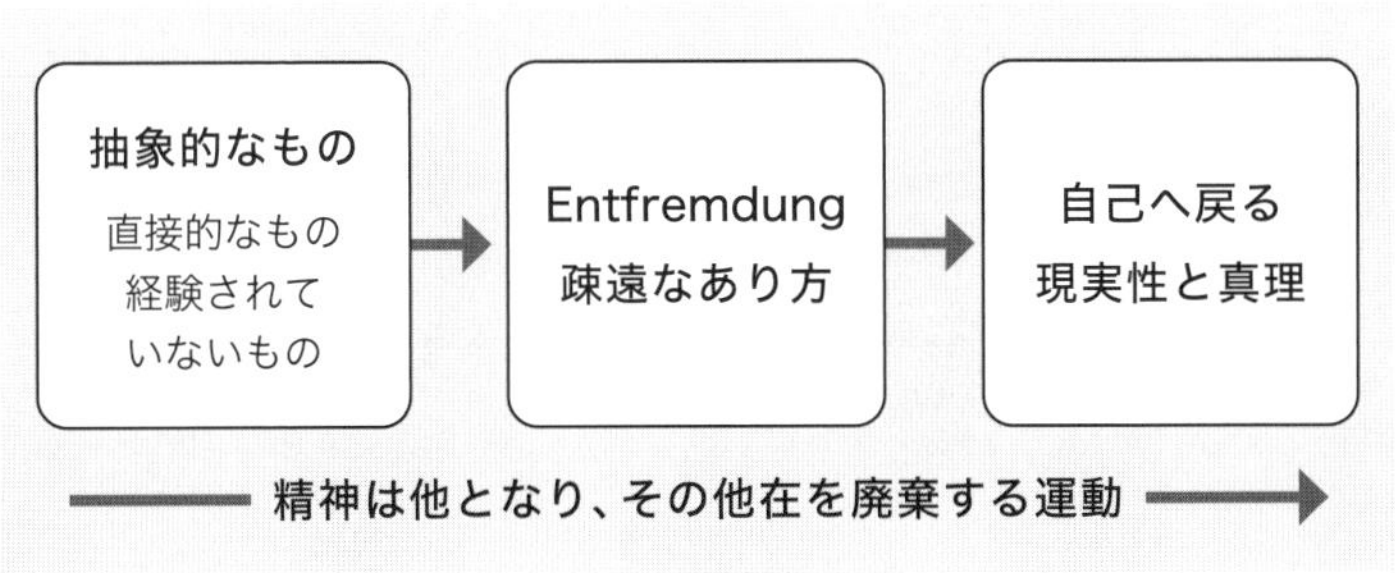

そもそもヘーゲルの文章はそれだけでは何を述べているのか不明なのです。たとえば、『精神現象学』の序文のなかで、ヘーゲルはこんな風に語っています。

> 精神は自己にとって他のもの、すなわち精神の自己の対象になり、そしてこの他在を廃棄する（aufheben）運動である。……この運動のなかで、直接的なもの、経験されていないもの、すなわち抽象的なものは、……自己から疎遠になり（sich entfremden）ついでこの疎遠なあり方（Entfremdung）から自己に戻り、このようにして初めて、それの現実性と真理において現われるのである。（『精神現象学』）

この部分を文脈をまったく考えずに、論理だけを取り出すと図7－1のようになります。

図7－2　「三位一体論」と重ねられた「精神（Geist）」

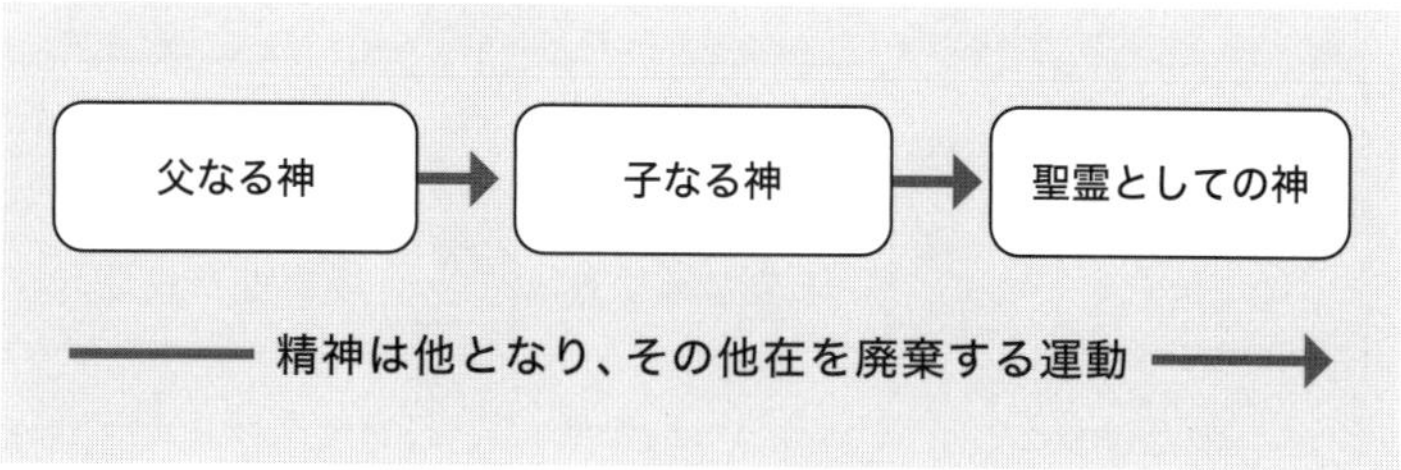

ヘーゲルは、こうした一連の運動を、**「精神Geist」**の運動と呼んでいるのですが、ここでは注意が必要です。そもそも「精神」と呼ばれているのが、どんなものか説明されていないからです。

ヘーゲルが「精神」という言葉を使うときは、多義的なので文脈でそのつど語意を確定する必要があります。そのなかで、バックグラウンドとしてキリスト教の伝統があるのは、無視できません。というのも、同じ序文で、次のように語っているからです。

> 「精神Geist」とはもっとも崇高な概念であって、近代とその宗教とに所属する概念である。（同書）

ここで「近代（より新しい時代）」と呼ばれているのは、古典古代に対して想定されているので、キリスト教以後という意味です。そこで分かるのは、**ヘーゲルが「精神」という**

図7－3 ヘーゲルにおける精神と歴史の関係性

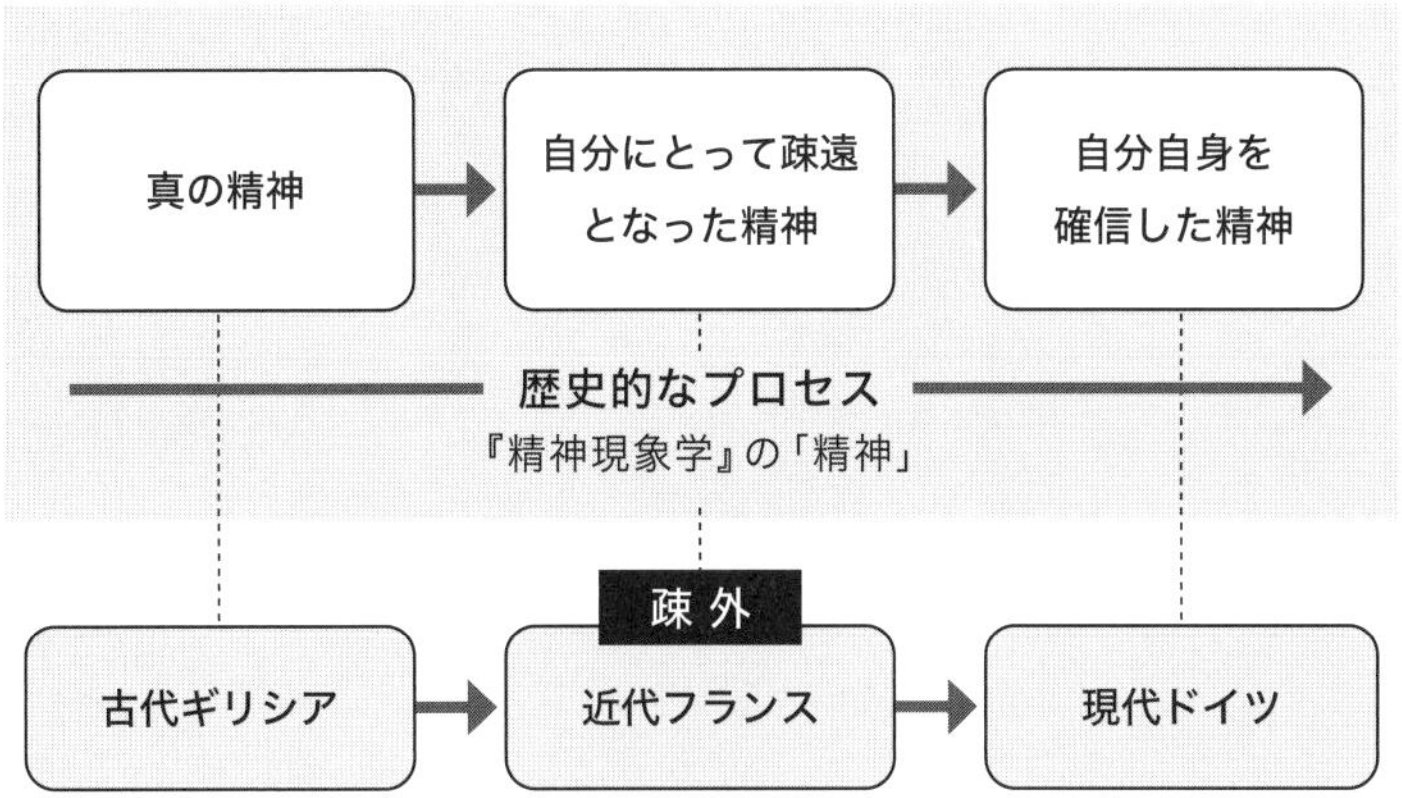

言葉を使うとき、キリスト教の「精神」が基本にあることです。

ヘーゲルの理解では、この「精神」は、キリスト教の、父・子・聖霊が1つであるという、三位一体論において考えられていたのです。それを、先の図式に重ねると図7－2のようになります。

■精神錯乱としての「疎外」

ヘーゲルが「疎外」という概念を使うとき、背後にキリスト教の三位一体論の理解が控えていると述べたのですが、これですべてではありません。もっと直接的な形で、その概念を使うようになった動機があったのです。

『精神現象学』の後半部分に、第6章として「精神」という3部構成の章があります。その中間の節が、「自分にとって疎遠となった精神」となっているのです。その3部構成の章を具体的に図示すると、205ページの図7－3のようになります。

この3つの段階は、歴史的なプロセスと見なされていて、古代から現代（ヘーゲルの同時代）にまで進んでいきます。ただし、詳細な連続的な歴史というよりも、それぞれをタイプ・地域に分けて論じています。

ヘーゲルが「自分にとって疎遠となった精神（自己疎外的精神）」として描くのは、一般には理性と信仰が対立する近代であり、啓蒙主義が進展した時期です。その結末として、「**フランス革命**」が起こったわけです。

この時代のフランスの文化状況を描くために、ヘーゲルは「疎外（Entfremdung）」を使ったのです。この節で取り扱われるテキストの1つとして、**ディドロ**（57ページ）の『ラモーの甥』があります。これはもちろん、フランス語で書かれていますが、この書をドイツ語に翻訳したのが文豪**ゲーテ**（1749〜1832）でした。

ゲーテは、その本でディドロが使っていた「aliénation」をドイツ語の「Entfremdung」と訳したのです。『ラモーの甥』の登場人物は、社会的な常識をひっくり返す人物として描かれていますが、常識の立場からするとあたかも狂気の人物に見え、しかもその言葉は互いに分裂しています。

こうした人物は、フランス語では「aliénation d'esprit（精神のアリエナシオン）」と呼ばれています。この語は一般に、「精神錯乱」と訳されます。つまり、**「精神の疎外」というのは、精神を失った状態であり、狂気と同等視される**のです。

これはドイツ語も同じことで、日常的な用法で「Entfremdung des Geistes（精神の疎外）」というのは「精神錯乱」ですし、あるいは「夫婦のエントフレムドゥング」といえば、「夫婦不和」のことを意味しています。

譲渡・放棄としての「疎外」

「疎外（Entfremdung）」が、フランス語の「aliénation」の訳語であるという点から、「疎外」の他の意味が浮かび上がってきます。というのは、「aliénation」という語が、**ルソー**（1712〜78）の社会契約論の中心的な概念だからです。

そのとき、「疎外」としてルソーが使っているのは、「**譲渡**」です。たとえば、次の表現です。

〈社会契約の〉諸条項はただ一つの条項に帰着する。すなわち、各構成員は自分の持つすべての権利とともにじぶんを共同体全体に完全に譲渡すること（l'aliénation totale）

図7－4　ルソーにおける「譲渡」

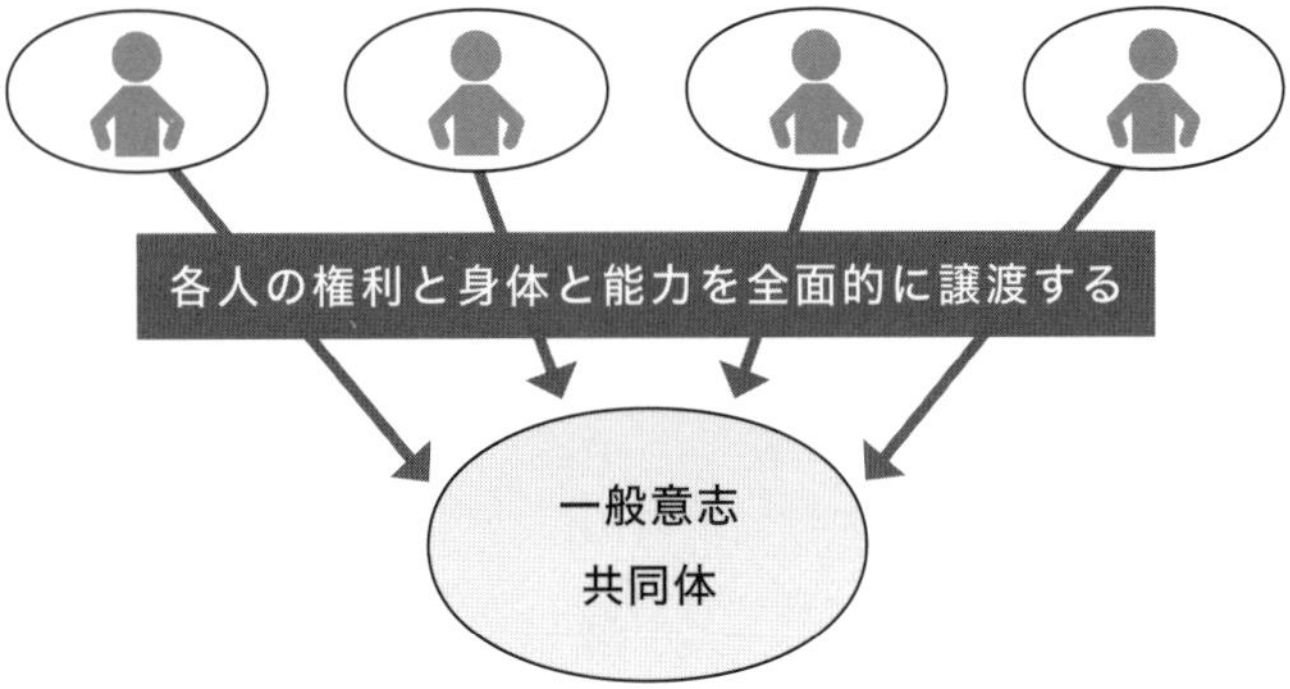

> である。……われわれのおのおのは、身体とすべての能力を共同のものとして、一般意志の最高の指揮のもとに置く。それに応じて、われわれは、団体のなかでの各構成員を、分割不可能な全体の部分として受け入れる。（『社会契約論』）

ここでルソーが語っているのは、「社会契約」が可能になるために、何が必要かということです。そのときルソーが使った概念が、「aliénation（譲渡）」だったのです。この言葉は、フランス語では法律用語として使われ、たとえば“l'aliénation d'un domaine”といえば「所有地の譲渡」のことです。

この言葉の動詞形（aliéner）は「譲渡する」ですが、基本的な意味としては、「失う」や「放棄する」ことで、自分から離れていくことがポイントです。動詞では、使い方によって注意すべき用法がありますが、煩雑になりますのでこれ以上は触れません。いずれにしても、「**自分の手から何かが離れていくこと**」が、言葉の核にはあります。それが他者の手に渡ると、「譲渡する」となるのです。

ここでルソーが語っていることを、「疎外」という訳にして表現すると、次のようになります。

「**社会契約が成り立つためには、社会の構成員の権利と身体と能力を共同体へと全面的に疎外しなくてはならない**」――こう表現すると、一般に社会契約論と呼ばれているものは、疎外論の一種あるいは典型であることが分かりますね。

TOPIC
2

「疎外」の概念はなぜ注目されたのか?

これまで「疎外」という概念の歴史的な経緯を見てきたのですが、ドイツ語やらフランス語やらが出てきて面倒だと思われたかもしれません。ただ、これについても、かなり絞って示したのですが、頭を整理するため少しまとめておきましょう。

先にも述べたように、「疎外」という概念は、ヘーゲルに先立つ用法として、次の3つが確認できます。①神学的な系譜、②心理学的な系譜、③社会論的な系譜です。意味としては、①受肉=疎遠化、②錯乱=狂気、③譲渡=放棄となります。同じ言葉でも、使われる文脈によってそれぞれ違ってくるのです。そのためドイツ語のEntfremdungにかぎらず、**言葉を理解するには、文脈がとても重要になる**のです。また、②や③の意味が、フランス語由来であることもポイントです。ディドロやルソーのような啓蒙思想家たちの作品が、ヘーゲルの著作のなかに流れ込んでいるのです。

「若きマルクス」と「成熟したマルクス」

しかしながら、「疎外」という言葉が注目されるようになったのは、じつはヘーゲルよりも、マルクスを通してだったのです。そこで、今度はこちらの経緯を追跡してみましょう。

決定的な出来事は、マルクスの青年時代の原稿が『経済学・哲学草稿』という形で、死後の1932年に発表されたことです（書かれたのは1844年）。この草稿でマルクスは、「疎外（Entfremdung）」という概念を使って、自分の考えを表現しようとしたのです。

この草稿を読んで、西洋の思想家たち、とりわけマルクス主義者たちは大きな衝撃を受けました。というのは、マルクス主義といえば、従来の理解ではソヴィエト政府が教科書化したような教条的な理論が主流だったからです。これは「科学的社会主義」の名のもとで、社会を客観的に分析するとされていたのです。

ところが、この草稿では、マルクスの人間主義が前面に出て、科学的な社会分析というより、「愛」を熱く語る、人間味あふれるマルクスが躍動していたのです。こうして、マルクス主義のなかで、人間主義か科学主義かの対立が生じ、ひいては「**若きマルクス**」か「**成熟したマルクス**」か、という区別が問題になったのです。

従来のソヴィエト政府主導型の教条主義的なロシア・マルクス主義に対して、西洋のマ

図7－5　時期によってマルクスの立場は異なる?

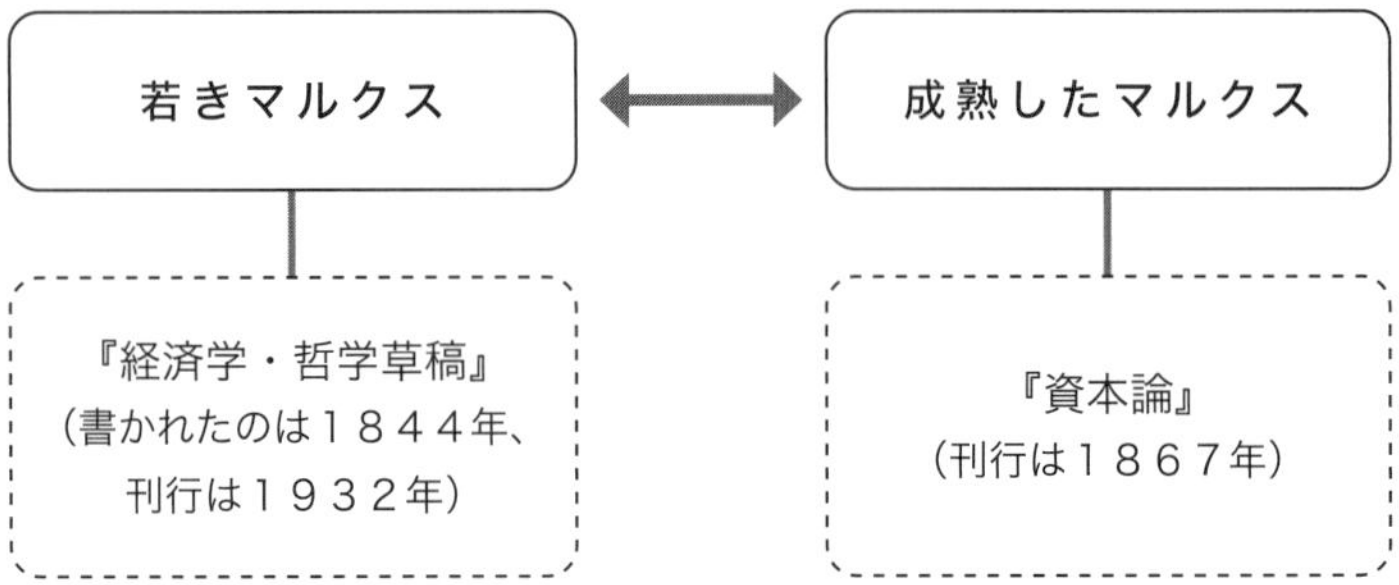

ルクス主義者たちは若きマルクスの草稿を評価し、それに基づいて人間主義的な「**西洋マルクス主義**」の流れをつくりました。こうして、西洋の思想家たちは、**マルクス主義を西洋ヒューマニズムの流れの1つとして位置づけた**のです。

ただし、この問題が厄介なのは、話が単純には割り切れないところです。というのも、西洋のマルクス主義の源流には、ハンガリーの哲学者**ジョルジュ・ルカーチ**（1885～1971）がいるからです。ルカーチは、『経済学・哲学草稿』が出版される前の1923年に『歴史と階級意識』を発表しています。ルカーチはこの書のなかで、「**物象化**（Versachlichung）」という概念を使って、マルクスの疎外論を先取りしたように見えたのです。

しかも、ルカーチが「物象化」という概念を使ったとき、彼は成熟したマルクスの『資本論』を典拠にしたのです。こうして、「疎外」と「物象化」という2つの概念とともに、『経済学・哲学草稿』と『資本論』の関係が、あらためて問い直されることになります。

そのうえ、議論がいっそう錯綜するのは、当のルカーチ自身が、ソヴィエト政府から『歴史と階級意識』を批判され、その後転向したためです。ですので、若きルカーチと成熟したルカーチの対立も、この問題に絡んできます。なんと面倒な話か、という感じですね。

ただ、「疎外」という概念を考えるとき、こうした事情は念頭に置く必要があります。そうでなければ、それぞれの議論の位置づけを見誤ってしまうからです。

ルカーチの「物象化論」

「疎外」論の問題性を確認するため、あらかじめルカーチが提唱した「**物象化論**」を見ておきましょう。ルカーチは若きマルクスとは独立した形で、「物象化」という概念を『資本論』から取り出したのです。

このときルカーチが依拠したのは、『資本論』の第1章「商品」を分析する部分で、「商品の物神的性格」と呼ばれる箇所です。マルクスは、「商品なるものは、一見したところ、あたりまえのありふれた物であるが、商品を分析してみると、それは形而上学的な精妙さと神学的な気むずかしにみちた、きわめてやっかいな物であることがわかる」と述べた後で、こう語るのです。

> 商品形態の秘密にみちたところは単純に次のことである。すなわち、商品形態は人間自身の労働の社会的性格を、あたかもそれぞれの労働生産物自身の対象的性格であるかのように、つまりはこれら種々の物体に生まれつきそなわった社会的属性であるかのように彼らの頭のなかに反映させる。(『資本論』)

もっと端的にいえば、こうなります。

> 各人が自分の労働にたずさわりながら、直接に結ぶ社会的な関係として現われるのではなくて、むしろ逆に人と人の物的な関係として、また物と物の社会的な関係として現われるのである。(同書)

簡単にいえば、**人と人の関係が、物と物の社会的な関係として現われる**、ということです。たとえば、デパートに鎮座している高価なダイヤモンドの指輪を見るとします。その

図7－6　主体と客体は対立する？

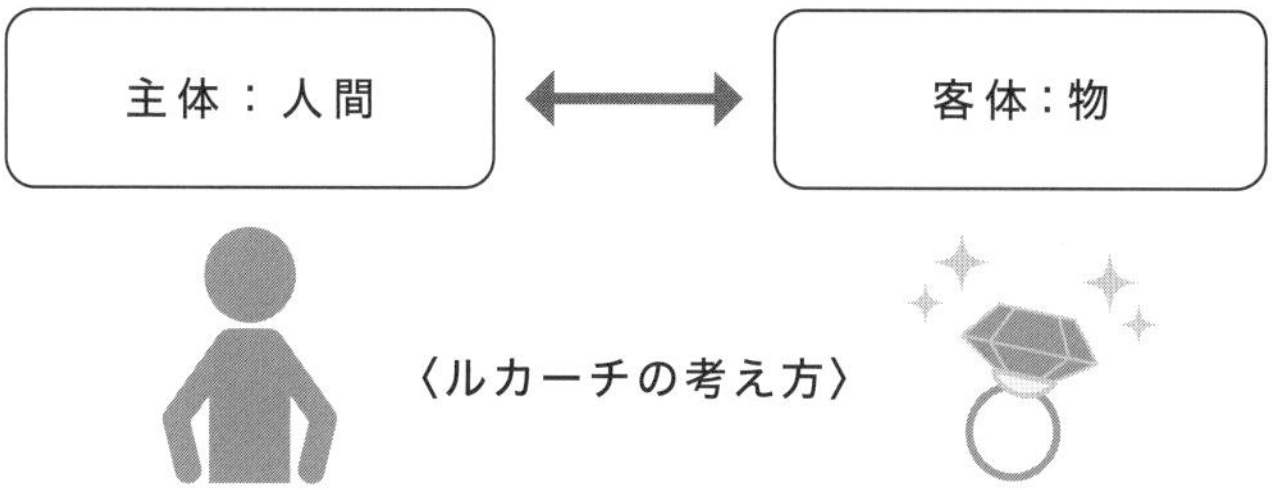

輝きを見て、「さすがダイヤモンドだな！　それを持つと、人がひれ伏す理由が分かるよ！」と言うかもしれません。

これは典型的な「**物神崇拝（フェティシズム）**」で、物象化の罠に陥っているのです。それに対して、マルクスとしては、**商品の価値はそれに投下された人間労働によって決まる**と考えるのです。この「物象化」を、ルカーチはどう理解したのでしょうか。

> この物象化の基本的事実によって、人間独自の活動、人間独自の労働が、何か客体的なもの、人間から独立しているもの、人間には疎遠な固有の法則性によって人間を支配するもの、として対立させられる。（『歴史と階級意識』）

ルカーチがここで示しているのは、主体と客体の対立という観点です。つまり、**人間の主体的な活動が、客体的な**

図7－7　人と人との関係が、物と物の関係として現われる？

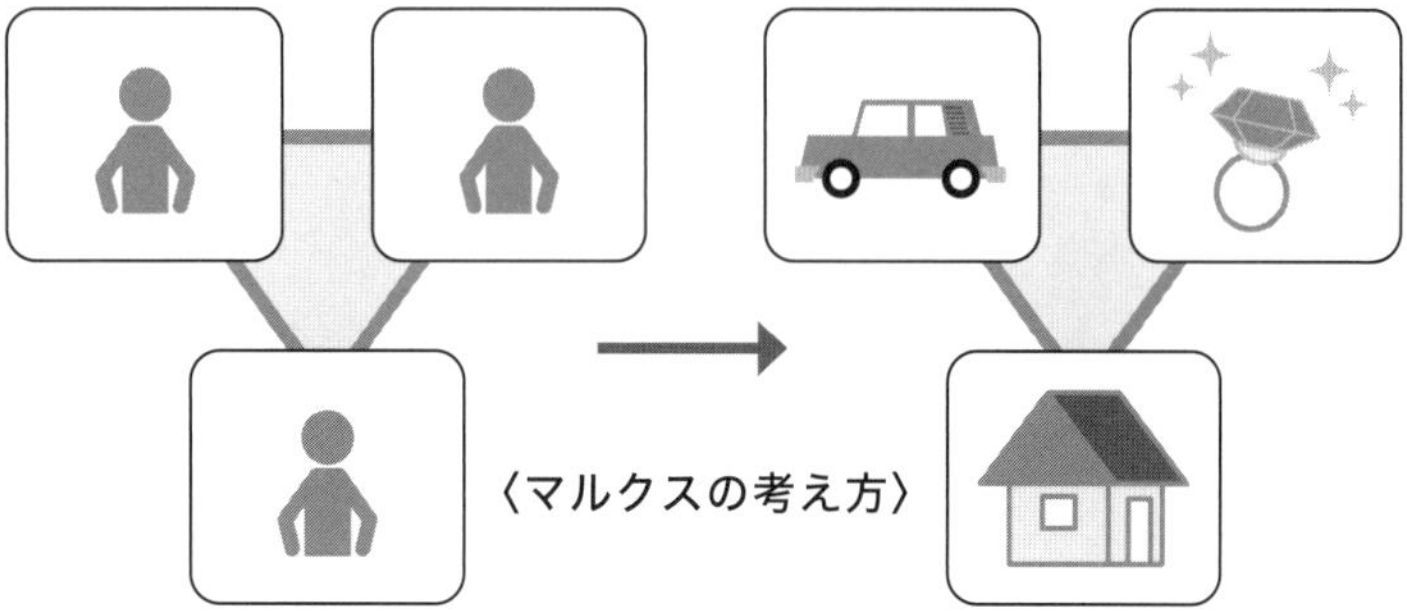

物の形式で現われる、という図式です。

しかし、マルクスが『資本論』で示しているのは、こうした主体と客体の関係ではありませんね。むしろ、**「人と人の関係」が「物と物の関係」として現われる**、とされていますから、図7－7のようなものが描けるでしょう。

ポイントは、**「関係性」**にあるのです。人か物かではなく、むしろ人と人の関係か物と物の関係か、という違いですね。それなのに、ルカーチが「物象化」を語ったとき、彼は「人と物の関係」として理解していたのです。

■「物象化＝疎外」は克服できない？

ルカーチが物象化論を提唱したとき、実際には「人か物か」あるいは「主体か客体か」という関係で考えていました。それは、次のような文章からも、明らか

図7－8　ルカーチの「物象化論」

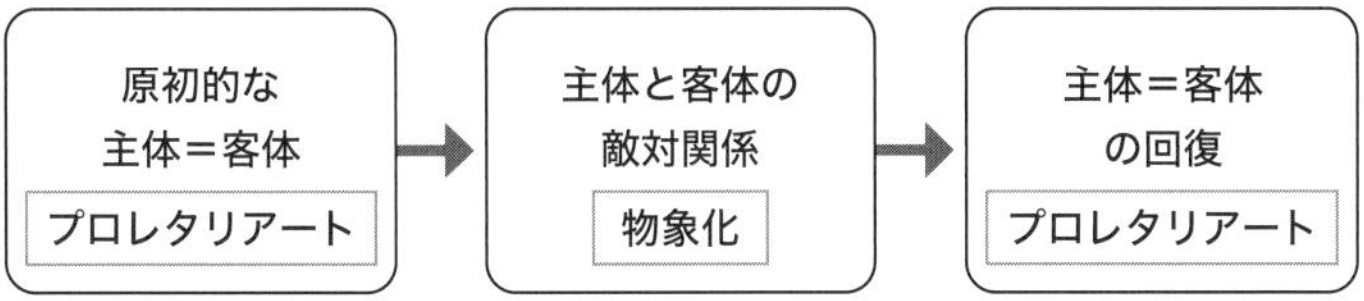

になります。

> プロレタリアートが歴史的過程の主体と客体との同一性であり、適切な社会的意識を（客観的に）もちうるところの、歴史の進行過程での最初の主体であるという立場が、より具体的な姿を取ってあらわれるのである。すなわち、発展の力学の敵対関係をあらわす矛盾の客観的に社会的な解決は、この解決がプロレタリアートの実践的に獲得した新たな意識段階としてあらわれるとき、初めて実践的に可能になるということが、明らかになるのである。
>
> （『歴史と階級意識』）

難しい表現の文章なので、図式化してみましょう（図7－8）。

そうすると、基本的な発想が分かります。

「物象化」という概念は、主体と客体の関係のうちの第2段階に位置づけられ、歴史的過程として主体と客体の同一性を取り戻す運動として、理解されるのです。

この考え方は、「物象化」という言葉を使いながら、実際には疎外論の典型を示しているのが分かります。そこで、ルカーチの論理を「**物象化＝疎外論**」と呼ぶことにします。

こうしたルカーチの議論に対して、厳しく批判したのが**テオドール・アドルノ**（１９０３〜６９）でした。アドルノは、ルカーチの『歴史と階級意識』を念頭に置きながら、次のように述べています。

> 若きルカーチがその再来を願った、心にかなった諸時代も実はやはり物象化の、すなわち非人間的な諸制度の所産だった。……過去の状況を神格化してみても、それは、出口を見つけがたい現代の要らざる現実拒否に役立つだけである。過去の状態は、失われたものとなってはじめて、栄光を得る。（『否定弁証法』）

ここでアドルノが批判しているルカーチの「物象化＝疎外論」は、じつに疎外論全般にも当てはまります。そのため、アドルノが批判した「物象化＝疎外論」が、どんなものだったのかをもう一度確認しておきましょう。

まず、疎外・物象化されざる調和的世界が最初の出発点です。しかし、この原初的な世界には、歴史の進展とともに、分裂・対立へともたらされます。これによって、疎外・物象化の世界が到来します。人間は自分自身（最初の状態）から疎遠なものになり、あたかも物であるかのように現象《げんしょう》するのです。

そこで、こうした疎外・物象化を批判して、最初の調和的世界を取り戻すこと、これが課題となります。そして、こうした発想を、アドルノはルカーチの議論のうちに読み取って、「**過去の状況が神格化されている**」と批判したのです。

TOPIC 3

現代のさまざまな疎外論的発想

今度は、現代の疎外論にまつわる思想を取り上げます。現代の思想のなかで、表面上は疎外論から遠いと一般的には見なされているが、基本的な発想として「疎外」論を受け入れ（前提とし）ているもの――それがこの項のテーマです。

■フーコーの「狂気」は「疎外」を前提にする？

最初はフランスの哲学者**ミシェル・フーコー**の「**狂気論**」です。フーコーといえば、1960年代には構造主義哲学者として時代の寵児になったのですが、その後はポスト構造主義の思想家として知られています。ただ、いずれにしても、「人間主義」を唱える実存主義には厳しい態度をとっています。

そのため、フーコーには「疎外」という概念など無縁だと見なす人が多いのです。しかし、1961年に出版した『狂気の歴史』を考えると、「疎外」についてフーコーがどう考えたのか、気になります。というのも、**「狂気」は一般的に「精神の疎外」と見なされているから**です。

じつをいうと、フーコーは『狂気の歴史』を出版する前に、小さな著作として『精神疾患とパーソナリティ』（１９５４）を出しています。この小冊子でまさに、フーコーは「疎外」概念に基づいて、狂気にアプローチしているのです。もともとフランス語の「aliénation」は、精神病理学で使われると、「精神錯乱」を意味しますから、フーコーが「疎外」に基づいて精神疾患を描くのは不思議ではありません。

しかし、フーコーが『精神疾患とパーソナリティ』で「疎外」を語るとき、そうした一般論以上のものがあります。というのも、フーコーは「精神疾患」の条件として、３つの「疎外」を語るからです。

その１つは**「法的な疎外」で、「患者の法的な能力が他者に移管される」こと**です。この「疎外」によって、患者の法的な権利は他人（後見人など）に「譲渡」されます。

もう１つは、**「社会的な疎外」であり、「患者が社会から排除される」こと**です。患者は、「スティグマ（烙印）を刻印され」て、人間世界から排除されるのです。

さらに３つめは、**「人格的な疎外」であり、「患者が自分のもっとも人間的なものを失う」こと**です。

図7－9　精神疾患における3つの「疎外」

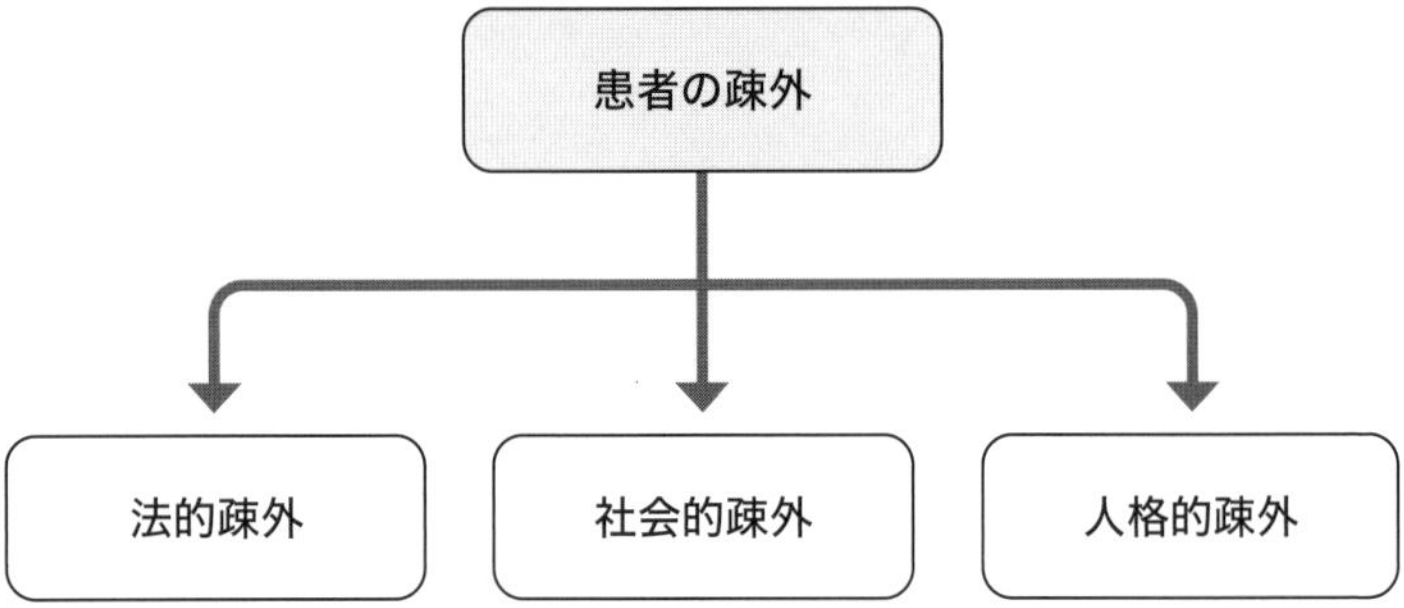

フーコーによると、この「aliénation（疎外＝錯乱）という概念を軸として結晶した実践」が、さまざまな「症状を発展させることになる」とされるのです。

ここで「疎外」を語るフーコーは、若きマルクスが『経済学・哲学草稿』で展開した議論を、正確にトレースしているように見えます。フーコーは、若いマルクスを彷彿させるような文章で、こう述べています。

> 搾取によって人間は、経済的な対象へと疎外されるが、同時に依存という否定的な絆を通して、他の人間と結びつけられる。社会的な法則によって、人は同類の人間たちと同じ運命に結ばれると同時に、闘いのうちで互いに対立するようになる。……人間が自分の技術に対して異邦人であり、人間が自分のつくり出した生産物のなかに、生きた人間的な意味を認めることができず、経済的および社会的規定に

図7－10 疎外と対置されるコミュニケーション行為

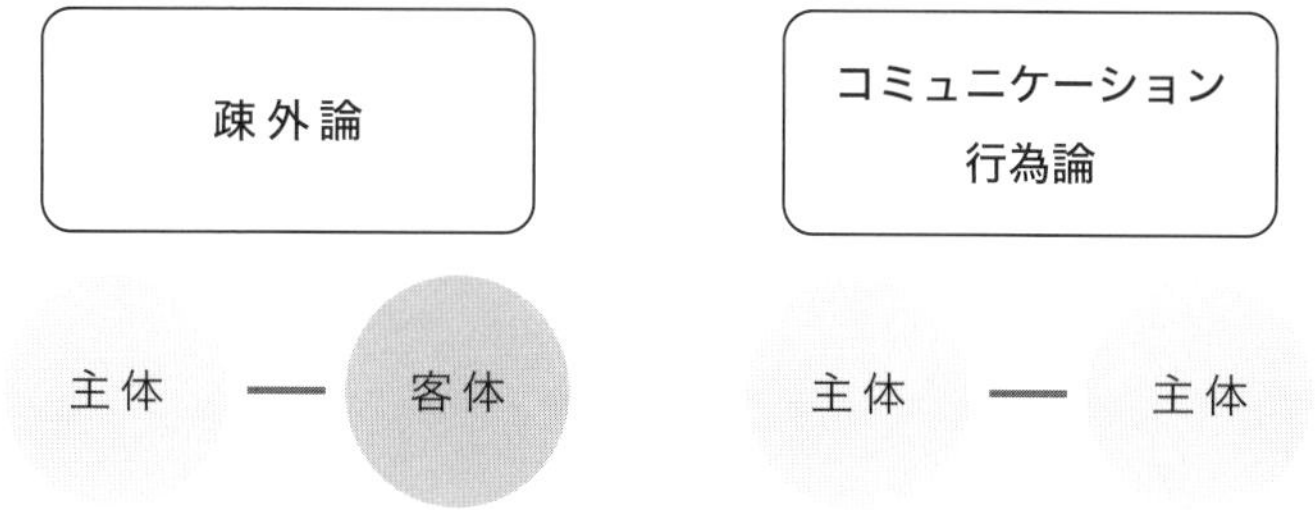

よって拘束され、世界のうちに祖国を見出すことができないような場合には、人間は精神分裂症の症状群を可能にするような葛藤を生きているのである。（『精神疾患とパーソナリティ』）

ハーバマスのコミュニケーション理論は形を変えた疎外論

現代ドイツの哲学者で、疎外論の発想を批判しているのが**ユルゲン・ハーバマス**（91ページ）です。疎外論というのは、主体とその疎外という形で、基本的には「主体－客体」関係に基づくのですが、ハーバマスはそれに対置するものとして、**コミュニケーション行為の哲学を提唱したのです。というのも、コミュニケーション行為は、「主体－客体」関係ではなく、主体相互の関係に基づく**からです。

ハーバマスによれば、**「コミュニケーション的行為」とは、言語を媒介にして主体同士で相互了解をめざす行為**です。これについて、彼は次のように語っています。

〈相互〉了解のパラダイムは、対話的に社会化され、お互いに相手を認め合う、相互的な承認を行なう個々人の相互主体的関係のパラダイムである。（『近代の哲学的ディスクルス』）

こうした「コミュニケーション的行為」を構想するとき、ハーバマスはそれを「**生活世界**」と結びつけるのです。「生活世界」という概念は、フッサールに由来する概念ですが、ハーバマスはこれを「直接に慣れ親しまれたものや疑問の余地なく確実なものの地盤」と理解して、「コミュニケーション的行為」と関連づけるのです。

コミュニケーション的行為と生活世界とは相互に補完的関係にある。……生活世界の再生産はコミュニケーション的行為の貢献によって可能となる。そしてコミュニケーション的行為はまたそれで、生活世界の資源を頼りにしている。（同書）

このとき注目しておくべきは、この「**生活世界**」が「**システム**」に**対置される**ことです。

「システム」というのは、「目的合理性」を原理とするもので、具体的には市場経済や国家行政を意味しています。ハーバマスによれば、近代では、この**「システム」が「生活世界」から自立し、対立するようになる**のです。これをハーバマスは、**「物象化」**という言葉を使って表現します。

システムと生活世界のこの分離は、近代的な生活世界の内部では、生活世界の物象化として経験される。（同書）

少し耳を疑う一文ですが、「システムと生活世界」の関係を語るとき、ハーバマスは「物象化」という概念を使っているのです。つまり、**システムが、生活世界から分化・自立化したことによって、逆に強大となって、ついには生活世界を隷属化させること――これを「物象化」と呼ぶ**のです。あるいは、**「生活世界のシステムによる植民地化」**とも名づけています。

しかしながら、こうした事態は、明らかに典型的な疎外論というべきでしょう。図式化すれば、すぐに分かります（226ページ図7－11）。203ページなどで紹介した図と、そっくりではないでしょうか？

図7－11　「システムと生活世界」の関係

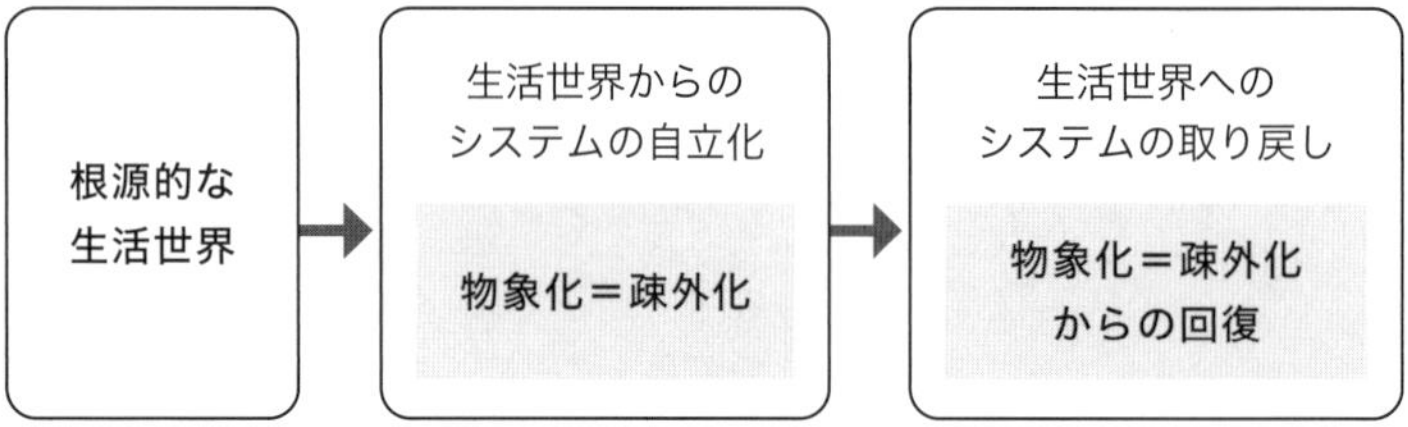

こうした論理は、ハーバマスが否定したはずの「主体－客体」哲学を導入しているだけではないでしょうか。ハーバマスは、「疎外論」のような主体哲学を批判したにもかかわらず、最終的には否定したはずの疎外論（物象化論）を無意識のうちに密輸入しているのです。

■エコロジー思想で前提とされる疎外論

もっと具体的な思想のなかで、疎外論の発想を確認しておきましょう。１９６０年から70年代にかけて、地球の生態学的危機が意識され、世界的な規模で環境保護論が提唱されたのは、周知のことでしょう。現在では、「気候変動」に焦点が当てられていますが、根本にあるのは人間と自然の関係で、これは今日でも人気のある考えです。

１９７０年代にさまざまな環境保護論が提起されましたが、その基本にあるのは人間による自然支配を批判することでした。その急先鋒となったのが、ノルウェーの哲学者**アル**

ネ・ネス（1912－2009）が提唱した「**ディープ・エコロジー**」です。ネスはエコロジーに関して、「浅い（シャロー）」と「深い（ディープ）」を区別し、次のように主張したのです。

エコロジーの研究者は、生命存在のあり方や形態に対し、深い敬意、あるいは崇敬の念ともいえるものをもつようになる。……エコロジーの野外研究者にとり、生き栄えるという等しく与えられた権利は、その存在に疑いの余地のないことが直観的に理解される価値原理なのである。この権利を人間にかぎると人間中心主義に陥ることになり、人間みずからの生の質にも望ましくない影響を及ぼす。なぜなら人間の生の質は、他の生きものと親しくつきあうことから得る深い歓びや満足にもよっているからである。われわれの存在が他の生命に依存していることを無視したり、他の生命とのあいだに主従関係を打ち立てようとするなら、われわれを自分たち自身から疎外することになってしまう。（『ディープ・エコロジー』）

ここでネスが考えているのは、「人間中心主義」を批判して、生命圏の平等主義を打ち立てることです。つまり、**人間を特権化せずに、自然界の一員として取り扱う**ことです。

図7－12　ネスにおける「疎外」の考え方

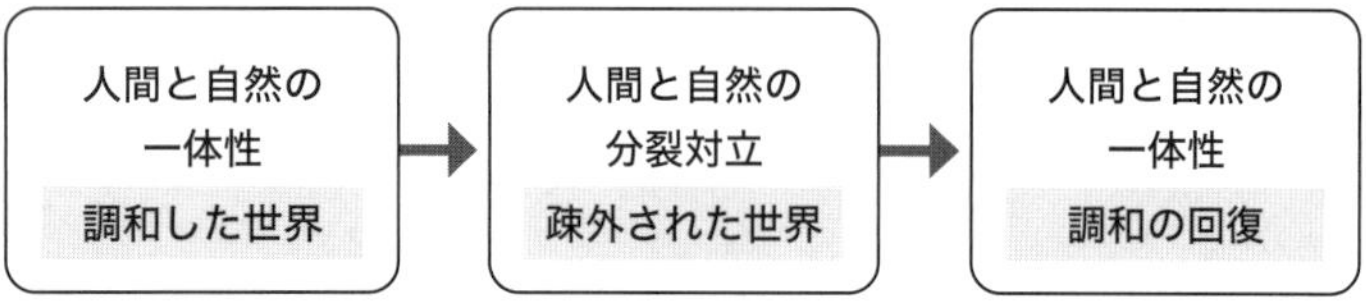

このとき注意したいのは、**「ディープ・エコロジー」をネスが提唱するとき、「疎外」という言葉が使われている**ことです。というのは、この言葉にかぎらず、ディープ・エコロジーの発想が、根本的に疎外論を下敷きにしているのです。図式化すると、一目瞭然です（図7－12）。

いままで何度も登場したように、**疎外論を考えるときのポイントは、3段階の展開を考える**ことです。つまり、**「疎外されない原初状態」⇓「疎外された分裂状態」⇓「疎外から回復した状態」**という3段階です。エコロジーの発想が、この図式を根本にしているのがよく分かりますね。

「ディープ・エコロジー」に即していえば、「人間と自然との原初的な一体性（調和）」⇓「人間と自然とが対立した状態（分裂）」⇓「人間と自然との一体性が回復された状態」です。そして現在はまさに、人間と自然とが分裂した状態なので、ディープ・エコロジーはこの対立を廃棄して、両者の一体性を回復しようと提唱するわけです。

こうした疎外論の立場を取る場合、陥りやすい危険性は、歴史のネジを逆に回し、未来ではなく過去へと回帰することです。つまり、ディープ・エコロジーが、「人間と自然との一体性を取り戻す」といったとき、実際に想定されているのは、理想化された過去の「原初的な一体性」に舞い戻ることなのです。

ところが、「人間と自然との原初的な一体性」そのものが、実に怪しい代物といえましょう。そもそも、こうした状態は、実際に過去に存在したことがあったのでしょうか。むしろ、アドルノがルカーチに対して指摘したように、「後から神話化された」ものにすぎないのです。言い換えると、**「人間と自然との一体性」なるものは、歴史をどんなにさかのぼっても見いだせない**もののなのです。

疎外論の発想からすれば、疎外からの回復があたかも当然のように語られるのですが、そもそもの始まりから、回復すべき理想状態などなかったのではないでしょうか。こんな楽園のような世界は、「どこにもない」ものであり、文字通り「ユートピア」なのです。

Theme 8

国家

-NATION-

PHILOSOPHY

INTRO
DUCTION

「国家」といっても理解はさまざま

「国家」というテーマは、日本人にとって特に苦手なようです。というのも、**西欧で議論されてきた「国家」が、日本人が抱く国家のイメージとかけ離れている**からです。

かつて日本でも、ユニークな国家論を展開した哲学者がいました。1960年代に学生たちから圧倒的な支持を得ていた**吉本隆明**（1924〜2012）は、1968年に国家論である『共同幻想論』を出版し、高い評価を受けています。その文庫版（1981）序文で、吉本は日本（アジア）と西欧の国家概念の違いを、次のような形で述べています。

国家は幻想の共同体だというかんがえを、わたしははじめにマルクスから知った。だがこのかんがえは西欧的思考にふかく根ざしていて、もっと源泉がたどれるかもしれない。この考えにはじめて接したときわたしは衝撃を受けた。それまでわたしが漠然ともっていたイメージでは、国家は国民のすべてを足もとまで包み込んでいる袋みたいなもので、人間はひとつの袋からべつの袋へ移ったり、旅行したり、国籍をかえたりできても、いずれこの世界に存在しているかぎり、人間は誰でも袋の外に出ることはできないとおもっていた。わたしはこういう国家概念が日本を含むアジア的特質で、西欧的な概念とまったくちがうことを知った。

まずわたしが驚いたのは、人間は社会のなかに社会をつくりながら、じっさいのせいかつをやっており、国家は共同の幻想としてこの社会のうえにそびえているという西欧的なイメージであった。西欧ではどんなに国家主義的な傾向になったり、民族本位の主張がなされる場合でも、国家が国民のぜんたいをすっぽり包み込んでいる袋のようなものだというイメージで考えられていない。（角川文庫版『共同幻想論』）

西欧の国家論がすべて、吉本のようにいえるかどうかは問題です。しかし、少なくとも近代以降の国家論に対しては、日本でのイメージと違いがあるのはたしかでしょう。このあたりを念頭に置きながら、古代ギリシアから現代まで「国家」がどう考えられてきたのか、明らかにしていきます。自分のもつイメージとの違いを調整しながら、読んでいただくといいのではないでしょうか。

TOPIC 1

「国家」概念の歴史的な変遷

まずは、西欧の歴史において、「国家」をめぐる概念がどう変化したのか見ておくことにしましょう。というのも、同じ言葉が、古代と近代ではまったく逆の意味をもつようになったからです。

ここで取り上げるのは、アリストテレス、マキャヴェッリ、ヘーゲルです。この3人の哲学者は、それぞれ時代を代表する考えを表明しています。彼らは、それぞれどんな国家をイメージしたのでしょうか。

■アリストテレスにおける「国家」

古代ギリシアにおいて、国家がどう考えられていたのかを確認することから始めます。基本的なことをいえば、**ギリシアで「国家」というのは「ポリス」を表わしています。**これは「**都市国家**」と訳されたりもしますが、これに関連するものが「国家」で表現されます。

ちなみに、ここで取り上げる**アリストテレス**が「国家」のあり方を論じたのは『政治学』ですが、原語の『Ta Politika』（タ・ポリティカ）は、「国家（ポリス）に関すること」といった意味です。その書の冒頭で、アリストテレスは、「国家」を次のように規定しています。

> およそ国家（ポリス）というものは共同体（koinonia）の一種である。……すべての共同体は何らかの善を目標にするのであるが、それらのうちでも最高の共同体、他のすべてを包括する共同体は、……国家と呼ばれるもの、すなわち国家共同体（koinonia politike）である。（『政治学』）

ここで**アリストテレスが「国家」を、「国家共同体」と言い換えている**点に注意してください。「共同体」には、「家」や「村」など他にもありますが、「国家」は他の共同体と比べて、最もすぐれたものであり、すべてを包括するものとされるのです。これをイメージすると236ページの図8－1のようになりますね。

このとき確認しておきたいのは、**「国家」といえども、「共同体」の一種ですので、「家」と同じく共同生活をするものとして理解されている**ことです。あるいは、生物の身体のように「有機体」と見なされている、といったほうが分かりやすいでしょう。そのため、アリストテレスは、次のような国家観を語るのです。

国家（ポリス）は、家やわれわれ各人よりも自然によって先なるものである。なぜなら全体は必然的にその部分に先立っているからである。たとえば、身体全体が滅びたら、手も足ももはや存在しないであろう。（同書）

こうした有機体論的な国家観は、この章の冒頭で紹介したアジアや日本の「袋のような国家」のイメージに近いのかもしれません。ところが、アリストテレスのこの発想は、歴史のなかで大きく転換することになります。

図８－１　アリストテレスの「ポリス」のイメージ

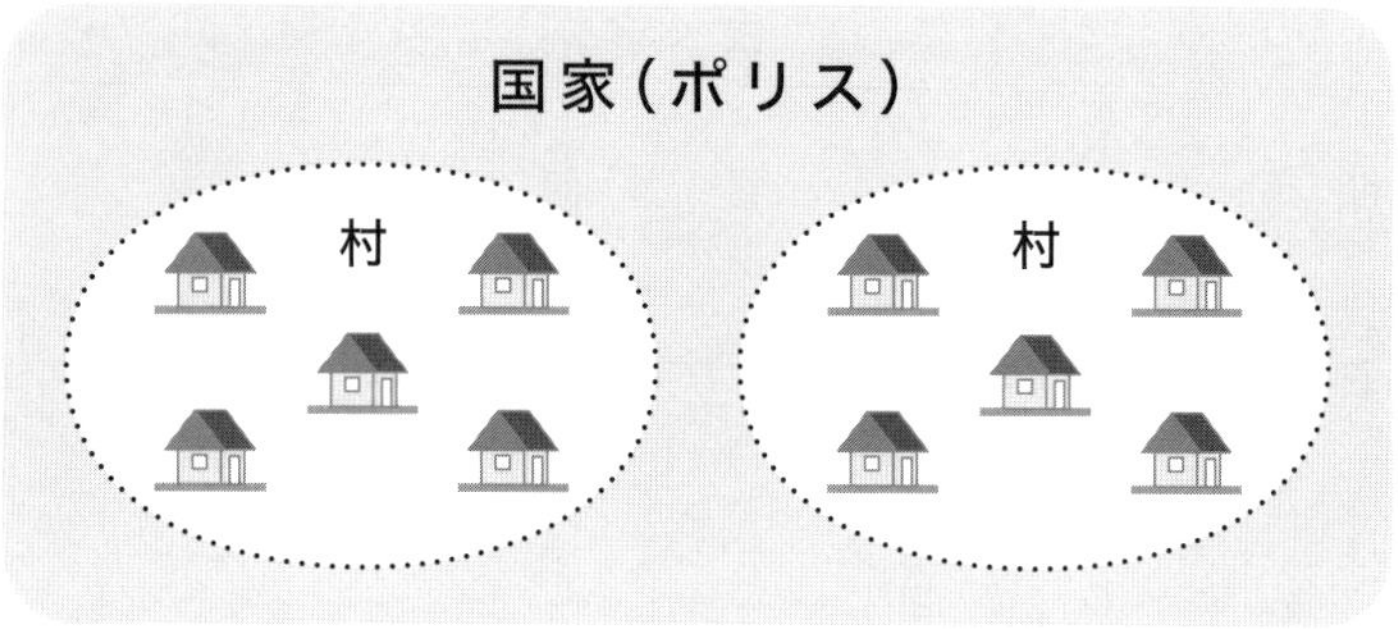

■「国家」のギリシア語からラテン語への翻訳

細かな話になると、錯綜してしまいますので、できるだけ簡略にして述べていきます。出発点は、アリストテレスが国家を、「ポリス的共同体（koinonia politike）」と呼んだことです。これが、ラテン語に翻訳されると、事態が混乱してくるのです。

キケロ（前106～前43）がアリストテレスのギリシア語をラテン語化したとき、ポリス的共同体を「ソキエタス・キヴィリス（societas civilis）」という言葉にしたのです。アリストテレスの『政治学』が全体としてラテン語に翻訳されたのは13世紀以降ですが、そこで用いられている言葉に関してはキケロの訳語が基本になっています。そこで、定式化しますと、238ページの図8－2のようになります。

この歴史的な話がどうして重要かといえば、「国家」のラテン語訳とされた「societas civilis」が、近代以降になると「civil society」になるからです。この語は通常、「市民社会」と訳され、「国家（state）」とは区別されるのです。つまり、「国家」だった「コイノニア・ポリティケー」が、ラテン語の「ソキエタス・キヴィリス」に訳され、さらにこちらのほうは「シヴィル・ソサエティ」となって「国家」と区別されるのです（239ページ図8－3）。

図8－2　「国家」のギリシア語からラテン語への翻訳

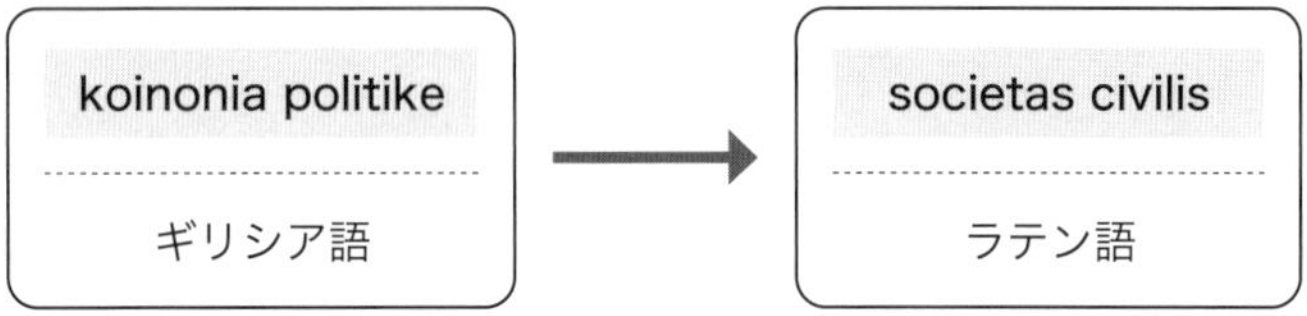

近代において、「国家」を表現するときは、「civil society」ではなく「state」が使われますが、この語はイタリア語の「stato」に由来するといわれます。そして、この語によって、「国家」のあり方を論じたのが、イタリアの思想家**マキャヴェッリ**（1469〜1527）です。

マキャヴェッリは『君主論』の冒頭で、次のようなことを語っています。このとき「国や領土」と訳されているイタリア語が、「stato」および「dominio（領土）」なのです。

> その昔から今にいたるまで、民衆を治めてきた国や領土の、そのすべては、共和国か、君主国かのいずれかである。君主国に、統治者の血筋を引く一族が永年君主を受け継いだ世襲君主国と、新たにできた新君主国がある。しかもこの新君主国には、……全面的に新しい国があれば、また……征服した君主が、もとの世襲の自国に新たに手足を付け足して併合したような、新しい国とがある。

図8－3 翻訳の過程で変化した「国家」の意味

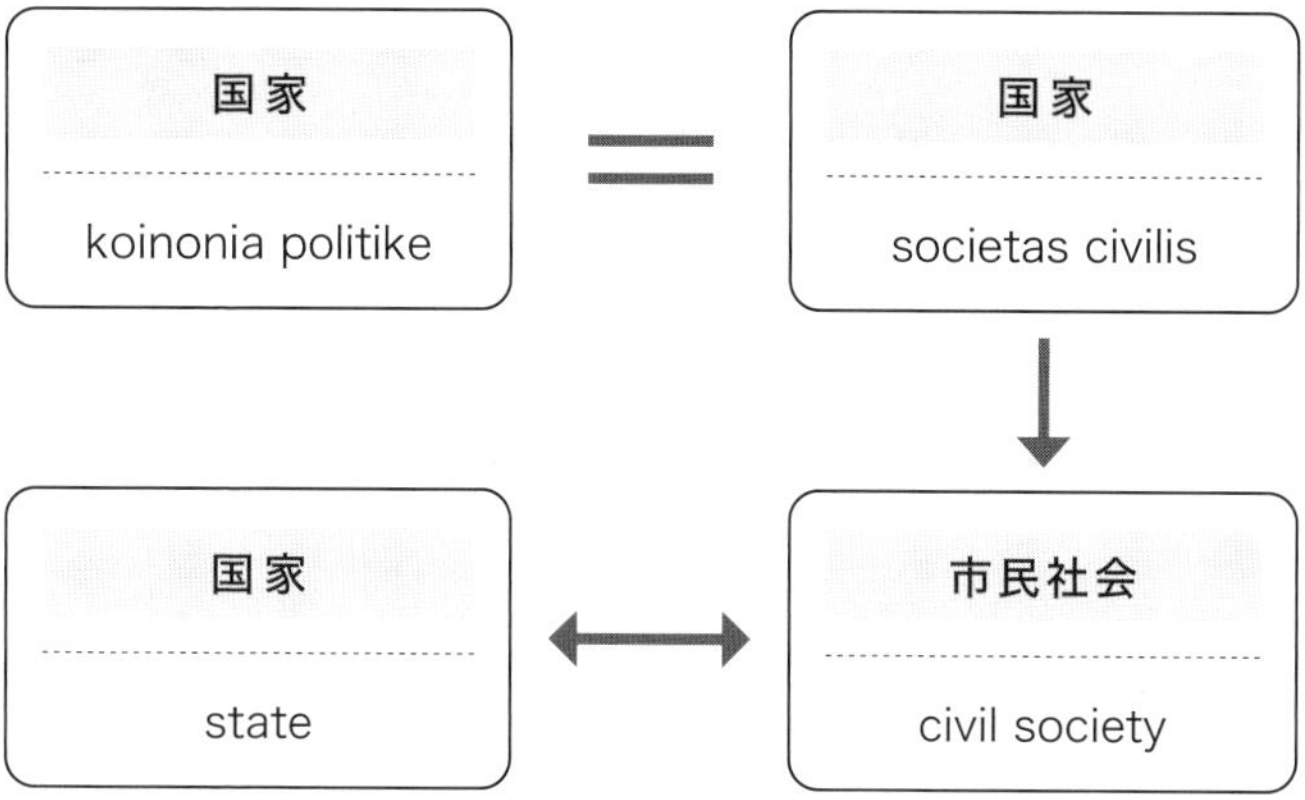

なおこうして手に入れた領土についても、征服前に、君主のもとでの暮らしになれたものと、自由な暮らしになじんだものとがある。そのうえ、新しい国の獲得のしかたに、他国の武力によるときと自国の武力によるときがあり、たほう運による場合と力量による場合の、いずれかに分かれる。
（『君主論』）

こうしてマキャヴェッリが「国家（stato）」について述べるとき、強力な軍事力によって侵攻し、領土を獲得し、住民を統治することが想定されています。とくに、「征服」という語に示されるように、国家は外からやってきて住民を支配する、という構図が描かれています。これが近代国家（state）の基本的なモデルです。社会の外にそびえたち、外から社会を統治するという考えです。

市民社会（civil society）と国家（state）の分離

言葉の起源からすると共通だったものが、歴史とともに変化していくことは、よくあることです。ただ、「国家」に関しては、まったく逆転した使い方が始まったのです。もともとは、ギリシア語で「コイノニア・ポリティケー」とされた「国家」が、ラテン語化されると「ソキエタス・キヴィリス」とされ、これが近代語で「civil society（市民社会）」という訳になったわけです。

現在では、「市民社会」と「国家」は完全に区別され、「国家」は「市民社会」の上にそびえたつ、と考えられています。こうした、社会の外部に立つ「国家」という見方は、マキャヴェッリのイタリア語「国家（stato）」に基づくとされています。

しかし、「国家」と「市民社会」の区別を明確にしたのはヘーゲルですし、その点を注意を促したのはマルクスでした。マルクスは、『経済学批判』の序文で、次のように書いています。

――わたしの最初の研究は、わたしを悩ませていた疑問を解消するためのもので、ヘーゲル法哲学の批判的検討をおこなうことだった。……研究の結果、わたしが到った結論は、次のようなものである。国家の諸々の形態と同じく法の上での諸関係は、それ自体から捉えるべきものでもなければ、人間精神のいわゆる普遍的発展から捉えるべきものでもない。むしろそれは物質的生活の諸関係・諸事情に根ざしているのである。ヘーゲルは、18世紀のイギリス人やフランス人の先例に倣って、この物質的生活の諸事情・諸関係の全体を「市民社会」の名で括っている。この市民社会の解剖は経済学に求めなければならない。（『経済学批判』）

ここで「市民社会」と呼ばれているのは、英語では「civil society」のことです。ドイツ人のヘーゲルは、これを「bürgerliche Gesellschaft」としました。

ヘーゲルは、『法の哲学』（１８２１）の第3部において「**人倫**」を論じています。これは第1章家族、第2章市民社会、第3章国家から編成され、図解すると２４２ページの図８－４のようになります。

ここでのポイントは、**営利的な経済活動を営む市民社会に対して、国家が完全に区別されて、市民社会の上に立つ**ことです。国家の仕事は、市民社会の活動とは根本的に違うというのです。

図8－4　ヘーゲルにおける「人倫」

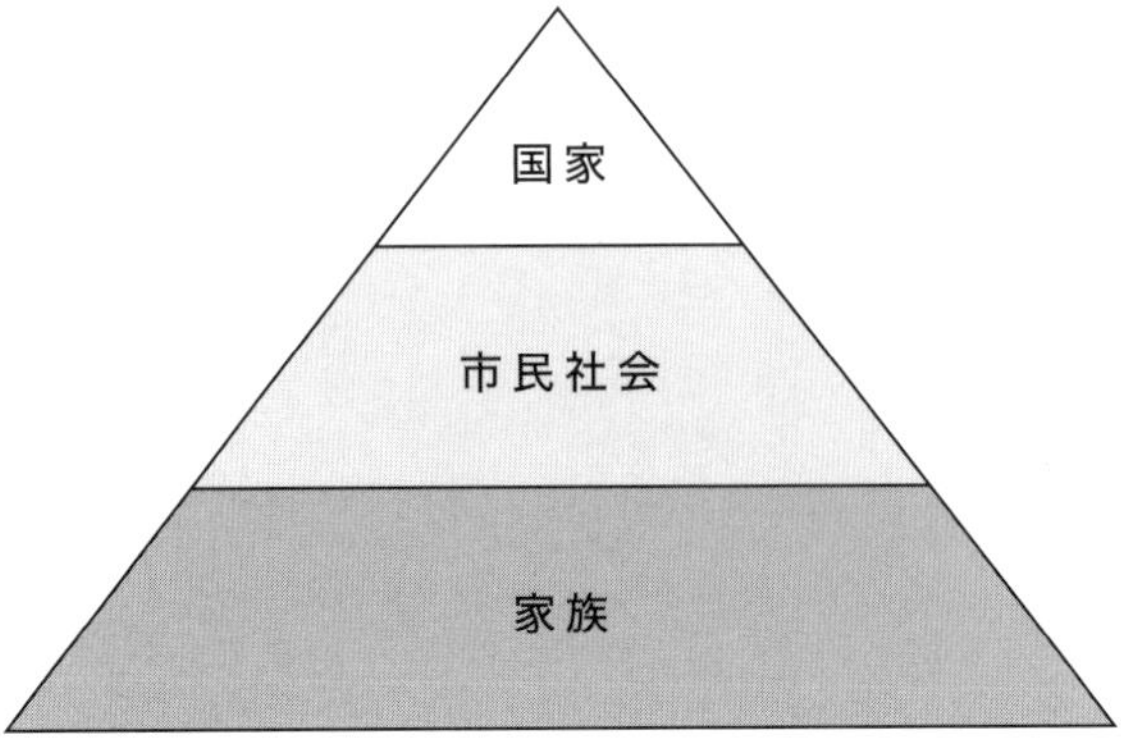

国家が市民社会と取りちがえられ、国家の使命が所有と人格的自由との安全と保護にあると決められるならば、個々人としての個々人の利益が彼らの合一の究極目的であるということになり、このことからまた、国家の成員であることは何か随意のことであるという結論が出てくる。

しかし、国家の個人に対する関係はこれとはぜんぜん別のものである。（『法の哲学』）

このように、**ヘーゲルにいたって、国家と市民社会が明確に区別されるようになった**のです。

TOPIC
2

どんな「国家」がいいのか？悪いのか？

次に、どんな国家が望ましいのかという観点から、典型的な考えを歴史的に見ておきます。古代ギリシアのプラトンと近代初期イングランドの**ホッブズ**（83ページ）、そして現代アメリカの**ノージック**（23ページ）が構想するものです。それぞれユニークな「国家」像ですので、違いを確認しながらお読みいただければと思います。

❶プラトンが掲げた「哲人国家」

西洋思想のなかで「国家論」といえば、たいていの人はおそらく、プラトンの『国家』を挙げるのではないでしょうか。まさに古典中の古典ですので、タイトルはご存じだと思います。

もともとのギリシア語のタイトルでは『ポリテイア（Politeia）』となっていて、「ポリス（国家）のあり方」を論じたものです。では、プラトンはどのようなあり方が、「国家」

として望ましいと考えたのでしょうか。

端的にいいますと、プラトンの基本的な発想は、哲学者が国家を統治するという「**哲人国家**」の構想にあります。これは、師であるソクラテスが民主制によって死刑に処せられた、という苦い経験からきています。民主制はやがて衆愚制になり、政治を腐敗させてしまうのです。それに対して、プラトンは次のように述べるのです。

哲学者たちが国々において王となって統治するのでないかぎり、あるいは、現在王と呼ばれ、権力者と呼ばれている人たちが、真実にかつじゅうぶんに哲学するのでないかぎり、すなわち、政治的権力と哲学的精神とが一体化されて、多くの人々の素質が、現在のようにこの二つのどちらかの方向へ別々に進むのを強制的に禁止されるのでないかぎり、国々にとって不幸のやむときはないし、また人類にとっても同様だ。(『国家』)

こう語るプラトンにとって、どんな国家が構想されていたのでしょうか。その1つは、「**男女同業**」という考えです。つまり、男性であれ女性であれ、同じ仕事をするということです。現代の言葉で「男女共同参画」といったほうが分かりやすいかもしれません。これは、当時のギリシア社会では、かなりぶっ飛んだ思想といえます。これによれば、もち

図8－5 プラトンが構想した国家のあり方

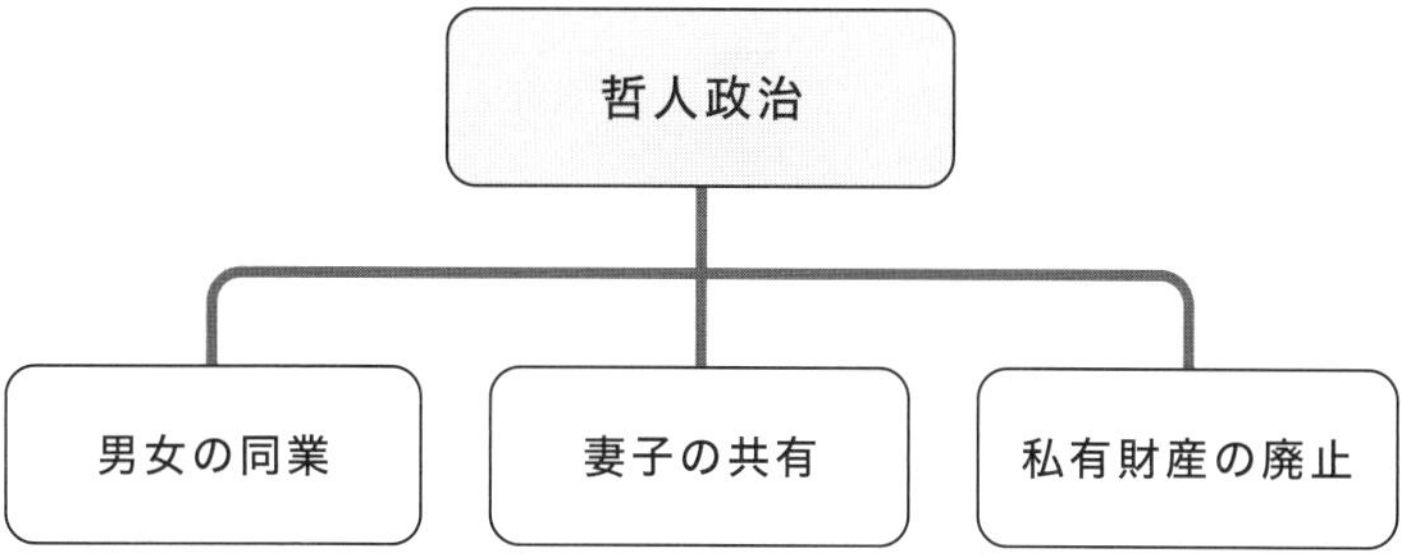

ろん、女性は戦争にも同じように参加しますし、そのために男性と同じ訓練を受けます。

もう1つは、「妻子の共有」と「私有財産の廃止」という構想です。こちらは、共産主義の徹底化といえるかもしれません。現在の私たちの社会では、いずれも実現していないのですが、これを目標にすべきかどうかは議論（あるいは非難）されてきました。

ただ、ここでスローガンだけ述べても、具体的なことは分かりにくいかもしれません。ぜひともプラトンの著作にあたってみてください。思わぬ発見をすること、請け合いです。

■国家は「リヴァイアサン」なのか？

プラトンの『国家』に匹敵する、近代の著作は何でしょうか。こう問えば、多くの人がトマス・ホッブズの『リヴァイアサン』を挙げるでしょう。

ホッブズが活動した17世紀のイギリスについて、あらかじめ確認しておくと、一般的に「戦争と内乱の世紀」と呼ばれています。具体的に見ると、イングランド議会が国王チャールズ1世に議会の同意なしに課税できないように求めた「権利の請願」（1628）やピューリタン革命（1642〜49）、名誉革命（1688〜89）などがあって、社会的には内戦状態が続いていたことが分かります。こうした危機的状況に対して、原理的な解決策を提示するのがホッブズの『リヴァイアサン』といえます。

そもそも、タイトルの「リヴァイアサン」とは、どんな意味なのでしょうか。旧約聖書に登場する怪物に、「レヴィアタン」がいるのですが、これは海中で最強の生物とされ、中世以降は悪魔のように見なされてきました。ホッブズはこの怪物を、人造人間として描き、「人間に平和と防衛を保障する『地上の神』」と考えたのです。

ホッブズが出発点とするのは、**人間は「自然」によって平等につくられた**、という近代的な人間観です。ここから、どのように**国家（コモンウェルス）**を形成するか――これが『リヴァイアサン』の中心問題です。

ホッブズのユニークな視点は、「**人間は戦争と呼ばれる状態、各人の各人に対する戦争状態にある**」と考えることです。これは一般に、「**万人の万人に対する闘争**」と表現されます。ホッブズとしては、これが人間の「**自然状態**」だと見なすのです。

図8－6　ホッブズが掲げた国家像

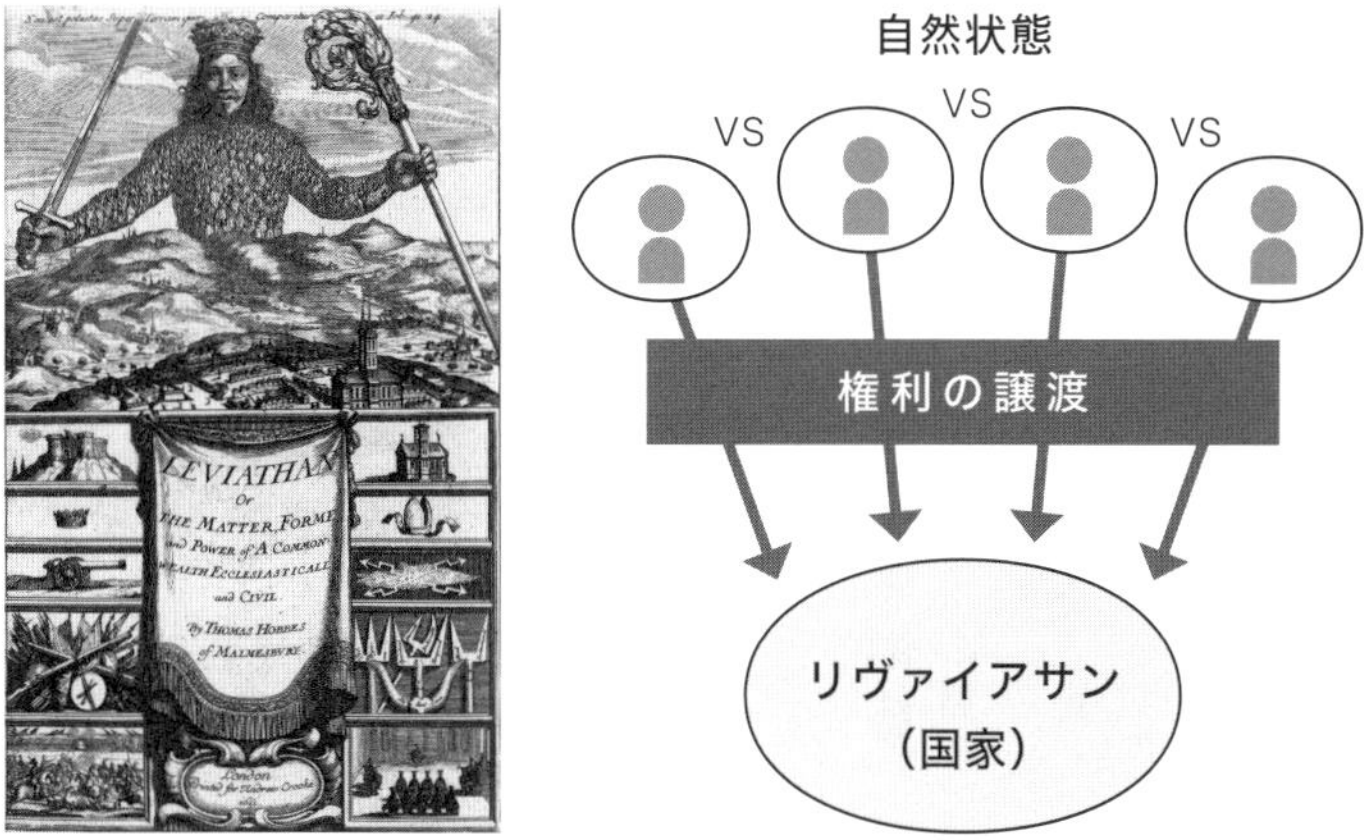

こうした「自然状態」では、戦争が絶えず、人々は安心して生活できませんね。そこで、平和を達成し、各人が安心して生活できるために、互いに同意できるような法を形成する必要があるのです。それをホッブズは、「**自然法**」と呼んでいます。

このとき重要なことは、**自然法が成立するためは、各人が万物に対する権利を放棄しなくてはならない**点です。こうして、各人の権利を放棄する（国家に譲渡する）ことによって、国家が可能になるわけです。

ホッブズは、この国家を1人の人格のように見なし、「**リヴァイアサン**」と呼ぶのです。この国家は、各人から独立した絶対的な主権をもつにいたります。

技術によって、ラテン語の「キウィタスCIVITAS」に当たり、〈われわれの言葉では〉「政治的共同体COMMONWEALTH」あるいは「国家STATE」と呼ばれるかの偉大な「リヴァイアサンLEVIATHAN」が創造されるからである。このリヴァイアサンは、自然人よりもはるかに巨大な姿をしており、力もずっと強く、自然人を保護し防衛するように意図されている。（『リヴァイアサン』）

こうして成立した「リヴァイアサン」は、ホッブズによれば、「自然人を保護し防衛する」ことになっていますが、巨大化した怪物がどうやって人間を保護してくれるのか、謎は残されたままです。

■ノージックの「最小国家論」

ホッブズが構想した国家は、海の怪物のような巨大な力をもつものでした。本来は個々人の権利を守るために、いったんはその権利を放棄し国家を形成するというのは、**社会契約論**と呼ばれます。ところが、その結果として巨大な国家がどのように人々を保護するのか——この問いには、満足のいく答えが与えられないままです。

だとすれば、国家そのものを強大化させず、むしろ最小国家にしたらどうか、という発想も可能でしょう。これを大胆に提唱したのが、現代アメリカの**ノージック**でした。リバタリアンであるノージックは、『アナーキー・国家・ユートピア』の序において次のように語っています。

国家についての本書の主な結論は次の諸点にある。暴力・盗み・詐欺からの保護、契約の執行などに限定される最小国家は正当と見なされる。それ以上の拡張国家はすべて、特定のことを行なうよう強制されないという人々の権利を侵害し、不当であると見なされる。最小国家は、正当であると同時に魅力的である。ここには、注目されてしかるべき二つの主張が含意されている。すなわち、国家は、市民に他者を扶助させることを目的として、また人々の活動を彼ら自身の幸福（good）や保護のために禁止することを目的として、その強制装置を使用することができない。（『アナーキー・国家・ユートピア』）

ここで提唱されている「**最小国家**」を理解するには、一般的に「国家」がどんな役割をしているか、押さえておかなくてはなりません。たとえば、ジョナサン・ウルフ『ノージック――所有・正義・最小国家』では、国家の役割を次のように定めています。

図8－7　「拡張国家」と「最小国家」

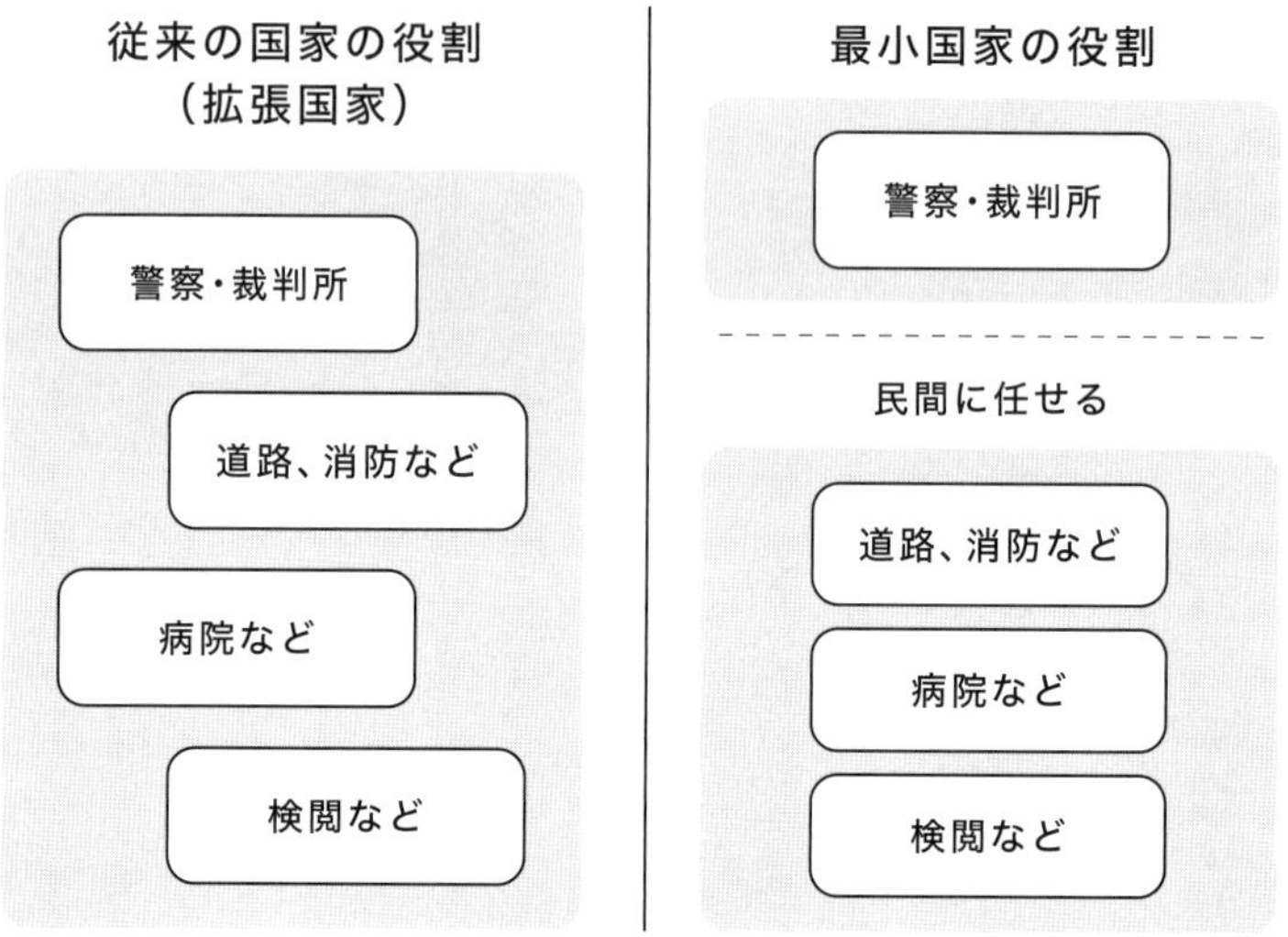

①侵略行為から市民を守り、警察や裁判所によって市民をお互いから保護する。

②道路、消防サービス、図書館など、多様な公共サービスを供給する。

③病気、貧困、失業といった理由のために、自分の面倒を見ることができない市民の世話をする。

④映画を検閲したり、特定の薬物を禁止したりするように、個人の生活をある程度監督する。

このなかで「**最小国家**」というのは、①の部門つまり「人身と所有に対する権利を防衛することだけ」に限定されるのです。言い換えると、**「最小国家」では福祉援助もパターナリズム（夫権的干渉主義、150ページ）も禁止される**のです。

では、最小国家で、もし①以外のサービスを受けたいとすれば、どうすればいいのでしょうか。リバタリアンの答えは、そのサービスを有償で提供する会社と人々が個人的に契約をすればいい、となります。従来の国家が行なっていた多くのサービスは、たいていが民営化されますので、必要な人だけが契約すればいいだけの話です。その分、国家に支払っていた税金が安くなる、というメリットもあります。

TOPIC 3

国家は「暴力装置」？

いまから10年以上前に、日本の自衛隊を指して「暴力装置」と呼んで、世論において顰蹙《ひんしゅく》を買った政治家がいました。この発言の是非は別にして、**社会科学的には国家が「暴力装置」であるのは「常識」の部類に属しています。**そこで、あらためてこの見方を確認し、国家の機能をどう考えるか、見直すことにしましょう。

マックス・ウェーバーが考える国家と暴力

マックス・ウェーバーはドイツの著名な社会学者ですが、彼が1919年に行なった講演をまとめた『職業としての政治』において、有名な「国家＝暴力装置」の発言をしています。たとえば、次のようなものです。

──近代国家の社会学的な定義は、結局は、国家を含めたすべての政治団体に固有な・特殊の手段、つまり物理的暴力の行使に着目してはじめて可能になる。「すべての国家は暴力の上に基礎づけられている」。（『職業としての政治』）

こう述べた後、ウェーバーは、「もし手段としての暴力行使とはまったく縁のない社会組織しか存在しないとしたら」と仮定したうえで、きっぱりとこう言うのです。「それこそ『国家』の概念は消滅」すると。

そこでもう一度、他の文章を引用しておきます。ここでは、「暴力の独占」が語られています。

国家とは、ある一定の領域の内部で、正当な物理的暴力の行使の独占を（実効的に）要求する人間共同体である。（同書）

「国家」以外の組織や人が暴力を行なえば、たちどころに罪に問われ厳しく処罰されます。ところが、国家のほうは暴力を使うことができるのです。

しかし、国家が暴力装置だとしても、どんな暴力でも使うことができる、というわけではありません。そのため、一般論として「国家＝暴力装置」であることは否定できませんせん

図8－8　国家は「暴力装置」か？

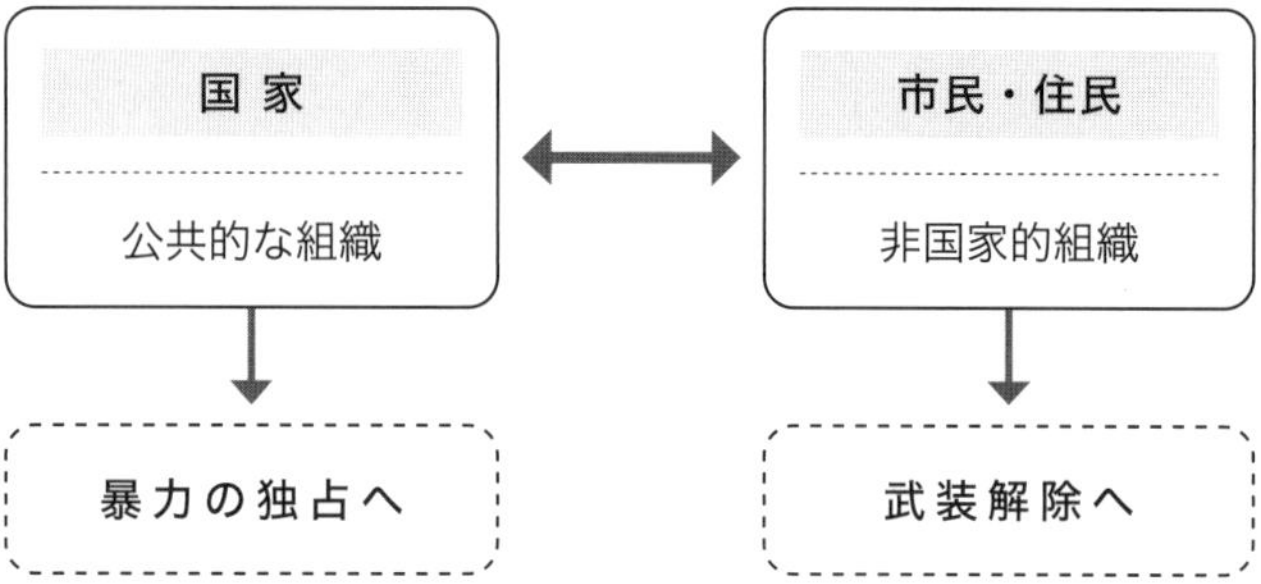

が、個別的にどんな暴力をどの程度使うかといったことは、必ずしも明確ではありません。

その点で、「暴力装置」という表現を嫌う人がいたとしても、不思議ではありません。というのも、軍隊にしても、警察にしても、暴力を使用するときは、基本的には住民・市民の安全を守るため、とされているからです。これを踏み越えて使用されると、純然たる暴力の行使になってしまいます。

■「国家＝イデオロギー装置」論

国家＝暴力装置論とは違った、現代の国家論についても見ておきましょう。その1つは、現代フランスの哲学者**ルイ・アルチュセール**（1918〜90）が提唱した国家論です。アルチュセールといえば、1960年代の中頃『マルクスのために』を発表し、構造主義的マルクス主義者として注目を集めていました。

その後、1970年代になるとアルチュセールは、国家論について新たな理論を提唱し、再び注目されるようになったのです。ただ、その後、妻の殺害という出来事が起こり、以前の業績までも忘却されるのは残念なことです。

アルチュセールが提唱した新たな国家論というのは、**「国家＝イデオロギー装置論」**と呼ばれています。あらかじめお断わりしておけば、「国家」を暴力装置と捉える見方が否定されているわけではありません。むしろ、その理論を前提したうえで、さらに重要な機能として、**「イデオロギー装置」**をつけ加えたのです。しかし、「イデオロギー装置」とは何を意味しているのでしょうか。

国家のイデオロギー装置は、生産諸関係の再生産に貢献する。……政治的装置は、「民主主義的」イデオロギーに諸個人を服従させることによって、情報装置は新聞、ラジオ、テレビを通じてすべての「市民」に、民族主義、盲目的愛国主義、自由主義、道徳主義などを毎日一定量詰め込むことによって。文化装置（盲目的愛国主義におけるスポーツの役割は第一義的である）についても同様である。（『アルチュセールの〈イデオロギー〉論』）

しかし、暴力的抑圧でない「イデオロギー」が、どうやって諸個人に影響を与えるのでしょうか。これに答えるために、アルチュセールは「**警官の呼びかけ**」という印象的な例を使って次のように説明します。このとき、「主体（sujet）」というフランス語が、同時に「臣民」を指す言葉である点に注意してください。

> イデオロギーは、われわれが呼びかけと称する、警官が毎日やっている「おい、お前、そこのお前だ！」といった、きわめてありふれた呼びかけのタイプに従って思い浮かべることができるようなあの明確な操作によって、諸個人の間から主体（sujet）を「徴募」し、あるいは諸個人を主体（臣民）に「変える」ように「作用」し、あるいは「機能する」。（同書）

アルチュセールによれば、**イデオロギー装置が諸個人に呼びかけ、それを個人が「呼びかけられているのは自分のことだ」と「再認（承認）」するとき、「この個人は主体（臣民）となる」**のです。こうして、イデオロギーの「呼びかけ」と個人による「再認（承認）」によって、国家に服従する「主体＝臣民」が形成されるわけです（図8－9）。

図8－9 「呼びかけ」から臣民が生まれる?

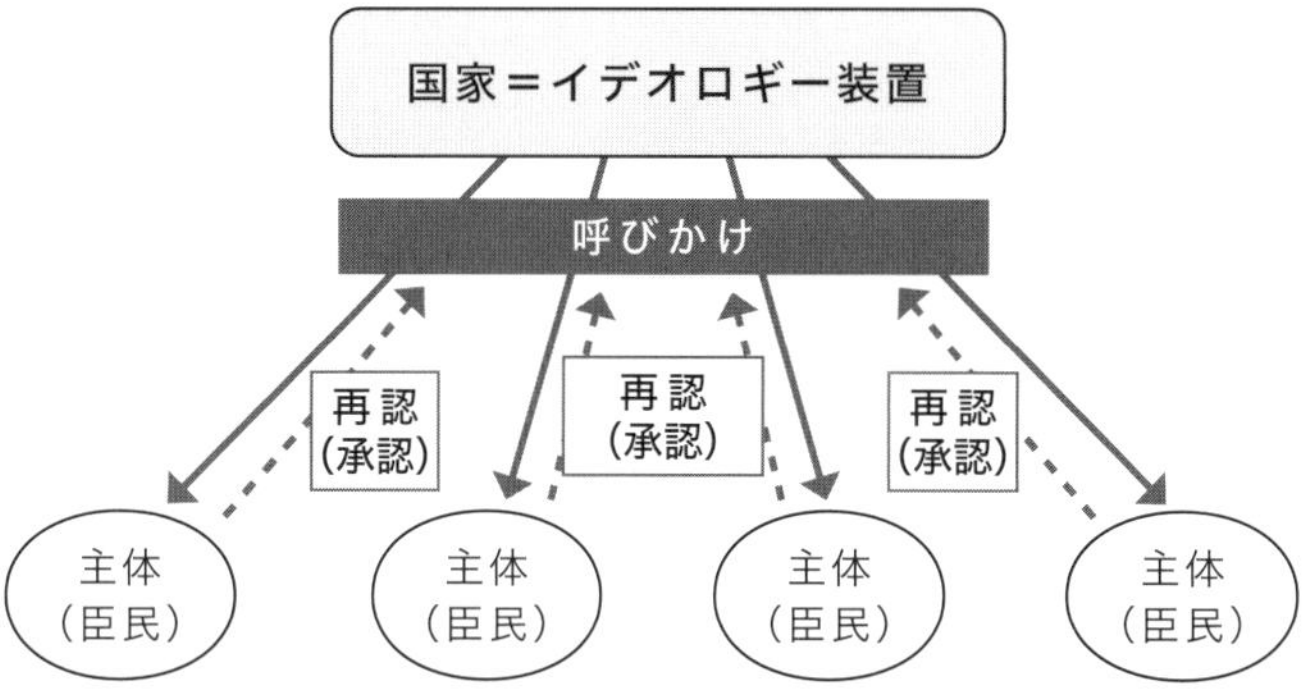

■「想像の共同体」としての国家

いまさら言うまでもありませんが、「国家」というのはとても奇妙なものです。そもそも、手でつかめるようなものではありませんし、目で見ることもできません。ところが、オリンピックのような儀式が始まると、普段は国家など意識していない人々が、「ニッポンがんばれ!」などと言い出します。自分とは何の関係もない選手が、メダルを取ると泣いて喜ぶ人までいます。

このように、「国家」はありそうでなく、なさそうであるような不思議なものです。そして、いったん火がつくと、国民を熱狂させたり、自分の命を犠牲にさせたりするような、得体のしれない代物です。そのため、「国家」という社会的な存在については、さまざまな観点からアプローチされてきたのですが、必ずしも納得のいく見解がありませんでした。

こうした状況で、1983年に言語やメディアの観点を導入することで、斬新な国家論を提示したのが**ベネディクト・アンダーソン**（1936〜2015）の『想像の共同体』でした。この書で、アンダーソンはどんな国家論を提示したのでしょうか。

まず、アンダーソンが自分の研究について、「コペルニクス的転回」と語っていることに注意しましょう。つまり、プトレマイオスの天動説がコペルニクスの地動説へ転換したように、ナショナリズムの研究も根本的な転換が必要だというのです。それはどんなものでしょうか。

わたしの理論的出発点は、ナショナリティ、あるいはこの言葉が多義的であることからすれば、国民を構成するということ（ネーションネス）と言ってもよいが、それがナショナリズム（国民主義）とともに、特殊な文化的人造物であるということにある。

（『想像の共同体』）

アンダーソンは、古い天動説的なネーション観を命名していませんが、彼の意をくんで「**自然的存在物**」と表現しておきます。そうすれば、図8－10のような新しい地動説的な

図8－10　アンダーソンのネーション観

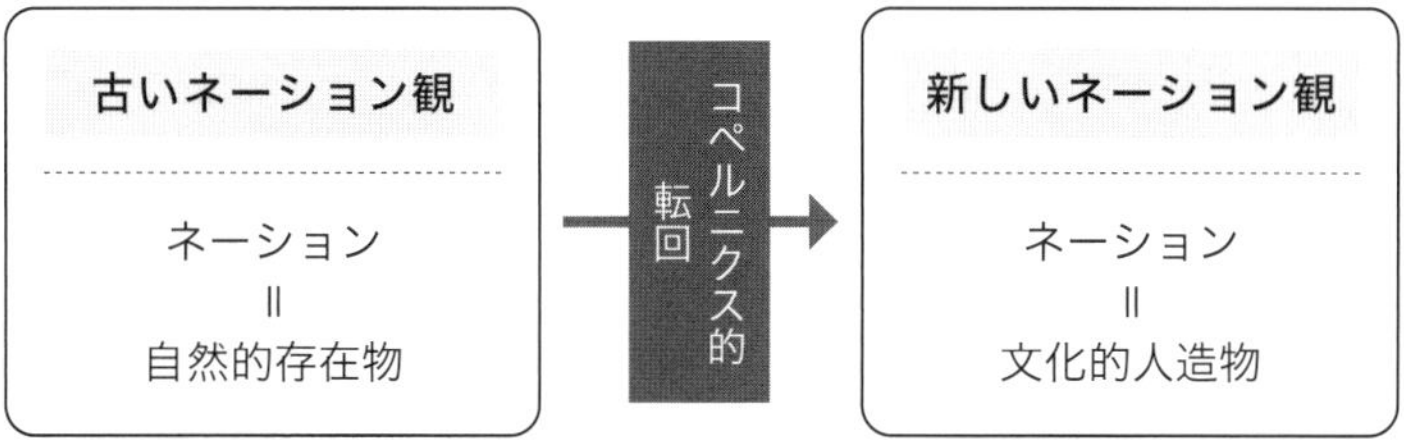

ネーション観（**文化的人造物**）への変化を示すことができるでしょう。

こうしたネーション観の転回を引き起こすため、アンダーソンはヨーロッパにおいてナショナリズムが形成される時期に着目し、言語や印刷、出版というメディア、資本主義といった側面からアプローチしています。

そこから、人々はラテン語ではなく、ナショナルな言葉（ドイツ語・フランス語・英語など）で印刷された出版物によって、国民意識を形成し、「**想像の共同体**」を形成する、とアンダーソンは述べたのです。たとえば、次のような言葉によって、その意義が明確に示されています。

国民は〔イメージとして心のなかに〕想像されたものである。というのは、いかに小さな国民であろうと、これを構成する人々は、その大多数の同胞を知ることも、会うことも、あるいは彼らについて聞くこともなく、それでいてな

――お、ひとりひとりの心の中には，共同の聖餐《コミュニオン》のイメージが生きているからである。（同書）

これを読むと、人々がスポーツや戦争などで、どうしてナショナリズムに熱狂するようになるのか、腑に落ちるような気がしますね。

Theme 9

宗教

-RELIGION-

PHILOSOPHY

INTRO DUCTION

なぜ「宗教」は消滅しないのか？

宗教を本書のテーマとすることに、疑問をもつ向きもあるかもしれません。というのも、科学技術が進んだ現代では、宗教を迷信のように見なす人もいるからです。

たとえば、イギリスの著名な進化生物学者である**リチャード・ドーキンス**（1941〜）は、2006年に『神は妄想である』を発表して、ベストセラーになりました。ドーキンスによると、「神」は精神障害の症状であり、集団的な「妄想」とされるのです。

> 宗教の事実上の根拠――神がいるという仮説――はもちこたえることができない。神はほぼ間違いなく存在しない。（『神は妄想である』）

たしかに、100年ほど前の予想では、科学が発展すれば宗教はやがて消滅するだろう、と考えられていました。ところが、それから科学技術が飛躍的に進化したにもかかわらず、宗教は世界的に見るといっこうに衰える気配がありません。それどころか、**「宗教の回帰現象」**を唱える哲学者さえ少なくありません。

その理由はいったいどこにあるのでしょうか。これを考えるために、「信じる(believe)」という人間の基本的態度を問い直してみましょう。「信仰する」という言葉だと非常に限られた領域のように感じますが、「信じる」と言い換えると広大な領域が広がっています。

つまり、**「信じる」ことは、宗教だけに該当する特定の現象ではなく、むしろ人間活動のどんな領域にもかかわっている**のです。

たとえば、生き方にかかわるときは、「信念」や「信条」と呼ばれます。だれかと会話しているとき、私たちはその人には心があると「信じて」いますし、通勤するときは会社がいつも通り存続し、そこに行くまでの電車やバスがいつも通りに動いていると「信じて」います。

こうした広大な「信じる」領域が基盤になって、私たちの行動や知識が可能になる、といえます。とすれば、信仰の領域である宗教を、簡単に否定することなど不可能なことが分かるのではないでしょうか。

TOPIC 1

哲学者が考える「神」

まず、哲学者たちが宗教をどう考えてきたのか、取り上げることにします。ここでは**アリストテレス**、**デカルト**、**ヘーゲル**が、「神」をどう理解したのかを見ていくことにします。

アリストテレスは古代ギリシアの哲学者ですので、「神」といってもキリスト教の神ではありません。デカルトやヘーゲルが想定するのはキリスト教ですが、時代と国の違いがありますので、内実はずいぶん違っています。

そのため、同じ「神」という言葉が使われていますが、三者三様の理解の仕方がある、といえます。ですので、それぞれの違いに注意して、「神」がどう捉えられているか、考えていきましょう。

■「機械仕掛けの神」を批判したアリストテレス

宗教の効能として、日本でしばしば語られるのは「苦しいときの神頼み」という言葉

図9－1　機械仕掛けの神

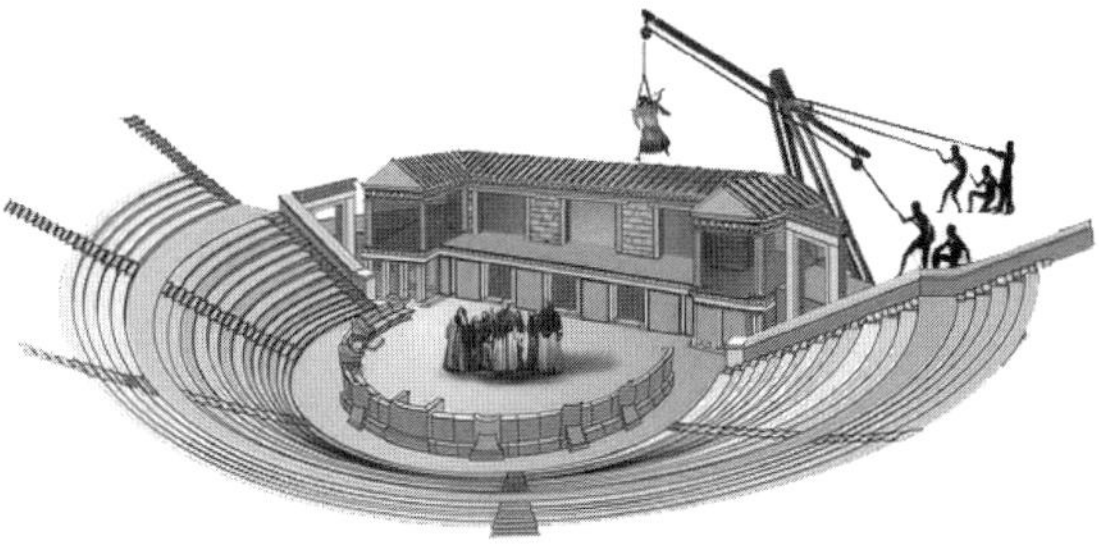

出典：The Ancient Theatre Archive
(https://ancienttheatrearchive.com/glossary-term/deus-ex-machina/)

です。これに類した表現が、哲学でも使われてきました。それが、「**機械仕掛けの神**」です。ラテン語で「**デウス・エクス・マキナ**（deus ex machina）」といわれますが、もともとはギリシア語に由来します。

この言葉は、古代ギリシア時代の演劇の技法を指すものとして使われました。劇のなかで、困難な事態が発生したとき、それを解決するために神に扮《ふん》した俳優が登場したのです。そのとき、クレーンのような機械を使って、俳優が空中を飛んで現われました。まさに、文字通り「機械仕掛けから出てくる（ex machina）神」なのです。

図9－1をご覧ください。神が上のほうから、吊り下げられて登場していますね。

この手法は、悲劇作家の**エウリピデス**（前480頃～前406頃）が好んだ手法ですが、アリストテレスは『詩学』のなかで、この方法を批判しています。彼によれば、演劇の展開は、あくまでも必然性をともなって進めなくてはならないのに、何の脈絡もなくとつぜん神が登場し、問題を解決するのは、推奨できないというのです。

この「機械仕掛けの神」は、哲学においても批判の対象となっています。同じく、アリストテレスは『形而上学』のなかで、**アナクサゴラス**〈前500頃〜前428頃〉の考えを「機械仕掛けの神」として批判しています。物事がどのような原因で必然的にそうあるのかという難問に行き詰まったときに、アナクサゴラスは「**ヌース（理性）**」を担ぎ出してくるからです。

たとえばアナクサゴラスにしても、かれはあの理性〈ヌース〉をば宇宙創造の説明のためにただ機械仕掛けの神として用い、物事がどのような原因で必然的にそうあるのかという難問で行き詰った場合にそれを担ぎ出してくるが、その他の場合には、生成する事物の原因をすべて理性より以外のものに帰している。（『形而上学』）

ここで「ヌース〈理性〉」というのは、宇宙を秩序づける原因と考えることができます。通常は、生成する事物の原因として、自然界のさまざまな物質を用いて説明するのに対し

図9－2　アリストテレスの考える「神」

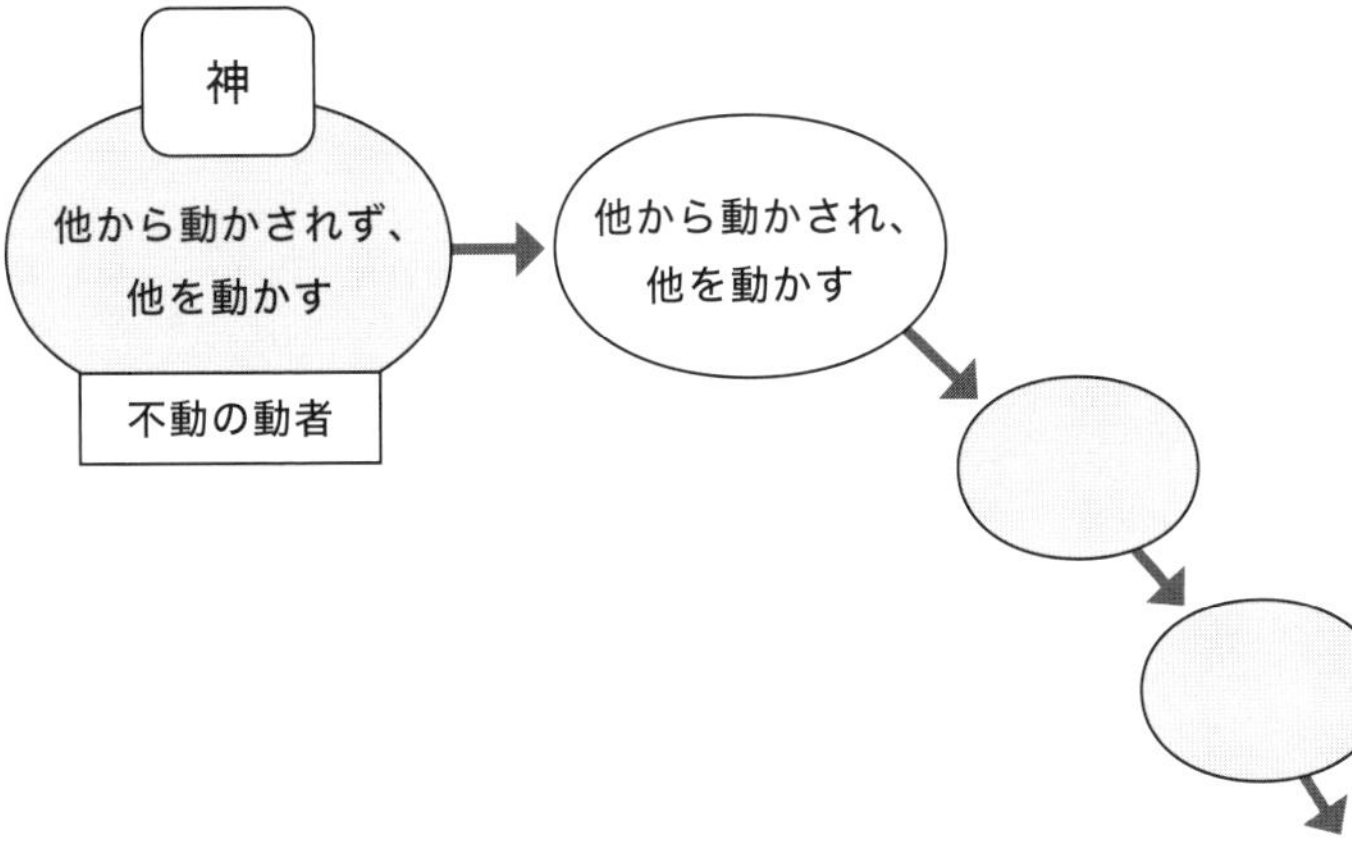

て、うまくいかなくなった場合、とつぜん非物質的な「ヌース」が持ち出されるわけです。

　では、アリストテレス自身は「神」をどう考えているのでしょうか。彼によれば、自然界を説明するとき、すべてのものは「自分自身が動かされ動くことによって、他のものを動かす」とされます。これを最後まで突きつめていくと、「自分自身は不動のままで、他を動かすもの」が想定されます。そうでなければ、「動かすもの――動かされるもの」の関係は、無限につづき、終わりがないからです。こうして、**「他から動かされず、他を動かすもの（不動の動者）」を、アリストテレスは「神」と考えています。**

しかし、神はどのようにして他のものを動かすのでしょうか。このときアリストテレスは、比喩として、美しい人が愛する者を動かすような場合にたとえるのです。

〔不動の動者は〕愛されるものが〔愛するものを〕動かすように、動かすのである。そして、他のものは、動かされて動かす。（同書）

しかし、こういわれても、アリストテレスの「神」がどんなものか、必ずしも分かりやすいとはいえませんね。彼の説明を見ても、「機械仕掛けの神」とどれほど違うのか、疑問は残るでしょう。「動かすもの――動かされるもの」の関係をどこかで終わらせるために、「不動の動者」をとつぜん呼び出したように感じないでしょうか。

■デカルトにおける神と「コギト」

時代を一気に下って、近代初期のデカルトの神を考えてみましょう。

最初に確認しておくべきは、**デカルトが想定しているのはキリスト教の神**だということです。しかし、それ以前に、デカルトにとって「神」は重要なものだったのでしょうか。

というのも、デカルト哲学の原理とされるのは、「われ思う、ゆえにわれあり（コギト、エルゴ、スム Cogito ergo, sum）」であり、神よりもむしろ「自己」に重点を置いていたように見えるからです。

しかし、彼の主著『省察』のサブタイトルは、「神の存在と、精神と身体の区別が証明される」となっているのです。これは、デカルトにとって「神の存在」がきわめて重要なことを示しています。つまり、**「コギト（われ思う）」**を原理とする『省察』でも、「神の存在」は決定的な問題だったのです。むしろ、サブタイトルから推測されるのは、「神の存在」とコギト（精神）の原理が結びついていることです。

とはいえ、神の存在と「コギト（われ思う）」は、いったいどう関係するのでしょうか。デカルトは、確実な知識を見つけるために、いままで「信じていたすべてのもの」を疑い、それが正しいかどうかを吟味します。その果てに到達したのが、**「疑っている私（コギト）」の確実性**だったのです。

> すべてのことを十二分に熟慮したあげく、最後にこう結論しなければならない。「私は在る、私は存在する」という命題は、私がそれを言い表すたびごとに、あるいは精神で把握するたびごとに必然的に真である、と。（『省察』）

こうしてデカルトは、確実な知識に達するのですが、「神の存在」はどうなるのでしょうか。『省察』のなかで、「神の存在」については、3種の異なる証明を提示していますが、そのいずれも「コギト」と関連する形で証明されています。ここでは、**「神の存在論的証明」**と呼ばれるものを、ご説明します。というのも、3つの証明は、最終的にはこの証明に行き着くからです。

デカルトによれば、出発点となるのは、「神は完全である」という観念を「私」がもつことです。しかし、そのとき疑問が生じるのは、そうした「神」がはたして存在するのか、ということです。デカルトはこんな風に述べています。

> 私が神を存在するものとしてしか考えることができないということからは、存在を神から分離することができないということ、したがって神は実際に存在するということが帰結するのである。（同書）

デカルトによれば、「神」は「完全なもの」と考えられていました。このとき、もしも神が存在しない、つまり「非存在」が神に属するとなれば、欠如が含まれることになりますから、「完全」ではなくなりますね。そのため、逆にいえば「神は存在する」というこ

図9－3　デカルトによる神の存在論的証明

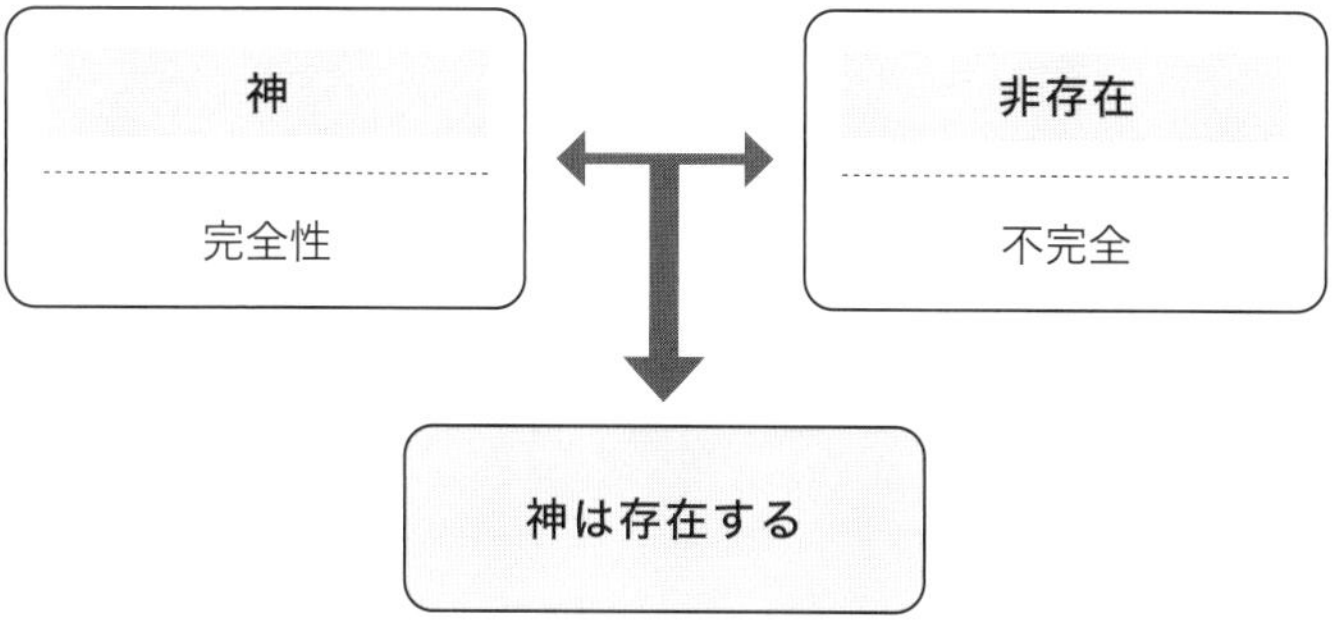

とになるのです。これは、数学でいえば、背理法《はいりほう》を使った証明になります。

　この証明法は、「神の本質（完全性）」から「神の存在（現実存在）」を導き出すもので、伝統的に「神の存在論的証明」と呼ばれています。簡単にいうと、**「神の〔〜である〕」から「神の〔〜がある〕」を導くもの**です。もともとこの証明法は、中世ヨーロッパの**アンセルムス**（1033〜1109）が始めたものです。

　近代哲学の創始者とされるデカルトが、中世のアンセルムスによる「神の存在論的証明」を利用していたのは、意外なようで深い理由もありそうです。近代哲学の始祖とされるデカルトは、じつは中世哲学を利用していたのです。

■ヘーゲルの「神」の理解は誤解されてきた？

デカルトは近代初期の哲学者ですが、それからほぼ２００年後のヘーゲルは、近代後期の哲学者です。この時代ともなると、啓蒙主義の洗礼を受けて、無神論や宗教批判も出てきます。そのなかで、ヘーゲルは神を讃える最後の哲学者のように見えます。

しかし、ヘーゲルの神に関する表現は、そのまま（マジに）受け取ると、大やけどをします。想定しているのはキリスト教の神なのですが、彼が神をどこまで信仰しているのかは、正直なところ分かりません。たとえば、主著である『（大）論理学』では、次のように述べています。

論理学は純粋理性の体系であり、純粋思惟の国として把握されなければならない。この国は、いかなる覆いもなしに、完全に自立的にあるがままの真理態である。それゆえ、人々は、論理学の内容は、自然と有限な精神との創造以前に、自己の永遠な本質のうちにあるがままの神の叙述である、と表現することができる。（『大論理学』序論）

こうした表現をそのまま信じて、ヘーゲルの「論理学＝神の叙述」という観点から、論理学を神学として規定する研究者もいたほどです。これを支えるように、『エンチクロペディー（小論理学）』（哲学的諸学の集成）では、次のように述べています。

存在そのもの、および以下に述べられる存在の規定、のみならず論理的諸規定全般は、絶対者の諸定義、神の形而上学的諸定義と見ることができる。（『小論理学』第1部）

ところが、ヘーゲルのこうした表現は、そのまま受け取ると誤解します。というのも、引用された文章でも、「神の叙述である」とか、「神の形而上学的諸定義」と言い切っているのではなく、むしろ「と表現することができる」とか「と見ることができる」としているからです。「そうしたい人がいれば、そう言ってもいいですよ……」という程度の態度なのです。

実際、引用した『エンチクロペディー』の文章の直後に、彼はハッキリとこう言うのです。「実際、神を思想の形式および意義において表現すべき絶対者という言葉さえ、……それ自身としては無内容な基体にすぎない。ここでは、……まったく余計なものである」。だったら、どうしてそんな紛らわしい「神」という言葉を使ったのか、と問い返したくなります。

もともと、ヘーゲルにおいて、宗教は「表象」によって物事を理解する、と見なされて

図9－4　キリスト教を克服しようとしたヘーゲル哲学

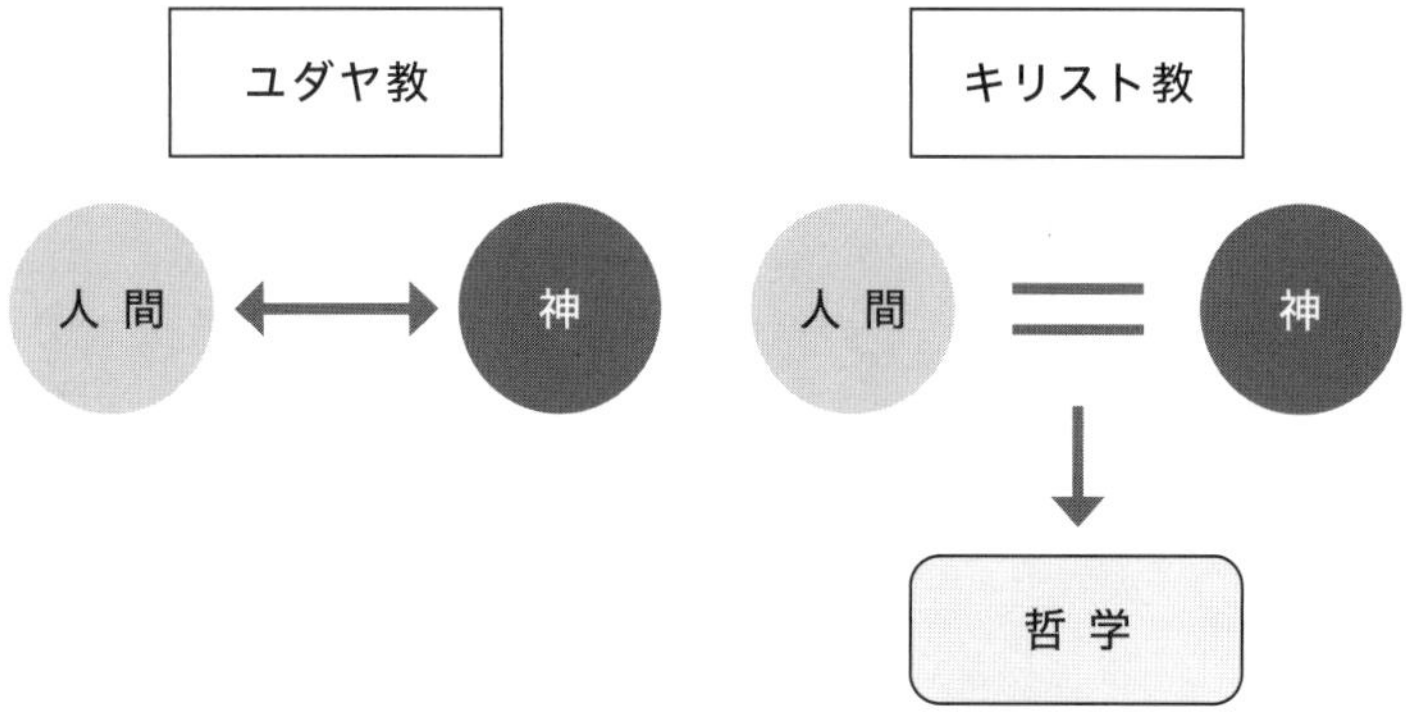

います。**表象というのは、「概念」に対比されているのですが、対象をイメージ的につかむことだといえます。**このとき対象は、自分からは遠く隔たった他者として、強大化されます。その典型が、天地創造した神ですね。

キリスト教に対してヘーゲルがとる態度は、二義的なものです。人間と神を絶対的に分離させたユダヤ教を批判し、むしろ人間と神の和解へ向かった点で、キリスト教を一方ではヘーゲルは評価します。

しかし他方では、キリスト教は宗教であり、表象の形式にあるために、人間と神の対立を残している、と見なすのです。

ヘーゲルとしては、**哲学がこの対立を最後に克服する、**と考えるのです。つまり、**ヘーゲル哲学はキリスト教を克服する、言い換えるとキリスト**

教を超えていくわけです。

こんなことを、キリスト教の信仰者が聞いたら、どう思うでしょうか？　おそらく「神の冒瀆」と見なすのではないでしょうか。こうしたことが悟られないように、ヘーゲルとしてはアンビバレンツな表現をしたのだと思われます。なかなか、したたかな戦略ですね。ですから、**ヘーゲルの文章を素直にマジで読まないことが、重要なのです。**

TOPIC 2

信仰者の「神」はどう考えられてきたか？

これまで、哲学者の考える神を取り扱ってきましたが、これらには神を信仰する哲学者のなかから、強い批判も提示されてきました。そこで今度は、哲学者ではなく、信仰者の考える神を見ていきましょう。ただし、信仰者といっても、同時に哲学者でもありますので、「信仰」を基本とする哲学者というほうが適切かもしれません。

■不合理ゆえにわれ信ず――テルトゥリアヌスの立場

キリスト教を哲学によって克服するというヘーゲルの思想を前項では見たのですが、そもそも「信じること（信仰）」と「知ること（知識）」の関係は、どのように考えたらいいのでしょうか。信仰者の立場からは、「**不合理ゆえにわれ信ず**（Credo quia absurdum）」ということが語られてきたのですが、その意味を考えてみましょう。

この言葉は、２〜３世紀のキリスト教神学者である**テルトゥリアヌス**（１６０頃〜

図9－5 「信仰」と「知識」の3つの立場

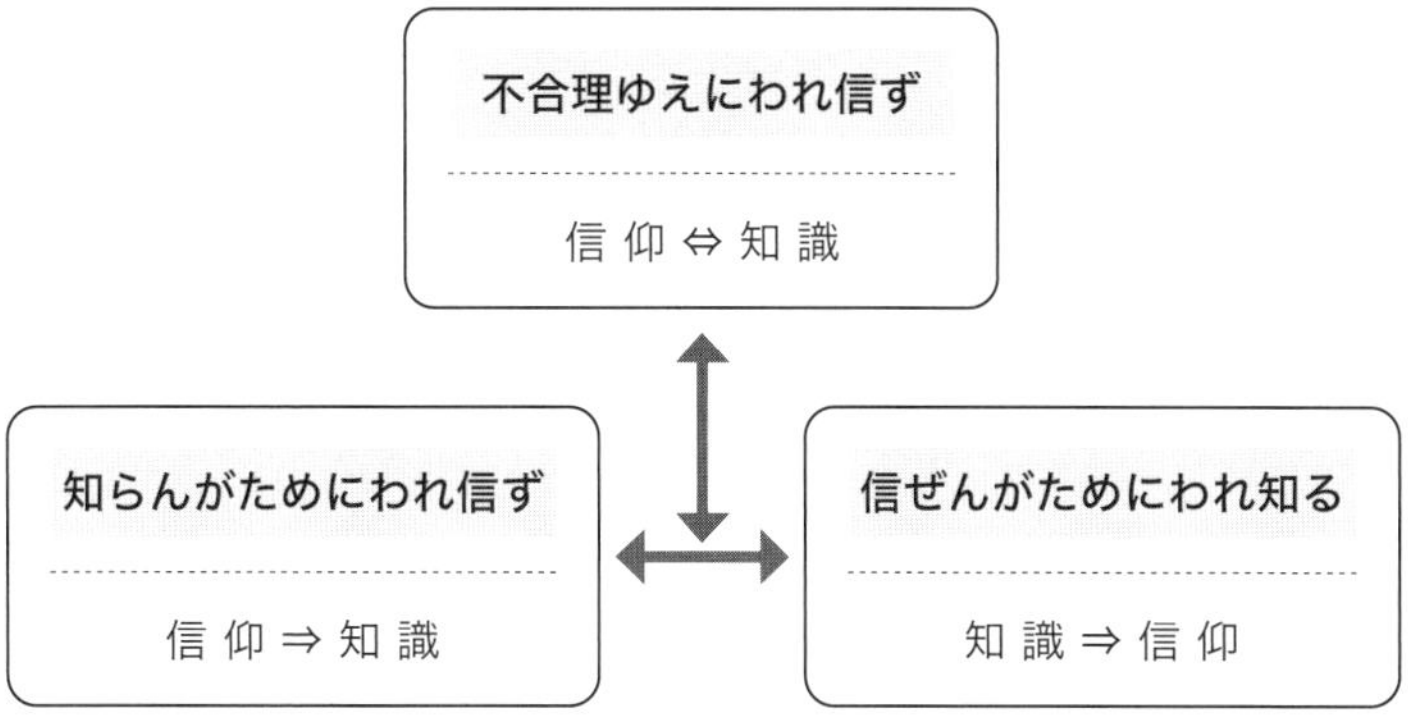

220頃）に由来する、とされていますが、そのままの形ではありません。彼が語ったのは、次のようなことです。

神の子が死んだということ、これはそのまま信ずるに値する。何故ならそれは不条理だからだ。そして、墓に葬られ、彼は復活した。この事実は確かだ。何故なら、それは不可能だからだ。（ヤロスラフ・ペリカン『イエス像の二千年（講談社学術文庫）』）

この言葉の基本にあるのは、「信仰」と「知識」がそれぞれ別物だということです。そのうえで、基本的に3つの立場が可能です。図示すると、図9－5のようになります。

テルトゥリアヌスの立場は、「信仰から知識へ」

というものでもなく、「知識から信仰へ」というのでもなく、**信仰と知識をきっぱりと分離すること**です。信仰することは、知識の立場では認められないものなのです。

注目したいのは、テルトゥリアヌスの立場は、「不合理にもかかわらずわれ信ず」ということではない点です。これはあらかじめ「知識」の正当性を認め、それにもかかわらず「信じる」という意味です。いってみれば、消極的な態度なのです。

ところが、テルトゥリアヌスが表明したのは、もっと積極的で、直接的な「信仰」の肯定なのです。**知識としては不合理で、認め難いことであるからこそ、積極的に信じようという態度**です。

こう表明されると、もはや理論や知識では、信仰の態度を変更させることはできません。「そんなことは事実に反している」とか、「理論的には矛盾している」と言って反論してみたところで、「信仰」の立場は変わらないのです。

テルトゥリアヌスの時代は、キリスト教が公認されておらず、弾圧や迫害も多かった頃です。そうした状況で、堅忍《けんにん》不抜《ふばつ》の信仰を貫くには、この立場しかなかったともいえますね。

パスカルにおける信仰の神

デカルトよりも少し年少ですが、ほぼ同時代の哲学者として**ブレーズ・パスカル**（1623～62）がいます。ともに数学者・科学者であり、資質としては互いに似ているともいえます。

実際、パスカルはデカルトの「コギト」の原理が、アウグスティヌス（65ページ）からの盗用ではないかと批判されたとき、デカルトの独創性を擁護しています。ところが、神や宗教に関しては、デカルトに対して厳しく批判するのです。たとえば、『パンセ』のなかに、こんな記述が見出せます。

私はデカルトを許せない。彼はその全哲学のなかで、できることなら神なしですませたいものだと、きっと思っただろう。しかし、彼は、世界を動き出させるために、神に一つ爪弾きをさせないわけにはいかなかった。それから先は、もう神に用がないのだ。（『パンセ』）

ここで表明されているのは、2人の思想が神や人間理性に対して大きく異なっていることです。

デカルトにとって、神は人間理性によって論証されるものだと考えられています。ところが、パスカルは神が人間理性によって論証されるとも見なさないし、理性そのものがゆるぎないものだとも了解していないのです。

むしろ、**パスカルは、理性も含め人間がいかに脆弱であるかを自覚していた**のです。その表現が、パスカルの有名な次の言葉です。

> 人間はひとくきの葦《あし》にすぎない。自然のなかで最も弱いものである。だが、それは考える葦である。彼をおしつぶすために、宇宙全体が武装するには及ばない。蒸気や一滴の水でも彼を殺すのに十分である。だが、たとい宇宙が彼をおしつぶしても、人間は彼を殺すものより尊いだろう。なぜなら、彼は自分が死ぬことと、宇宙の自分に対する優勢とを知っているからである。宇宙は何も知らない。(同書)

では、脆弱な人間やその理性は、どうすればいいのでしょうか。パスカルの『パンセ』の構想は、左ページの図9－6のような計画が示されていました。

パスカルの『パンセ』は遺稿ですので、編集によって構成はさまざま違っています。パスカル自身が、自分の考えに基づいて仕上げたわけではないので、本を読んでも神や宗教の役割はあまり見えてきません。

図9－6 「パンセ」の構想計画

第一部　神なき人間の惨めさ。
第二部　神とともにある人間の至福。

換言すれば、

第一部　自然が腐敗していること。自然そのものによって。
第二部　修理者が存在すること。聖書によって。

しかし、パスカルの意図としては、人間の惨めさを示すのは、そこに神が存在しないからに他なりません。ここから、**神のほうへ向かい、キリスト教によって生き方を転換させること――そこに人間の至福が可能になる**、と見なされています。

ですから、パスカルにとっては、デカルトのように「神なしですませること」などできなかったのです。

信仰者キェルケゴールと実存主義

パスカルと同じく、信仰に力点を置く哲学者をさらに取り上げておきましょう。デンマークの哲学者、**セーレン・キェルケゴール**（1813～55）です。キェルケゴールは、一般には「**実存主義**」の創始者と呼ばれていますが、その考えには宗教が決定的にかかわっています。

まず、「**実存**」という言葉を簡単に説明しておきま

図9－7「存在」の2つの意味

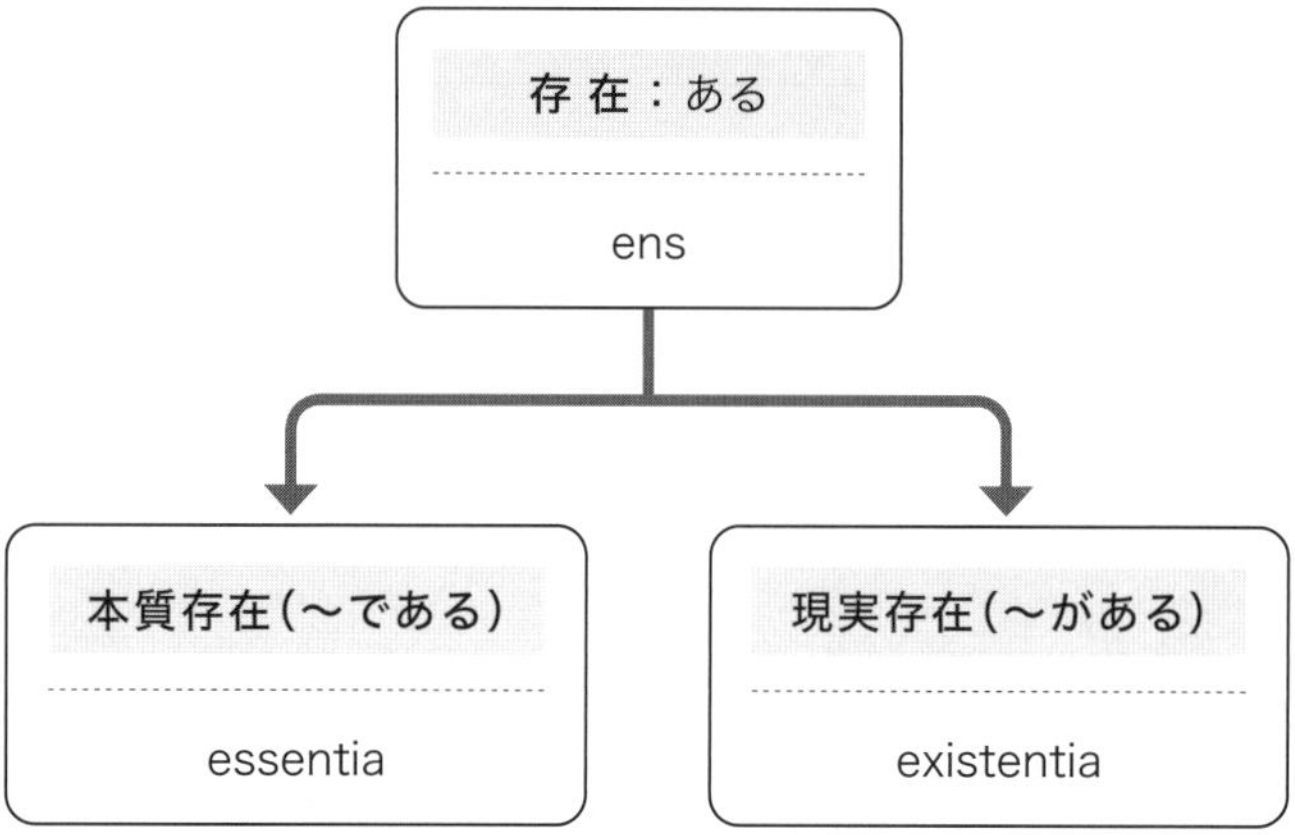

す。伝統的に、「存在（ある）」という言葉には、基本的に2つの意味が含まれています。1つは「**本質**（ラテン語でエッセンティア、**essentia)**」ですが、「**～である**」というほうが分かりやすいでしょう。それに対して、「**実存**（エクシステンティア、**existentia)**」は、「**～がある**」ともいいます。2つは正式の訳語にすると、「**本質存在**」と「**現実存在**」になります。

本質存在と現実存在の語は、簡略化されて「本質」と「実存」となりました。このとき注意しておくべきは、この伝統的な語は、何に対しても使えることです。たとえば、机の本質と実存、犬の本質と実存などです。神に対してこの区別を使ったのが、存在論的証明（270ページ）です。

　ところが、キェルケゴールはこの「実存」という言葉の使い方に、大転換を引き起こしたのです。まず、この言葉は人間にのみ使うということです。またその意味は、「〜がある」というのではなく、「自分自身にかかわる、関係する」というものです。ここから、**「自分自身にかかわり、自分のあり方を決める」という後の実存主義の用法が、確立した**のです。つまり、「実存」といっても、**伝統的な「現実存在」という意味と、キェルケゴールが提示した「自分にかかわる」という2つの用法がある**のです。

　キェルケゴールがこの用法を確立したのは、ヘーゲルの哲学に対する根本的な批判があるからです。ヘーゲルはその哲学によって壮大な体系をつくり上げましたが、こと自分自身の生き方（実存）に関してはきわめて貧弱だ、と見なしたのです。かなり皮肉交じりに、ヘーゲルをこう批評しています。

　ある思想家が巨大な殿堂を、体系を、全人世と世界史やその他のものを包括する体系を築きあげている——ところが、その思想家の個人的な生活を見てみると、驚くべきことに、彼は自分自身ではこの巨大な、高い円天井のついた御殿には住まないで、かたわらの物置小屋か犬小屋か、あるいは、せいぜい門番小屋に住んでいるという、実におそるべくもまた笑うべきことが発見されるのである。（『死に至る病』）

この批評でキェルケゴールが言いたかったのは、**ヘーゲルのようにどんな理論や学問を構築したところで、「この私」の実存の苦悩を救済することができない**、ということです。

では、どうすれば、救済できるのでしょうか？　キェルケゴールが考えたのは、キリスト教の信仰であり、神による救済の可能性を信じることが救済へつながる、というものです。

つまり、**哲学的な理論から宗教的な信仰へ飛躍することが、救済への道を開く**というのですが、キェルケゴールの実存主義を見ると、その道も厳しいことが分かります。

TOPIC 3

「無神論」はどう議論されてきたか？

これまでは、神の存在を前提としたうえで、宗教の意義を考えてきましたが、今日ではその前提を疑う哲学者が少なくありません。こうした**無神論者**の議論を、取り上げることにします。19世紀の議論を2つ、そして21世紀の議論を1つ見ていきます。

■フォイエルバッハのキリスト教批判

最初は、19世紀のドイツの哲学者**ルートヴィヒ・フォイエルバッハ**（1804～72）が『キリスト教の本質』（1841）で展開した議論を、ご紹介します。ただ、キリスト教に対する批判といっても、フォイエルバッハの思惑には、ヘーゲル哲学が控えていますので、事情は複雑です。

あらかじめ、フォイエルバッハの主張の論点を確認しておくと、次の3つに集約できます。

①ヘーゲルに代表される思弁的観念論の批判
②キリスト教神学の批判
③現実的な人間学の構築

これら3つは独立した課題ではなく、相互に密接な連関を形づくっています。そこで、この3つに分けてフォイエルバッハの無神論を見ていきましょう。

まず①ヘーゲルに代表される思弁的観念論の批判には、2つのポイントがあります。1つは、**ヘーゲルの思弁哲学は根本的にはキリスト教が形を変えたものにすぎない**、ということです。ヘーゲルの学説は、「神学の合理的な表現」であり、「神学の最後の隠れ場所」なのです。もう1つは、**ヘーゲル哲学が人間の本質の「疎外された形態」である**ことです。ヘーゲル哲学では、「人間の本質を人間の外」に置き、「人間を人間自身から疎外」したとされます。

次に②キリスト教神学の批判は、2つの観点から理解できます。第1に、宗教の「神」が「人間自身の本質」に他ならず、宗教的な意識は人間の自己意識である、とされます。「**神が人間をつくったのではなく、人間が神をつくった**」のです。ただし、このとき「人間」

図9－8　人間が「神」をつくった？

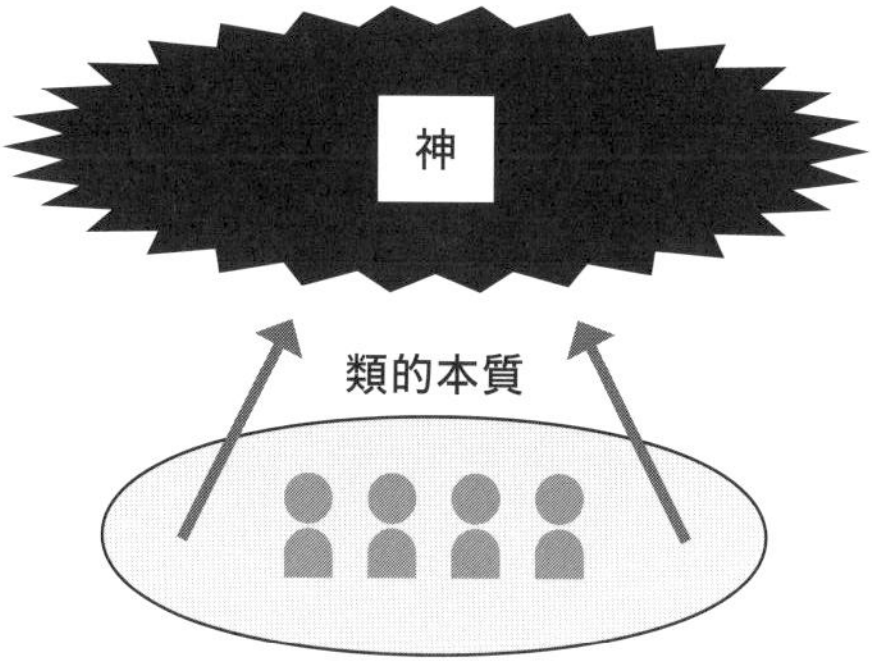

というのはあくまでも人間の本質であり、「類としての人間」と表現されています（図9－8）。

キリスト教神学の批判の第2の観点となるのは、宗教が人間の「疎外された形態」であり、批判すべきものだということです。**人間が自分の本質を神へと対象化するとき、神は豊かになるのに対して、人間は貧困化していく**のです。「神が主体的・人間的であればあるほど、人間はそれだけますます自分の主体性と人間性を放棄する」のです。なぜなら、神そのものは、人間の疎外されたものだからです。

さらに、ヘーゲル哲学とキリスト教神学への批判は、③現実的な人間学の構築へと向かうことになります。というのは、ヘーゲル哲学もキリスト教神学も「人間の本質」の疎外された形態だからです。この**疎外を克服して、「人間の本質」を取り戻すという課題に答えるのが、「人間学」**なのです。

フォイエルバッハが構想する体系は、ヘーゲルのような抽象的な思惟作用に立脚するのではなく、自然に基づく現実的な感性主義を唱え、疎外のない「人間学」をめざしています。**フォイエルバッハによれば、人間は「類的存在」として捉えられ、「私」と「君」の区別を認めつつ、両者の統一をめざして「共同体」が志向されます。**そのとき原理となるのが、「愛」であり、「感覚」なのです。

こうしてフォイエルバッハは、『キリスト教の本質』で、結論として次のように述べています。

> 宗教の内容と対象が徹頭徹尾人間的なものであること、神学の秘密は人間学であり、神の本質の秘密は人間の本質であることを証明する。（『キリスト教の本質』）

ニーチェの「神は死んだ」

無神論といっても、その形はいろいろあります。フォイエルバッハの無神論が、ヘーゲル哲学の批判から生まれたとすれば、ここで取り扱う**フリードリヒ・ニーチェ**（1844〜1900）はヨーロッパ文明の批判から「**神の死**」を主張する、といえます。

まずは、ニーチェが「神の死」をどう語っているか、確認しておきましょう。『悦ばしき知識』（1882）のなかで、次のように語っています。

あの近年の最大の出来事、「神が死んだ」ということ、キリスト教の古い神への信仰が信頼を失ったということ――これはすでにヨーロッパに最初の暗雲を投げかけ始めている。少なくとも、この見せ場を見逃さないほど強力で繊細な眼光をもち、眼に猜疑心を宿す一握りの人びとにとっては、まさに太陽が没し、ひとつの古く深い信仰が疑惑に転じたありさまが見える。……その出来事自体があまりに巨大で、あまりに遠く、人びとの理解力を超えているため、その報せがすでに届いていたとも言えないほどなのだ。
（『悦ばしき知識』）

ここでニーチェが示しているのは、ヨーロッパにおいて近年、キリスト教の神への信仰が信頼を失ったことです。ニーチェは、そうした人びとがまだ「一握り」だと言っていますが、確実にやってきているのは実感されています。ニーチェがこれを発したのは、19世紀末です。

では、どうして「神は死んだ」のでしょうか。「神」が自動的に死んでしまうことはありませんので、その理由があるはずです。同じ本のなかで、ニーチェは人間たちが神を殺したと述べています。ある「狂気の男」の発言として、ニーチェはこんな風に語らせています。

> はっきり言ってやろう。われわれが神を殺したのだ。――諸君と私が！　われわれ全員が神の殺害者なのだ！（同書）

図9－9　「神の死」以降の「人間支配の時代」

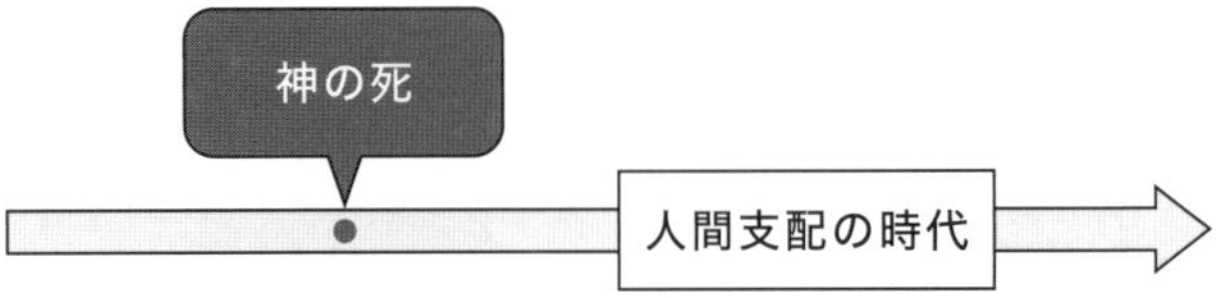

ここから分かるのは、**「神の死」が「人間による殺害」とセットになっている**ことです。しかも、この出来事が、ヨーロッパの歴史として語られているのです。いままで、神が支配した時代があったとすれば、神の死の後では、**「人間支配」の時代が始まる**のです。それまでは、キリスト教の考えに基づいて、物事（道徳など）が決められていたのですが、「神の死」以後はキリスト教に答えを求めることはできません。

ニーチェによれば、こうした**「神の死」によって、ニヒリズムの時代が始まる**とされます。**「ニヒリズム」というのは、簡単に言ってしまうと、「絶対的な価値や真理」がなくなって、あらゆる評価**

軸が消えてしまうことです。

ロシアの文豪**ドストエフスキー**（1821～81）が、『カラマーゾフの兄弟』のなかで、「神が存在しないとすれば、すべてが許される」と書きました。そしてまさに、ニーチェが宣言した「神の死」こそ、その具体化だといえます。

ニーチェは、『権力への意志』という遺稿のなかで、次の2世紀（すなわち20、21世紀）を「**ニヒリズムの時代**」と呼んでいます。この予言は、ぴたりと的中して、現代の私たちは何事をなすにも、絶対的な正しさを決定できないでいます。この先、世界がどう動くにしても、ニーチェの予言から離れることはできないでしょう。

■神への信仰を自然主義的に考えたデネット

自然科学に造詣の深い哲学者は、宗教をどう理解しているのでしょうか。アメリカの哲学者で、21世紀になって無神論を展開しているのは、**ダニエル・C・デネット**（1942～2024）です。デネットはみずから自然主義を標榜して、自分の立場をこんな風に説明しています。

―わたしの根本的な視点は自然主義だ。哲学的探求は、自然科学的な探究を超越したものではなく、それに先立つものでもない。真実を求める自然科学の試みと手を組むものであり、哲学者のやるべき仕事は、衝突しがちな視点の見通しをよくして宇宙についての統一的な見方に統合することだ。（『自由は進化する』）

こうした自然主義に基づいて宗教現象を解明したのが、『解明される宗教』（２００６）です。この本の原題は、"Breaking the Spell"というもので、宗教に陶酔している人の呪縛（spell）を解こう（breaking）とするものです。誤解のないようにいっておけば、デネットが無神論者だとしても、「神が存在しない」と主張するわけではありません。むしろ、**宗教という現象を、自然科学的にアプローチして理解しようとする**のです。デネットによれば、「神が存在するかどうか」は科学的に解明できませんが、**神を信じるようになる人間の態度は、自然科学的に解明できる**からです。

人間が神を信じるようになることの根底には、「**行為主体を過敏に探知する装置**（hyperactive agency detection device 略してＨＡＤＤ）」が潜んでいる、とデネットは考えています。たとえば、草むらでガサガサという音がすると、「何かいるかも」と考え、少し身構えるでしょう。本当にそこに何かがいるかどうかは分かりませんが、そのように想定したほうが、生存の戦略としては有利に働くと考えられます。

図9−10 HADDが宗教を生み出した?

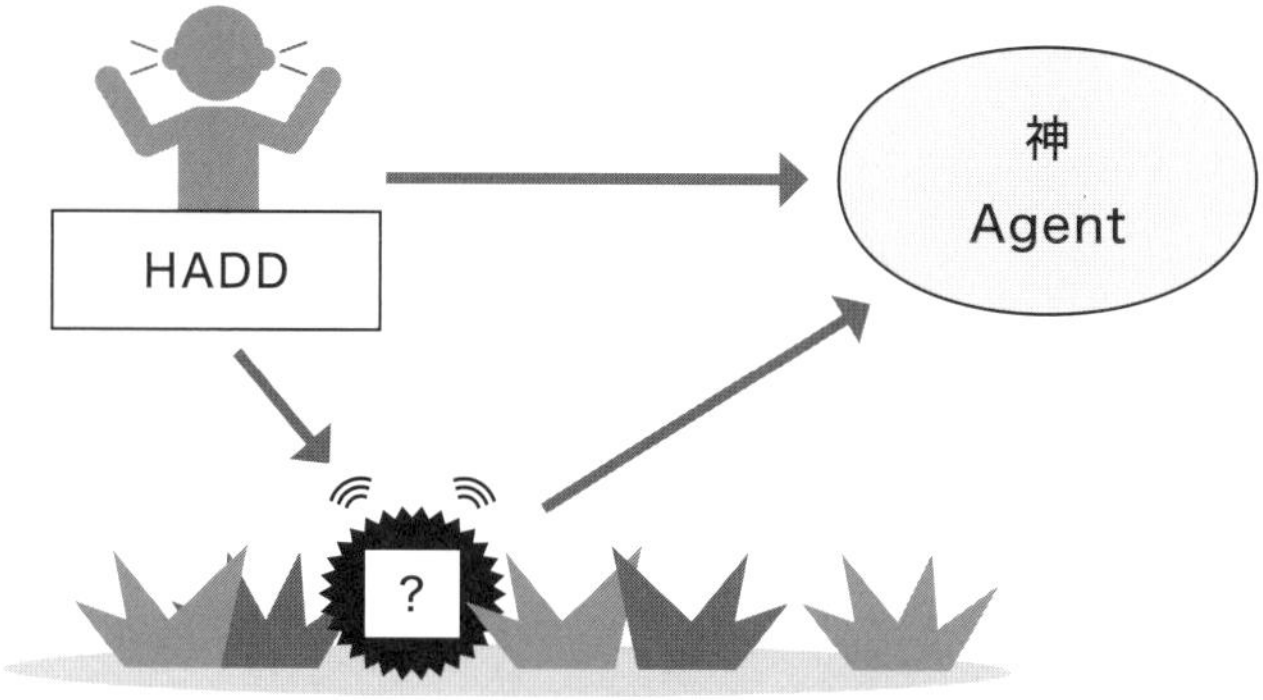

ここから「神」という「行為主体（Agent）」を想定するには、少しばかり距離がありますが、人間がどうして宗教を信じるようになるのかについては、何となく分かるのではないでしょうか。

動きがあればどこでも行為主体を探すという私たちの過敏な傾向性によって生み出された偽りの警告が、宗教という真珠が育つための〔核になる〕副産物である。（『解明される宗教』）

HADDという人間に備わる装置によって、人間は生存に有利なように宗教を生み出していった、というわけです。

Theme 10

戦 争

-WAR-

PHILOSOPHY

INTRO
DUCTION

哲学者は「戦争」を否定してこなかった?

哲学のテーマとして「戦争」を取り上げようとすると、違和感を抱く人が多いかもしれません。平和ならいざ知らず、戦争なんて哲学として論じる必要があるのか、と詰問されそうです。しかし、歴史上戦争のなかった時代はありませんし、現代世界を見ても戦争や紛争は絶えません。これは、人類の愚かさを示すものと一蹴できるのでしょうか。

たしかに、第二次世界大戦の経験から、日本は戦争への道に進んでいったことを反省し、絶対平和主義をとっています。しかし、現実には、武力は所持していますし、その費用も年々増加しています。これをどう評価するかは別にして、少なくとも何らかの形の戦争を想定しなくては、ありえないことです。では、哲学において、戦争はどう考えられてきたのでしょうか。たとえば、「万物は流転する(パンタ・レイ)」で有名な古代ギリシアの哲学者**ヘラクレイトス**(前540頃~前480頃)は、こう言っています。

戦争はすべてのものの父であり、王である。あるものを神として、他のものを人として表した。あるものを奴隷に、他のものを自由人にした。（『断片集』）

この部分は、しばしば「争いは万物の父であり、王である」と訳されて引用されますが、後半部分を見ても分かるように、リアルな「戦争」を想定して語られています。実際、**哲学の歴史を見ると、戦争を「悪」として最初から視野の外に置くことはなかった**、といえます。もちろん戦争を積極的に肯定しようとするわけではありませんが、戦争に関して哲学者たちがどう論じてきたのかを無視することはできません。

戦争がどんなものであれ、そこには「**大義**」が必ず語られます。これは、英語で「cause」といいますが、たとえば「die for a cause（大義のために死ぬ）」のような表現から考えても、戦争の一面として、「大義のために死ぬ」ことがあるのかもしれません。

他方で、哲学はもともと、「**アルケーの探求**」から始まったとされていますが、この「アルケー」は原理とか始原などとも訳されます。これも英語で「cause」と言い換えることができそうです。とすれば、**最も根本的な原理（アルケー）を探求する「哲学」と、一番根本的な「大義」を掲げて闘う「戦争」とが、無関係でない**ことが分かります。人はいったい何のために闘うのか、これを考えることは哲学の仕事であるはずです。

TOPIC 1

戦争の「大義」はどこにある？

戦争と哲学の関係を考えると、何のために戦争が戦われるのかが問題になります。それを冒頭では、「大義」と呼んだわけですが、この「大義」は時代と地域によって大きく異なっています。

まず古代ギリシア時代についていえば、**「ポリス（国家）」**こそが戦争の大義となっていました。それに対して、キリスト教の時代になると、**「神」**のために戦うことが、大義となりました。ところが、近代では宗教戦争の後で、国民国家が形成され、大義としての**「国民」**が登場します。そこで、この3つに分けて、戦争の「大義」を考えてみましょう。

■ギリシア時代の「ポリスの戦争」

まずは古代ギリシアの戦争ですが、大きく2つに分けることができます。1つは、**「バルバロイ」**と呼ばれる異国人たちとの戦争であり、たとえば**ペルシア戦争**（前492～前

449）がそれにあたります。もう1つは、ギリシア人同士の戦争であり、アテネの同盟軍とスパルタの同盟軍が戦った**ペロポネソス戦争**（前431〜前404）がその例です。いずれの戦争であっても、ギリシア人は自分が属する「ポリス」のために、戦争に参加しました。その点では、ポリスという大義のための戦争が、古代ギリシアの戦争といえます。たとえば、プラトンは『国家（ポリテイア）』のなかで、戦争がどうして始まるかを、「ポリス（国家）」という観点から、次のように説明しています。

> 戦争というものが悪い結果をもたらすか、善い結果をもたらすかについては、まだ言明をさしひかえることにして、さしあたってわれわれとしては、これだけのことを言うにとどめることにしよう——われわれはさらに戦争の起源となるものを発見した、すなわち、国々にとって公私いずれの面でも害悪が生じるときの最大の原因であるところのもの、そのものから戦争は発生するのだ、と。（『国家』第2巻）

そこから、プラトンは「さらにいっそう国家（ポリス）を大きくしなければならない」と主張するのです。

プラトンの弟子であるアリストテレスは、プラトン哲学に対して厳しく批判するのですが、戦争に関しては異を唱えることはありませんでした。むしろ彼は、ポリスが奴隷を獲得するためには、戦争が正当であると主張しています。

> 戦争の術はその本性からして、ある意味において、獲得の術である。実際、狩猟の術もその一部である。これが獣と、（奴隷として）従うために生まれ、それを拒む人に対して行われる場合には、そのような戦争は本性上正しい。（『政治学』）

いまから見ると驚くべき感覚ですが、その後にアリストテレスは次のように語るのを忘れていません。「生きるために必要な、また国家共同体（ポリス）や家共同体のために有益な財の蓄積を形成するものを、あるいは備え、あるいは備えるべくその術が調達する必要がある」と。簡単にいえば、**ポリスのために戦争は必要**だというのです。

プラトンはアテネの有力な家系の人物ですから従軍していますが、アリストテレスはマケドニア地方出身の外国人ですので、戦争には参加していません。ですので、プラトンは戦争に参加する当事者として、アリストテレスは傍観者として戦争について語っているのですが、いずれであっても戦争が「ポリス」のための戦争であり、「本性上正しい」と見なしているのはたしかです。

キリスト教は「神の戦争」を擁護してきた？

キリスト教にとって、戦争はどう考えられているのでしょうか。キリスト教にあまり縁のない私たちからすると、キリスト教といえば殺人や暴力を非難し、戦争には強く反対するように感じるかもしれません。ところが、歴史の出来事として異端への弾圧や迫害、16～17世紀の残酷な宗教戦争を思い出すと、**キリスト教＝戦争反対という図式を当てはめるのは不可能**だと分かります。

どうしてそうなったのか、考えてみましょう。キリスト教が成立してから3世紀初めの頃までは、非武力の姿勢が基本だったといわれています。キリスト教の基本は「隣人愛」ですから、武器使用だけでなく、兵士の入信にも反対する人がいました。つまり、初期のキリスト教は戦争反対に貫かれていた、といえます。

ところが、ゲルマン民族の大移動に伴って、ローマにもゲルマン人が侵入してくると、戦争そのものに反対するという姿勢が変わってくるのです。すなわち、正しい戦争と間違った戦争を区別し、**「正しい戦争（正戦）」**を擁護するようになったのです。その転機をなすのが、キリスト教の教父**アウグスティヌス**（65ページ）です。

というのも、アウグスティヌスの時代がまさに、ゲルマン民族の大移動の時期にあたり、彼らがいう「蛮族」が、ローマに侵入してくる状況だったのです。実際、アウグスティヌス自身も、北アフリカ（ここが彼の出生の地）において、ゲルマン系の民族に包囲され、没しました。では、アウグスティヌスはどのように「正しい戦争」を正当化するのでしょうか。

> 正戦とは不正を正すところのものと定義されるのが普通である。すなわち、戦争を仕掛けられるべきは、民族や国として、その成員によって不正になされたことを正すのを怠ったり、不正によって横領されたものを返却するのを怠ったりする場合である。しかし、神によって命じられた戦争も疑いもなく正しい。神にはいっさいの不正がなく、誰にも起こるべきことを知っておられる。この戦争において、指揮官や参戦者はみずから戦争行為者ではなく、まさに奉仕者と見なされるべきである。（『グラティアーヌス教令集』）

ここで「正しい戦争（正戦）」というのは、どのような戦争であれば認められるか、ということです。これには、①**戦争をするための条件**と、②**戦争行為における正しい条件**の、2つがあります。前者はたとえば防衛戦争であり、後者は非戦闘員は攻撃対象としないといったものです。こうした条件は、現代でもしばしば言及されますね。

アウグスティヌスはこうした「正戦」論を提唱したのですが、完全に細かく理論化したわけではありません。とはいえ、キリスト教徒でさえも、戦争を肯定する理論を打ち出したという点で、きわめて重要な考えといえます。その後の**キリスト教の戦争論は、アウグスティヌスの「正戦」論に基づいて、具体的に精密化していく**のですから。

■西洋近代の「国民の戦争」

西洋近代の国民国家において、戦争がどう考えられてきたか見ておきましょう。それを理解するために、近代のヨーロッパでは後進国だったドイツを例に取り上げます。

フランス革命が終わった後、**ナポレオン・ボナパルト**（１７６９～１８２１）が皇帝に即位して、ヨーロッパ諸国との戦争を始めました。当時、フランスの東部には広大な神聖ローマ帝国がありましたが、実質的には３００ほどの領邦に分かれ、国家としての統一はありませんでした。そこに、ナポレオンが神聖ローマ帝国のうちプロイセンとオーストリアを除くすべての領邦とライン同盟を結成したため、１８０６年に神聖ローマ帝国は崩壊しました。

ナポレオンはさらに、プロイセン軍と戦争をして、プロイセンは敗北しました。そのとき、プロイセンで活動していたのが、哲学者の**ヨハン・ゴットリープ・フィヒテ**（１７６２

図10－1　フィヒテの講演のねらい

～1814）でした。フィヒテは、ナポレオン戦争によってドイツの国々が疲弊し、ほとんど壊滅状態だったとき、「ドイツ国民に告ぐ」という講演を行なったのです。

ただ、当時はまだ「ドイツ」という国はなく、地域ごとに諸侯が支配する状況だったのですが、フィヒテはそのなかで「ドイツ国民」として団結することを訴えたのです。注意しておきたいのは、「ドイツ国民に告ぐ」という文字だけを眺めると、あたかも戦争にかり立てるような勇ましいイメージをもつ人も少なくないかもしれませんが、この講演は決して戦争論ではありません。

むしろ、ナポレオン戦争によって崩壊寸前になっている状況において、「ドイツ」として国民的な統一を形成するために、どのような国民教育が必要かを説くもので、いわば教育論なのです。フィヒテによれば、「この講演の一般的な目的は、打ちひしがれた人々に勇気と希望を与え、深い悲しみのうちに喜びを告げ知らせ、非常に困難な時期を楽に穏やかに過ごせるようにすることである」とされます。この部分だけを読んでも、戦争論ではないことが分かります。

それでは、その当時、戦争はどう理解されていたのでしょうか。同じプロイセンの**カール・フォン・クラウゼヴィッツ**（1780〜1831）が、ナポレオン戦争直後から執筆して死後発表された、戦争を考える際の古典『戦争論』（1832）から確認しておきましょう。クラウゼヴィッツは『戦争論』のなかで、**戦争の三側面、つまり①憎悪・敵愾《てきがい》心《しん》、②蓋然性《がいぜんせい》・偶然性、③政治的目的が戦争において一体化すること**を指摘し、次のように述べています。

これら三側面のうち、第一のものは主として国民に、第二のものは主として最高司令官とその軍隊に、第三のものは主として政府にそれぞれ属している。戦争に際して燃え上がるべき激情は、戦争に先立ってすでに国民のなかで醸成されていなければならない。偶然という蓋然性の領域において、勇気と才能とがどれほど活動しえるかは最高司令官とその軍隊の特性に依存している。そして政治的目的は政府にのみ所属するものである。（『戦争論』）

TOPIC 2

戦争か平和か？

いままで戦争について見てきたのですが、ここでは平和についても考えてみたいと思います。というのも、一般には戦争よりも平和を論じるほうが、はるかに好感をもたれるからです。たとえば、**カント**の『永遠平和のために』（１７９５）は、世界情勢が危機的になると必ず参照される書物です。

しかし、注意しなくてはならないのは、カントが戦争をすべて否定しているわけではないことです。さらにまた、カントの永遠平和論に対しては、**ヘーゲル**の厳しい批判が控えています。したがって、戦争と平和について考えるには、この２人の議論が参考になるでしょう。

■カントの「永遠平和論」

まずはカントがどのような形で平和を理解したのか、そこからカントの平和論の確認を

図10−2　カントにおける個人や国家の2つの側面

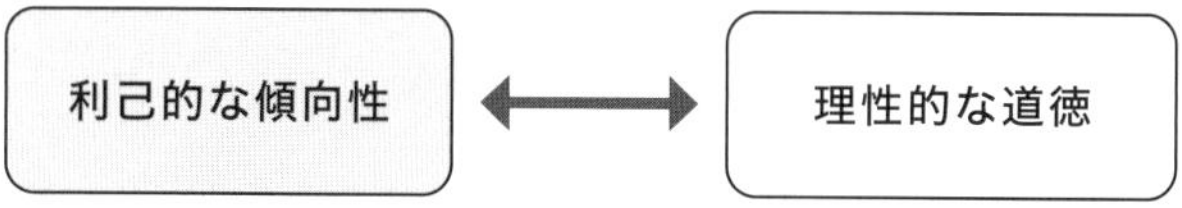

していきましょう。

カントが平和を考えるとき、基本的に個人のあり方と国家のあり方をパラレルに考えています。カントの基本的な発想では、個人も国家も、2つの側面から理解することができます。151ページのくり返しになりますが、一方は、利己主義的な欲望に従うもので、カントにおいては「**傾向性**」と呼ばれます。これに対してもう一方は、「**理性的な道徳**」によって、そうした傾向性を抑えなくてはならない、とされます。

傾向性は個人的なもので、欲望だとか利益を求めるのですが、理性的な道徳は全体のルールを守ることを求めます。その意味で、道徳性は普遍性とも呼ばれるのですが、カントはこの発想を、国家にも適用するのです。つまり、**国家の自然な状態は戦争状態である、とカントは考えた**のです。

この考えは基本的には**ホッブズ**の「**自然状態**」（246ページ）と同じもので、傾向として、国家同士は放っておけば、暴力的で、相手の国を侵略したり、自分たちの利益を求めて騙しあったりするので、

図10－3　カントが理想とした国家の連携

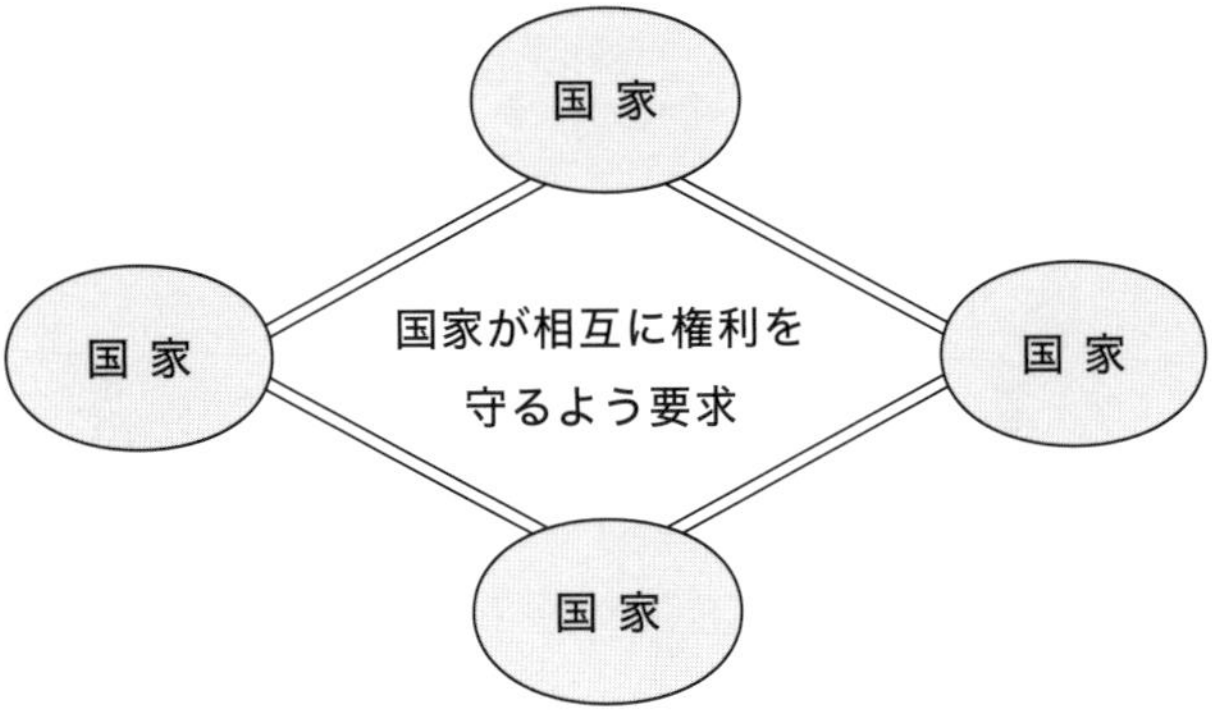

それを理性的な道徳のもとでコントロールしなければならない、とするのです。たとえば、カントは次のように語っています。

民族は自然状態においては、すなわち外的な法にしたがっていない状態では、たがいに隣あって存在するだけでも、ほかの民族に害を加えるのである。だからどの民族も、自らの安全のために、個人が国家において市民的な体制を構築したのと同じような体制を構築し、そこでみずからの権利が守られるようにすることを他の民族に要求することができるし、要求すべきなのである。（『永遠平和のために』）

こうした国家間の連携は、国際連盟のモデルになったともいわれています。このとき、いろいろ確認すべきことがありますが、一点だけ注意しておけば、カントが「**永遠平和**」を提唱したとしても、軍隊を一切否定しているわけではないことです。

というのも、カントは、常備軍をもった国王が、恣意的に侵略行為をすることは厳しく批判したのですが、共和制の国民が祖国を防衛するために武器を持つことは、いささかも否定していないからです。

> 国民が、みずからと祖国を防衛するために、外敵からの攻撃にそなえて、自発的に武器を取って定期的に訓練を行うことは、常備軍とは全く異なる事柄である。(同書)

カントが主張した「永遠平和論」は、あらゆる戦争・あらゆる武器を否定する「絶対平和論」ではありません。むしろ、国王が自分勝手に常備軍を使って戦争することに、反対したのです。

■現実主義者ヘーゲルの戦争肯定論

カントのコスモポリタン的な「永遠平和論」は理想主義的なもので、どちらかといえば、現実的には不可能に見えるかもしれません。この点はカント自身も自覚していて、彼としては平和のために「世界共和国」を構築する、という考えには反対しています。しかし、それでも、カントの永遠平和論は、リアリスト（現実主義者）にとっては認めがたいものでした。

そうした哲学者の代表が、カントとほぼ同時代に活動したヘーゲルでした。彼は、『法の哲学』のなかで、カントを想定して次のように書いています。

> 戦争は絶対的害悪と見なされてはならないし、また単に外面的な偶然と見なされてもならない。……永遠平和は言うまでもなく、持続的な平和でさえも、諸国民を腐敗させるであろう。（『法の哲学』）

すごい表現ですが、どうしてこんなことがいえるのでしょうか。カントの場合には、「世界共和国」は否定されていますが、それでもコスモポリタン的な普遍的な人類社会が理想としてめざされています。ところが、**ヘーゲルは、それぞれの国家を超えた上位概念はないと考えている**のです。

つまり、**ヘーゲルにとって、国家こそが絶対的な基準であって、国家の自立性こそが重要**なのです。ヘーゲルの場合、個人同士の関係であっても、自立性はきわめて重要で、そ

図10－4　戦争は相互の承認がされない場合に起こるもの?

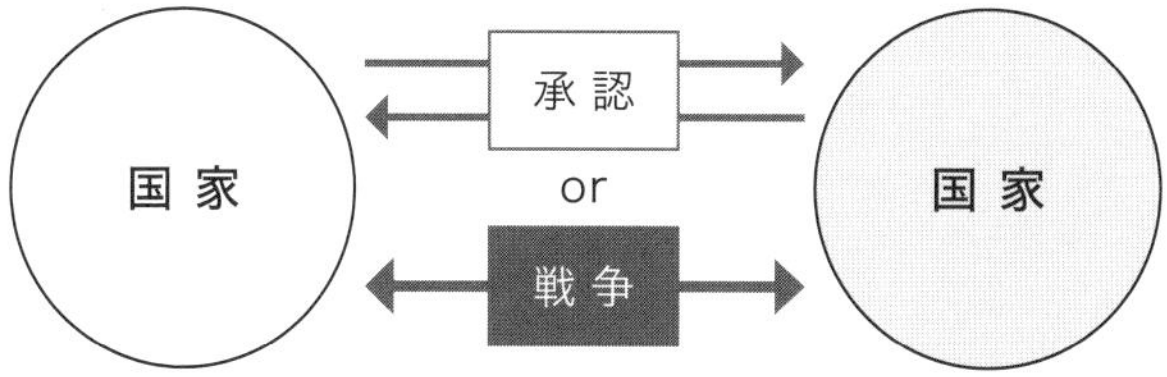

れぞれの自立性は相手から承認されることによって、成立します。もし相手が承認しなければ、承認を求めて闘争することになります。

ヘーゲルは国家の場合も同じと考え、**国家同士が承認することによって、平和が訪れるとしたのです。それに対して、相互の承認が成立しなければ、承認を求めて戦争することになります。**個人にしても、国家にしても、名誉というものは、相手に認められて初めて名誉となるのですから、闘うことでしか獲得できないと考えるのです。

さらに、あと一点つけ加えておくと、**ヘーゲルは、戦争そのものに対して、倫理的な意義を感じているのです。**彼にとって、平和状態は、個人的な利益を主張して、国家的な統一性が成立していない状態なのです。しばしば、いまでも「平和ボケ」という言葉が使われますが、ヘーゲルの思惑では、平和な国家は国民が堕落すると見なされているのです。ですから、国家というものは、ときどき戦争をすることで若返ると表現したりするのですが、その言わんとするのは、国家の統一性が、戦争という状態によってあらためて確立されるという発想です。

ヘーゲルの言葉だけを見ると、危険思想の持ち主に見えるかもしれませんね。他方、カントの永遠平和論は、理想論としてよく取り上げられるのですが、現代において必要なのはカントとヘーゲルの対立を強調することではなく、それぞれの考えの根拠を押さえておくことなのです。

■ニーチェは戦争の肯定派？ 否定派？

ドイツの哲学者で、戦争について雄弁に語っているのは、**ニーチェ**（288ページ）です。ニーチェは亡くなった後、20世紀になってナチスに利用されたこともあって、戦争のイメージと結びついています。

実際、ニーチェの文章には、「戦争」のレトリックは少なくありません。たとえば、『ツァラトゥストラ』のなかで、こんな風に述べています。

君たちが平和を愛するなら、新たな戦争への手段として愛さなければならない。長期の平和よりも、むしろ短期の平和を愛するがいい。

私が君たちに勧めるのは、労働ではない。戦いだ。私が君たちに勧めるのは、平和ではない。勝利だ。君たちの労働は戦いであれ。君たちの平和は勝利であれ。（『ツァラトゥストラ』「戦争と戦士について」）

こうした表現を見ると、たしかにナチスが利用しても不思議ではないように思えます。ニーチェの文体は、短くズバリと語りますので、戦争のレトリックにはもってこいでしょう。ただ、このように語るとき、ニーチェがいったいどんな戦争をイメージしていたのかは、簡単には分かりません。というのも、現実の戦争というより、もっと広い意味で「戦争」という言葉が使われているからです。たとえば、「認識の戦争」といった場合、現実の「戦争」ではないことが分かりますね。

ニーチェが厄介なのは、一見したところ戦争について全面肯定しているような文章を書きながら、他方で戦争を批判する、戦争反対に通じるような議論もしていることです。それこそ、ニーチェの真骨頂といえそうですが、そのなかでも一番面白いのは、自衛のための戦争を否定するところです。『漂泊者とその影』の「現実的平和のための手段」の議論を取り上げておきます。

一般に、相手がこちらを攻めてくる場合、自分たちはあくまでも善人で、悪いのは攻め

図10－5　「自衛」をどう捉えるべきか？

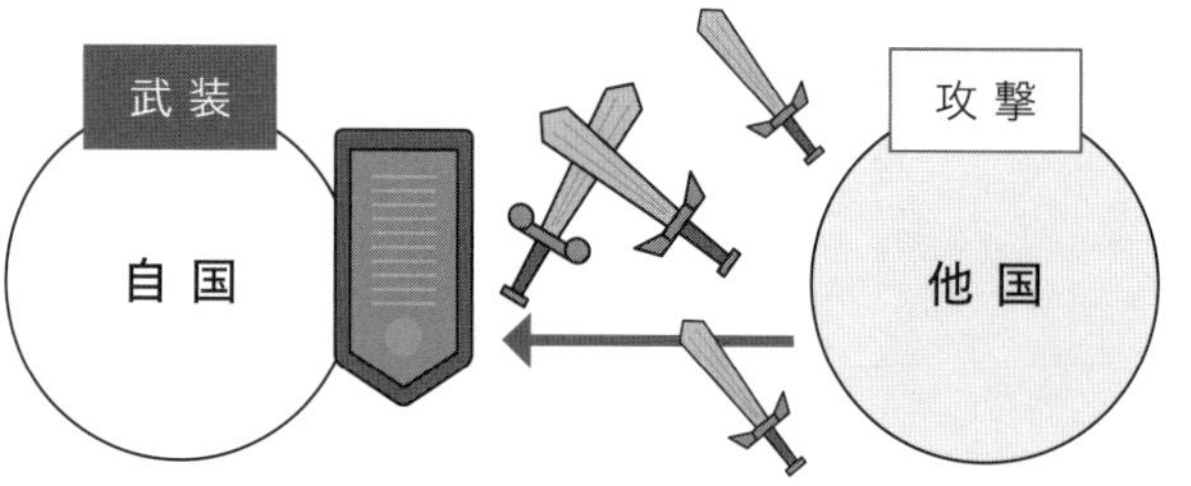

てくる側であることを前提する、いわゆる「自衛戦争論」というものがあります。日本の自衛隊もおそらく同じ発想で、自分たちには侵略する意図がなくても、周辺の国が侵略してくるかもしれないから、自衛のための軍備を増やすという考え方ですが、ニーチェはこの行為自体を、人間として浅ましいと考えるのです。自分たちだけが善人ぶって、悪人は外にいるという発想自体がいやらしいと。そのため、自衛のための戦争を否定するのです。

　自分たちだけは戦争行為をしないというポーズそのものが、ニーチェにとっては偽善者のように見えるわけです。そして、そこから極端に議論を飛躍して、**自衛のために備えるくらいなら自分たちの武力をいっさい放棄することのほうが偉大なことかもしれない**と語るのです。もちろん、実際にそんなことなどできないと思って語っているのです。

　いままで、自分の国の武装を放棄した国はあったためしがなく、戦争はあくまでも自衛のためだけで、積極的に起こす気はないといっている国ですら、武器を放棄することは一切ありません。

だから、それを逆手にとって、自発的に自分たちの武器をいっさい放棄すれば戦争は起こらないということを、極端な形で論じるわけですが、この議論自体は決して戦争を否定していることにはならないのです。

こうした議論を見ると、ニーチェが戦争肯定論者なのか、戦争否定論者なのか、分からなくなりそうですね。それをどう理解するかは、私たちの考える力量によって変わるかもしれません。

TOPIC 3

現代の「戦争」の概念は変える？

20世紀以降になると、戦争の形だけでなく、その概念そのものまで変わっていきます。たとえば、最近では「**ハイブリッド戦争**」という言葉が使われるようになり、火器を使う従来の戦争以上に情報をめぐる戦争が拡大し、デジタルネットワークをターゲットにしたサイバー戦争が激烈になっています。

こうした変化を確認するため、今日の状況につながる思想の変化を見ておきたいと思います。

■ユンガーが提唱した「総動員」

19世紀の戦争は、国王の常備軍が行なうものではなく、国民が戦うものであっても、国家のなかでは一部のものと見られていました。しかし、この状況は第一次世界大戦によって大きく変わりました。軍隊が戦うだけでなく、国民が銃後の戦いのような形で参加し、全体として戦争のなかに組み込まれていったのです。

これを「**総力戦**」というのですが、ドイツの思想家**エルンスト・ユンガー**（1895〜1998）は、第一次世界大戦の経験を踏まえて、1930年に「総動員（Die totale Mobilmachung）」という論文を発表し、次のように書いています。

戦場で遭遇する軍隊と並んで、運輸、食糧、軍需産業という新種の軍隊が成立する。総じてこれらを労働の軍隊と言えよう。……戦争を遂行する産業国家を火山のような鍛冶場へと変貌させる、潜在的エネルギーのこのような絶対的掌握という点に、第4身分の時代の始まりが示唆されているかもしれない。……これほどの規模のエネルギーを展開するためには、剣を持つ腕を動員するだけでは十分でなく、骨の髄までの動員、最も微妙な自律神経にまで至る動員が必要である。それを可能にすることが、総動員の任務である。（『ユンガー政治評論選』）

このように、軍隊、経済、輸送などをすべて国民全体に結びつける総動員の直接的な意味は、全面的な動態化です。総動員というと、徴兵のようにかき集めてくるというイメージになりがちですが、ユンガーの場合は、**さまざまなパーツがバラバラではなく、全体と**

図10－6　ユンガーの考える「総動員」のイメージ

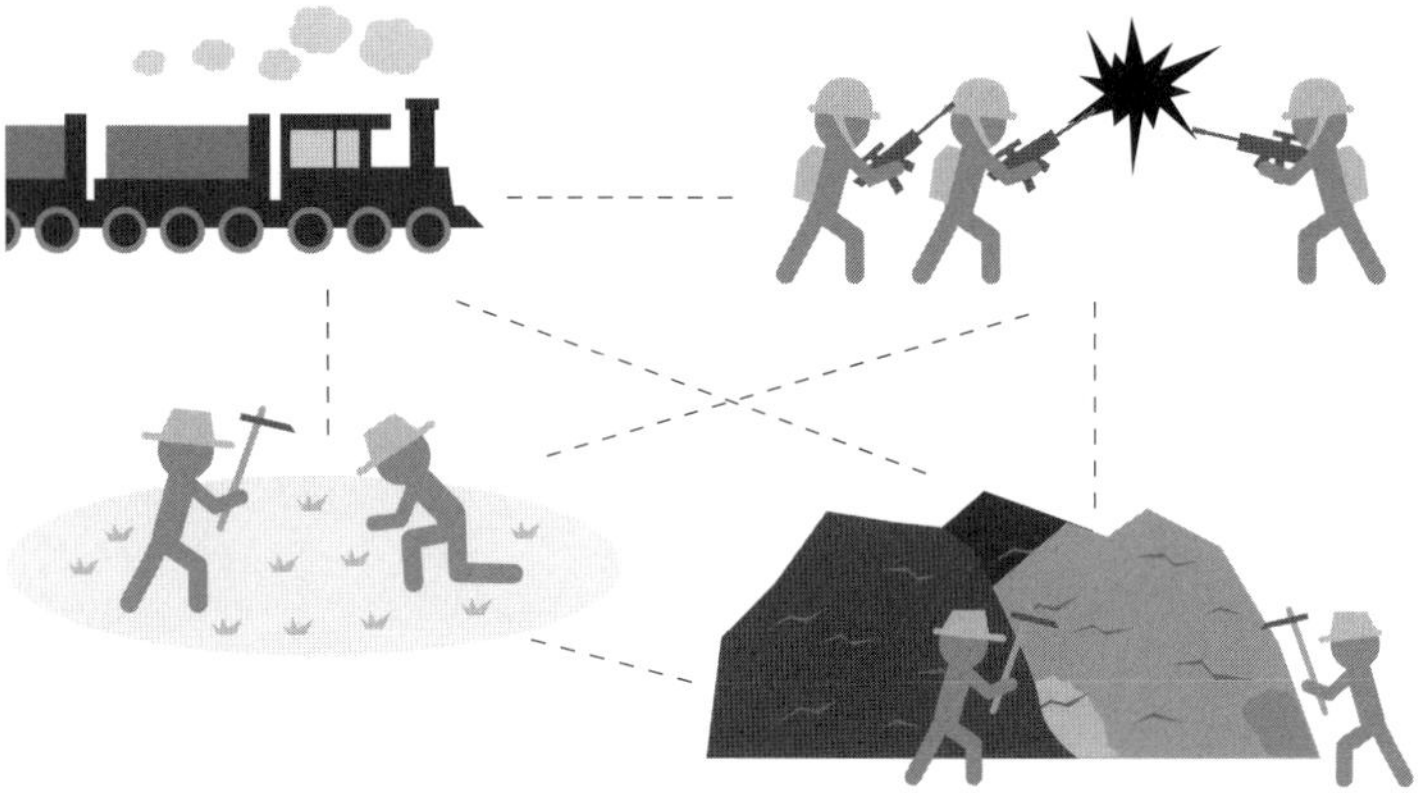

してまとまって動き始め、そして全体的なシステムをつくり上げることが総動員（「全面的な動態化」）であると考えたのです。

　ユンガーによると、第一次世界大戦でドイツが敗北したのは、この「総動員」体制を十分にとらなかったことに起因しています。戦勝国と対比しながら、ユンガーはこういっています。

> 〔ドイツが敗北したのは〕部分的動員を準備する責任を果たしたものの、その力の大きな部分を総動員に向けなかったからである……。（同書）

　こうしたユンガーの「総動員」概念が画期的であったのは、それが戦争論としてだけでなく、テクノロジー論としても構想されていたからです。それまで、技術といえば、「何らかの目的を実現するための道具」という理解が一般的でした。それに対して、ユンガーは、**人や物を含めて全体的なシステムを形づくるものが技術**だ、と考えたのです。しかも、そのなかに美しさすら感じるようになったのです。

このような技術概念の転換が20世紀の初頭に起こり、それによって戦争そのものが「総動員」という形でまったく変わってしまったのです。

ドゥルーズ、ガタリの「戦争機械」

ユンガーの「総動員」論は20世紀の前半のものですが、その後半にもユニークな戦争概念が提示されています。フランスの哲学者**ジル・ドゥルーズ**（1925〜95）は、精神分析家の**フェリックス・ガタリ**（1930〜92）と共同で重要な著作を発表していますが、その1つに『千のプラトー』（1980）があります。その本のなかで、「**戦争機械**（machine de guerre）」という概念が使われています。

これは、「ポストモダン」と呼ばれる現代にふさわしい概念だといえます。ただ、ドゥルーズがその言葉を使うとき、どんな意味なのかは少し分かりにくいところがあります。ですので、その前提として『千のプラトー』の序「リゾーム」を取り上げて、基本的な発想を確認しておきます。

図10－7　ドゥルーズにおける「リゾーム」と「ツリー」

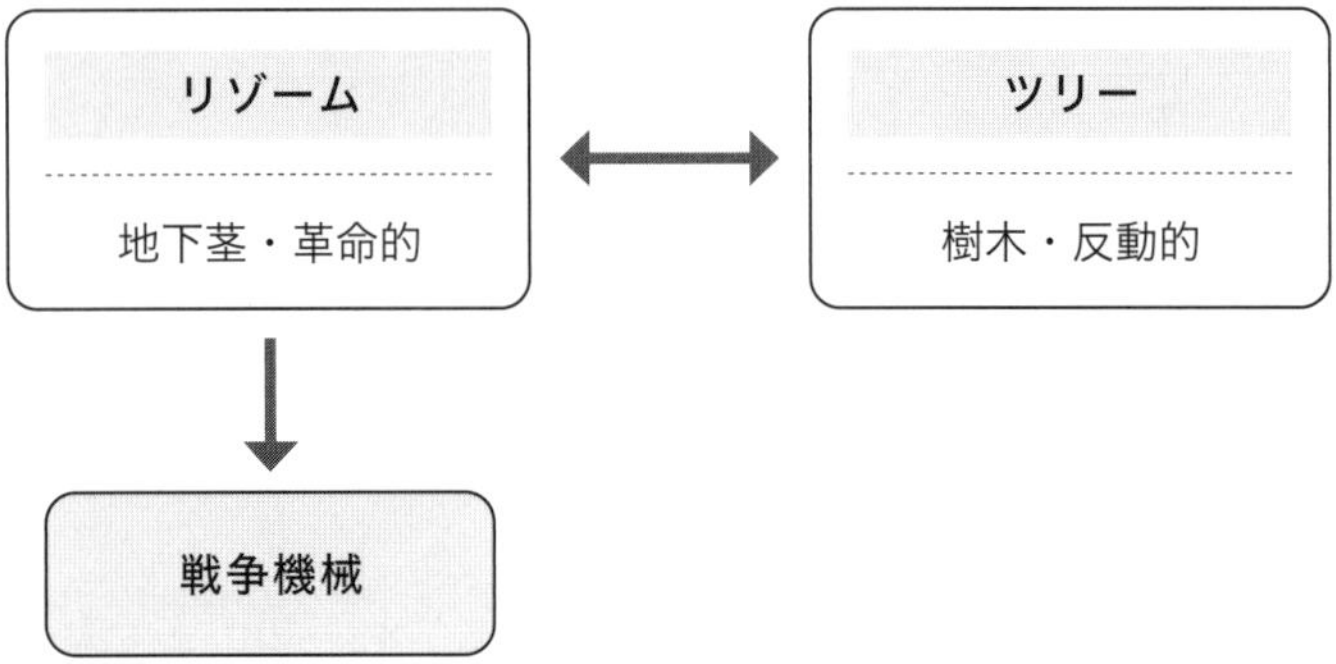

『千のプラトー』の序において、ドゥルーズは「**リゾーム（地下茎）**」と「**ツリー（樹木）**」という対立概念を提示しています。一方の「リゾーム」は、多様性や異質性を原理とした「非中心化システム」と考えられ、他方の「ツリー（樹木）」は「序列（中心化）システム」とされています。

ドゥルーズとしては、**「リゾーム（地下茎）」を評価し、「ツリー（樹木）」を拒否する**のです。この態度は一貫していて、「リゾーム」には革命的な機能をもたせ、対して「ツリー（樹木）」は反動的だと理解されています。

リゾームがふさがれ、ツリー（樹木）化されてしまったら、もうおしまいで、もはや何一つ欲望から出てきはしない。なぜなら、欲望が動き何かを生み出すのは、つねにリゾームを通してなのだか

ら。欲望がツリー（樹木）にしたがうと、必ず内的な下降が起こって、それが欲望を頓挫させ、死に導く。ところが、リゾームは外的かつ生産的な勢いによって欲望に働きかけるのだ。（『千のプラトー』）

この対立のうち、リゾーム的な戦い方をするものが、「**戦争機械**」と呼ばれるのです。ただ、この言葉には注意が必要です。というのも、「戦争機械」というと、なんだかわき目もふらずに戦争ばかりをしているモノを想定しがちだからです。しかし、**ドゥルーズが「機械」という言葉を使うときは、諸部分が連結しあいながら作動するシステムを考えています**。お分かりだと思いますが、ユンガーの「総動員」に近いイメージがもたれているのです。

ドゥルーズは、イギリスの作家**サミュエル・バトラー**（1835〜1902）が1872年に発表した『エレホン』を参照しながら、人間と機械を対立させる思考法に異を唱えています。つまり、**「人間―生物―機械」を全体として1つのシステムと捉え、「機械」と呼ぶ**わけです。他のものと結びつくことで初めて作動するもの、それが「機械」なのです。たとえば、講義をしている教師は「しゃべる機械」であり、黒板に書いて説明すると「板書機械」と呼ばれます。

図10－8　第二次世界大戦後の陣営

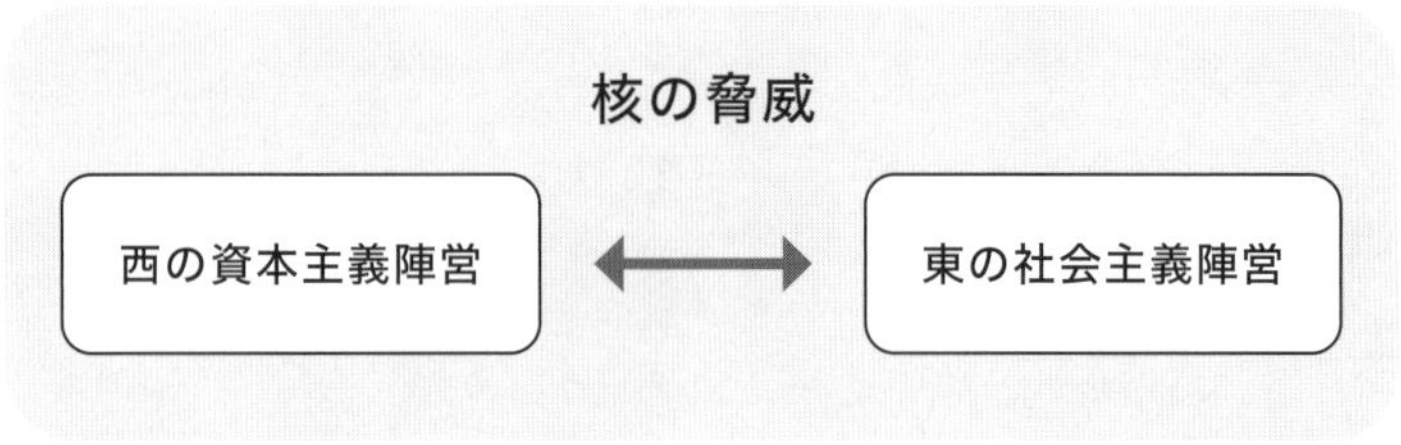

このように理解すると、「戦争機械」という概念は、いろいろな場面で使えそうです。

もともと、ドゥルーズが「戦争機械」という概念を使ったのは、人間が戦うときに、さまざまな形でリゾーム的に戦うことを表現したものですが、今日の戦争を考えるときには、ドローンやロボットなどのように、文字通り「戦争をする機械」や「機械そのものが戦争をする」ことをも、可能性として想定できそうです。

東西の戦争のその後は？——第4の政治理論

第二次世界大戦までの戦争は、基本的には国家を単位としたもので、グループが結成されても諸国家の連合でした。

ところが、2つの大戦が終わってみると、今度はイデオロギーの対立が生まれ、東西陣営の対立が前面に出てきたのです（図10－8）。

ただ、それと同時に、原子爆弾や水素爆弾などの核兵器が開発されて、以前のようにおいそれと戦争を始めることができなくなりました。東西の対立は、冷たい戦争と呼ばれ、鉄のカーテンによって分断されはするが、実際に大国同士が直接に戦争することがなくなったのです。「核の脅威」のもとで、東西が厳しく対立しつつ、大国同士は戦争をしない時期が続いたわけです。

この第二次世界大戦後の時期を、「歴史上戦争の少なかった時期」として称賛することがありますが、これはしばしば誤解されるように「絶対平和主義」が浸透したためではなく、むしろ人類をも消滅させることができる「核の脅威」のためでした。まさに、強大な軍事力こそが平和を可能にする、という見本でしょう。

ところが、ご承知のように、1980年代の末には東の社会主義陣営が崩壊し、資本主義だけが残ったのです。それを、アメリカの政治哲学者である**フランシス・フクヤマ**（1952〜）は、「歴史の終わり」と呼んで、グローバルな資本主義国の勝利を祝ったのですが、それによって戦争がなくなったかといえば、そうはならなかったのです。むしろ、さまざまな地域で、多様化した形で新たな対立が生まれたといえます。

その1つとして、現代ロシアの思想家**アレクサンドル・ドゥーギン**（1962〜）の「**新ユーラシア主義**」を紹介しておきます。

ドゥーギンによれば、20世紀において主要な政治思想となったのは、リベラリズムと

図10－9　ドゥーギンの「新ユーラシア主義」

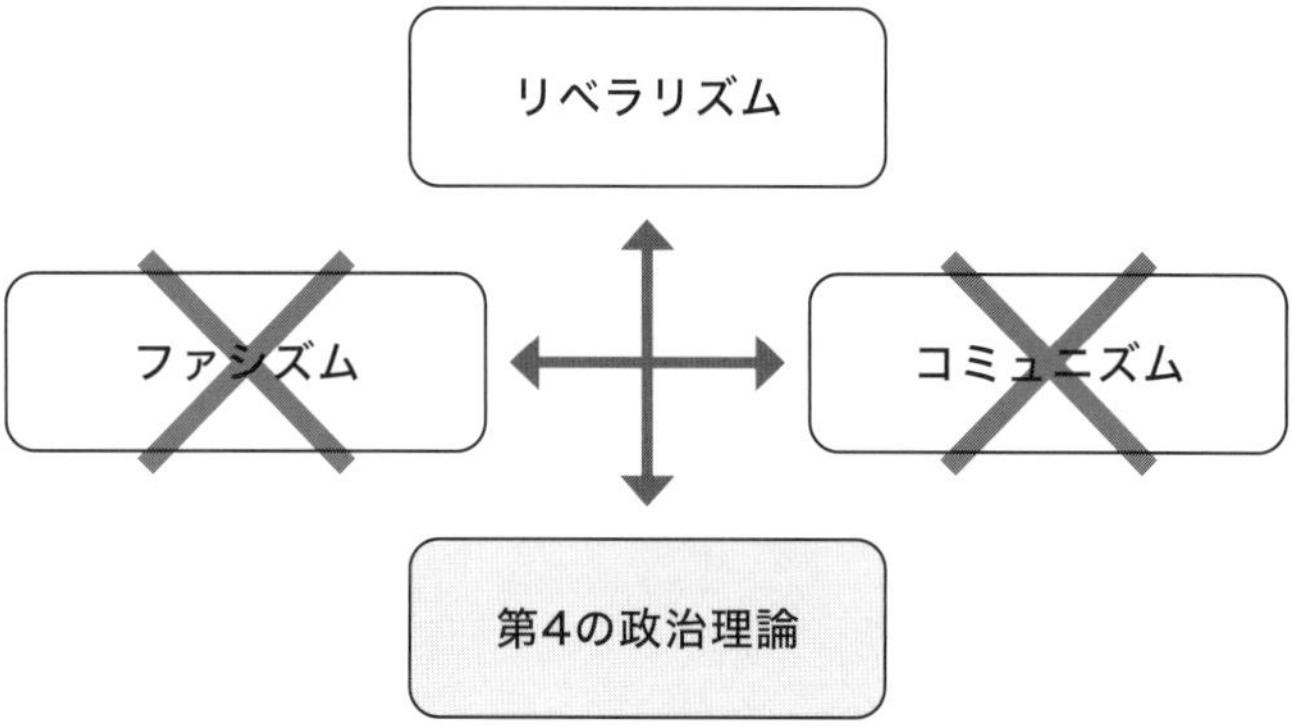

ファシズムとコミュニズムでした。ところが、ファシズムは第二次世界大戦で敗北し、コミュニズムは歴史の終わりによって崩壊したのです。その結果、現在残っているのは、「リベラリズム」だけというわけです。

この状況に対して、ドゥーギンとしては「**第4の政治理論**」を提唱するわけです。第4の政治理論は、ロシアに限定されるわけではなく、それぞれの文明の伝統的な思考に基づき、独自の文明圏を創造することをめざしています。その発想の基本にあるのは、「リベラリズム」だけではダメだということです。第4の政治理論では、多極化した世界を構想して、次のように述べています。

――現代世界は一極的である。グローバルな西欧がその中心である。アメリカがその核になっている。このような一極性は、地政学的にもイデオロギー的にも特徴がある。……誰が正しく誰が間違いか、また誰が処罰されるべきで誰が処罰されるべきでないかを決定するのがただ一つの権力しかないときには、グローバルな独裁制の形式があるのである。これは受け入れられない。（『第4の政治理論』未訳）

ドゥーギンの「新ユーラシア主義」に賛同するかどうかは別にして、現代世界のなかで一極主義的なグローバリズムが批判されていることは間違いありません。それにしたがって、戦争そのものや平和構築のあり方も、あらためて考え直す必要が出てくるのではないでしょうか。

本書の刊行に際して、日本実業出版社編集部、
木村企画室の木村隆司さんに、大変お世話になりました。
この場を借りてお礼申し上げます。

岡 本 裕 一 朗（おかもと　ゆういちろう）
哲学者、玉川大学名誉教授。1954年福岡県生まれ。九州大学大学院文学研究科哲学・倫理学専攻修了。博士（文学）。九州大学助手、玉川大学文学部教授を経て、2019年より現職。西洋の近現代哲学を専門としつつ、哲学とテクノロジーの領域横断的な研究も行う。
著書に『本当にわかる現代思想』（日本実業出版社）、『いま世界の哲学者が考えていること』（ダイヤモンド社、〈文庫版〉朝日新聞出版）、『哲学100の基本』（東洋経済新報社）、『哲学の名著50冊が1冊でざっと学べる』（KADOKAWA）など多数。

知《ち》を深《ふか》めて力《ちから》にする
哲学《てつがく》で考《かんが》える10の言葉《ことば》

2025年 3 月20日　初版発行

著　者　岡本裕一朗 ©Y.Okamoto 2025
発行者　杉本淳一

発行所　株式会社日本実業出版社　東京都新宿区市谷本村町3-29 〒162-0845
編集部 ☎03-3268-5651
営業部 ☎03-3268-5161　振　替　00170-1-25349
https://www.njg.co.jp/

印 刷／壮 光 舎　製 本／若林製本

ISBN 978-4-534-06173-7　Printed in JAPAN